南京审计大学江苏省工商管理优势学科
江苏省一流本科专业工商管理建设项目资助

互联时代

大数据 · 云计算 · 人工智能 · 区块链

战略

企业的成功根本上是由其背后的战略逻辑决定的

的逻辑

徐礼伯 著

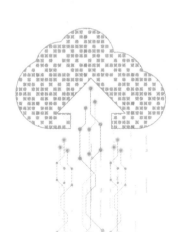

经济管理出版社
ECONOMY & MANAGEMENT PUBLISHING HOUSE

图书在版编目（CIP）数据

战略的逻辑/徐礼伯著 . —北京：经济管理出版社，2022. 2
ISBN 978 - 7 - 5096 - 8319 - 4

Ⅰ. ①战… Ⅱ. ①徐… Ⅲ. ①企业战略—战略管理 Ⅳ. ①F272. 1

中国版本图书馆 CIP 数据核字（2022）第 035031 号

组稿编辑：王　洋
责任编辑：王　洋
责任印制：张馨予
责任校对：王淑卿

出版发行：经济管理出版社
　　　　　（北京市海淀区北蜂窝 8 号中雅大厦 A 座 11 层　100038）
网　　址：www. E - mp. com. cn
电　　话：（010）51915602
印　　刷：唐山昊达印刷有限公司
经　　销：新华书店
开　　本：720mm × 1000mm/16
印　　张：15. 75
字　　数：283 千字
版　　次：2022 年 5 月第 1 版　　2022 年 5 月第 1 次印刷
书　　号：ISBN 978 - 7 - 5096 - 8319 - 4
定　　价：68. 00 元

前　言

　　战略一直被认为是企业应对不确定性、建立竞争优势的重要武器。但在互联网时代，新技术的应用与数字经济的发展，使经营环境变得越来越不确定，导致计划往往赶不上变化。企业似乎已经很难做到运筹帷幄、高瞻远瞩、缜密规划了，"摸着石头过河"与快速迭代可能是常态。面对不断出现的新概念、新业态、新模式、新思维、新问题，经典战略理论的解释力也不尽如人意。

　　在互联网时代，任何企业都是脆弱的，随时都处于危险之中。即使是行业巨头，也可能被本来看似毫不相关、名不见经传的业外企业跨界"打劫"。传统的行业门槛、核心能力、竞争优势等似乎都变得微不足道、不堪一击，越来越多的企业陷入了焦虑之中。

　　在此背景下，许多企业都有这样的疑问：企业还需要战略吗？战略管理到底还有没有价值？传统战略理论还有用吗？企业到底该如何应对不确定的环境？

　　笔者长期学习、研究、讲授公司战略，其实同样受到这些问题的困扰。迷茫与困惑激发了笔者的思考与研究，随着在逻辑上弄通弄透，笔者的认识逐渐从模糊变得清晰起来，也就形成了这本拙作，将笔者的探索、发现、观点、感悟等呈现在读者面前。

　　但愿本书有一定的干货含量，不浪费读者宝贵的时间。但愿能带来一些帮助、一些启发、一些引导，能在战略视野上有所开拓、战略思维上有所提升、战略焦虑上有所缓解、战略定力上有所增强。

　　本书的研究得到南京审计大学江苏省工商管理优势学科、江苏省一流本科专业工商管理建设项目的资助，在此表示特别感谢！限于笔者水平，书中难免有一些不当之处，恳请广大读者批评指正。

目　录

导论　拥抱互联时代，走出战略焦虑

随着互联时代，尤其是移动互联时代的到来，加之大数据、云计算、物联网、人工智能、区块链等新技术的应用，企业的经营环境发生了翻天覆地的变化，呈现出高度的易变性、复杂性、不确定性、模糊性，一切变得似乎越来越变幻莫测。

总体上，这个时代一切变得太快了，唯一确定的就是不确定、唯一不变的就是变。不仅唯一不变的就是变，而且"变化"也在变化，变的维度、幅度、方向、速度都在变化（朱恒源、杨斌，2018）。互联网就像阳光、空气和水一样，已经渗透到社会生活的方方面面，其威力无所不在，无时不在，无坚不摧，使得一切都将被重新塑造（李海舰，2014）。今天发生的事情，昨天可能无法想象，同样，明天会发生什么，今天更是无法想象。

这是一个大时代，几乎各行各业都受到了重塑或颠覆，且还会不断向纵深发展。这又是一个"小时代"，天生的互联网一代成长起来了，他们的消费观将主导商业的潮流（吴晓波，2017）。新思维、新理念、新模式、新"玩"法、新"物种"等层出不穷，跨界竞争、行业颠覆、巨头衰败、"独角兽"起起伏伏等令人瞠目结舌，生态论、风口论、平台论、蓝海论、黄海论等又让人无所适从。

在这样的背景下，企业在战略管理上遇到了前所未有的挑战与尴尬。规划赶不上变化，企业似乎已很难做出一个长远的战略规划了。甚至，"战略无用论"甚嚣尘上。例如，孙黎在《蓝军战略》中认为战略规划起不到什么作用；塔勒布在《反脆弱》中说，任何拘泥于计划、不善变通的事情必然失败，鼓吹规划有助于企业发展简直是胡说八道，事实上，这个世界太随机、太不可测了，怎么可能基于未来的波动制定政策。企业界也存在着同样的声音。又如，周鸿祎在《周鸿祎自述：我的互联网方法论》中就认为硅谷的公司基本都没有战略，但都有很强的产品经理精神，包括苹果公司，他认为同样没有战略。对 360 公司自身，他同样认为并没有战略规划，其成就与商业模式是在竞争中一步步"逼"出来的，是在解决消费者问题与抱怨中一点点积累起来的。

在这样的背景下，很多企业不赚钱，却很值钱，这样的现象令人费解。特斯拉长期亏损，2020 年的销量占全球汽车销量不到 1%，但其市值却相当于大众、丰田、日产、现代、通用、福特、本田等多家传统汽车巨头的总和。贝壳找房，从上线到上市，仅用了 28 个月，连续三年亏损，2020 年在纳斯达克上市当日收盘时市值达 400 多亿美元，相当于我爱我家、房天下、58 同城、易居等市值总和的 5 倍左右。

在这样的背景下，竞争对手的概念越来越模糊，准确识别竞争对手越来越难。传统意义上的竞争对手可能本质上是合作伙伴，威胁来自四面八方，而真正的威胁可能来自看似不相关的，或原本不相关，甚至风马牛不相及的行业与企业。"跨界打劫"的杀伤力往往远超行业内现有竞争对手，不仅防不胜防，而且一旦"打劫者"形成优势，其赢者通吃效应很难再被逆转。

在这样的背景下，原有的竞争优势很难持续，所有企业都很脆弱，随时可能处于危险之中，必须居安思危、毫不懈怠。相对于时代潮流，任何企业的所谓实力都是微不足道的。柯达、诺基亚、雅虎等企业的案例一再警示，即使是管理水平与核心竞争力一流的世界级企业，同样如履薄冰、如临深渊，稍有不慎，都有可能被淘汰。甚至，越是经验丰富与核心能力强的企业越有可能形成思维定势、路径依赖、能力陷阱，过去成功的经验与核心竞争力反而可能成了现在失败的原因与前行的阻力。而且，一个企业乃至一个行业被颠覆所需要的时间越来越短。

面对新的环境，传统经典战略理论的解释力明显下降，也备受挑战与质疑。有知名教授调侃说自己是"五恨"教授，即"恨"SWOT 分析法、五力模型、PEST 模型、价值链、活动—成本分析等分析模型，认为它们无法解释互联时代的平台组织、网络组织、生态组织。但教科书中仍主要讲述这些理论，新理论的创建又明显滞后于实践，这让企业的战略管理更多像"摸着石头过河"。

毫无疑问，在互联时代，企业制胜的逻辑已经发生了改变，企业必须在思维上、理念上，尤其是逻辑上，跟上时代的潮流与趋势。但随着新旧思维、新旧理念、新旧理论等交织与碰撞，学界与业界众说纷纭，莫衷一是。如规模效应与网络效应、竞争理念与共生理念、做大做强与做精做大、旧木桶理论与新木桶理论、渠道为王与产品为王等之间的关系处理，到底应坚持什么？抛弃什么？实现哪些转变？

　　快速变化、高度不确定的互联网环境，让企业多少有点应接不暇。即使是在互联网时代通过颠覆别人而崛起的"独角兽"企业，由于技术迭代进步很快，随时也有被颠覆的可能。目前受影响较小的一些传统产业，未来也必定会向与互联网融合或数字化转型的方向发展，且空间巨大。已经被互联网深度融合、改造或者颠覆的产业，也会继续在这个方向上向纵深发展与延续。

　　总之，无论什么类型的企业，无论处于传统产业还是新兴产业，无论处于什么竞争地位，或多或少都陷入了一种迷茫与彷徨之中。尤其是传统的通过长期积累形成核心竞争力的领先企业，则可能更担心失去已有的竞争优势，更恐惧走上被颠覆之路，从而陷入深深的战略焦虑之中。

　　这些新情况、新问题、新挑战是客观事实，无法回避。企业有危机感、紧迫感是正常的，但完全没有必要陷入焦虑。互联网并不是洪水猛兽，它在带来冲击与不确定的同时，也带来了新的机遇。互联网给了企业强大的工具与武器，带来了更丰富的竞争方法与途径，让企业有了更加准确了解消费者的手段，可以更加精准地服务消费者。从某种程度上来说，这恰恰是商业回归本质的结果，企业的服务更加人性、更加精准，更能满足消费者个性化的需要。或者说，互联网让商业更加接近本质，大数据让企业更能精准把握消费者的习惯、特点，提供更加个性化的产品与服务，让消费者的需求得到最大程度的满足。

　　所有这些，极大提升了经营创新的空间，有了更多创造奇迹、改变世界的可能，给了人们对未来的无限憧憬与希望。难怪孙黎（2018）说，对创造者来说，今天的时代是最好的时代，也是各种机遇万马奔腾的时代。当然，正是互联网给了企业更大的创新空间，企业的产品与服务很容易被颠覆或覆盖，企业面临前所未有的挑战与压力，也表现为环境的不确定性。

　　对待这种不确定性，企业应保持积极开放的心态，甚至将其作为资源来利用。风会熄灭蜡烛，却能使火越烧越旺（塔勒布，2014），互联网就好比风，确实能"吹灭"很多企业甚至产业，但在整体上却让经济之火越烧越旺。要学会利用随机性、不确定性，而不是躲避它们。你要成为火，渴望得到风的吹拂。有些事情当暴露在波动性、随机性、混乱和压力、风险和不确定性下时，它们反而能茁壮成长和壮大（塔勒布，2014）。

　　互联网环境虽然高度不确定，但按塔勒布的反脆弱理论，一个系统越是面对高度不确定性，越不容易遭遇"黑天鹅"事件。越是收入不稳定的工作，越容易产生反脆弱性，从而越容易从不确定性中得到好处，因为收入的波动会促使人不断地从环境中学习，并在持续的压力下保持竞争力与适应力。相反，那些处于稳定职业与收入的人，一旦遇到环境的巨变，往往会不知所措。同样，在互联网时代，高度不确定的环境也会让企业磨炼更多、学到更多、反思更多，总体上会变得越来越强大。

互联时代的理念、模式、打法等不断翻新、花样百出，我们不应被这些表面现象所迷惑。如果聚焦研究一些代表性的成功企业，把它们"掰开来，揉碎了"审视，就会发现，尽管它们成功的具体原因在表现形式上可能多种多样，但背后一定存在共同的基本逻辑，而这一点恰恰是被很多企业忽视的。

那些失败的企业，其深层次原因往往并不在互联网环境本身。很多企业的迷失其根源并不是环境难以把握，而是心浮气躁，忘记了创办企业的初心与使命，忘记了企业的价值之源，忽视与违反了商业的本质与基本逻辑。正如彭剑锋在"2021 企业家新年大课"指出的，大部分企业的死，都不是因为企业家不创新、不拥抱变化、不打破规则、不抓住机会。很多企业的死，是死在不尊重经营常识，不遵循成长的基本规律，不敬畏基本的商业规则，不关注生存发展的基本命题。

瑞幸咖啡从创立到在纳斯达克上市仅用了 18 个月时间，这至少可以说明，该企业是深谙互联网之术的，其商业模式也有相当的过人之处，但最终还是失败了。如果好好反思一下，该企业的失败是不懂互联网环境吗？是竞争对手的冲击吗？是跨界者的"打劫"吗？只要稍加分析，答案不言自明。

尽管互联网环境复杂多变，做预测也变得越来越困难，但并非完全没有规律可循。如果从短期看，环境中确实充满了越来越多的偶然因素，但如果从长期、从大方向来看，其变化的趋势与规律甚至清晰可见。正如《失控》的作者凯文·凯利多次表达的，对未来三到五年的具体产品或企业做出预测几乎是不可能的，他也不会做这样的预测，他更关注的是未来二十年、三十年甚至更长时间的大趋势。2016 年 4 月 1 日，凯文·凯利在第二届深圳湾创业创新论坛上做了题为《预言未来的十二个趋势》的演讲，并指出如果要发现新的商机，必须要关注与把握这十二个趋势。在凯文·凯利看来，对环境演变的大趋势是值得思考的，也是可能洞察和把握的，更是新的重大商机的重要来源。

互联网毕竟只是个工具，尽管这个工具有点特殊，它使环境发生了翻天覆地的变化，也使企业制胜的逻辑发生了很大改变，工业时代形成的有些经验、逻辑可能不再适应互联时代，但有一些根本的东西并没有改变。无论什么时代，企业用什么方法，更好满足消费者需求的本质没有改变，企业生存与发展的这个根本的逻辑并没有改变，改变的只是在这个根本逻辑下的具体的经营思路、竞争策略、方式方法等。从这个意义上来说，尽管环境改变很大，但其实仍有规律可循。

不仅如此，在互联网时代，企业生存与发展的根本逻辑非但没有改变，反而变得更加重要了。基于"互联网＋"的场景革命催生了各种新的产品和商业模式，用户的需求很容易被新的产品与模式吸引，此时只有随时洞悉、把握用户需求的变化，及时根据用户痛点开发新产品，才能持久地黏住，防止其流失（孙黎，2018）。可见，互联网时代企业的价值越来越系于消费者，企业应比以往任何时候更加重视消费者的需求。那些令人眼花缭乱、瞠目结舌的经济现象、企业传奇、竞争故事、商业模式、跨界颠覆等表面上杂乱无章、毫无规律，充满了偶然性，实际上背后存在着一个共同的逻辑。

如果深入分析，就会发现，一流的战略都是从发现并更好地满足需求开始的，或者是从更好地解决消费者的问题开始的，这个需求是消费者自己可能都不知道但却是真实存在的需求，即潜在的需求。

为什么许多企业不赚钱却很值钱？不赚钱仅是指眼前的盈利状况，但企业的未来潜力得到了资本市场的认可，愿意为企业的未来买单，推高了企业的估值，从而表现为值钱。资本市场为什么认可这些企业的潜力与未来价值？说到底是这些企业更好地挖掘与适应了市场的需求，更好地解决了用户的问题，更好地为消费者创造了价值。尽管在短期还没有明显的财务回报，但资本市场相信未来会实现持续快速的增长。

为什么会有独角兽企业？一个企业创办后，之所以能在短期内实现超高速成长并达到相当的规模，说到底还是因为准确把握了市场的需求，直击消费者的痛点，打造形成了"爆品"。当然，之所以能形成"爆品"，互联网发挥了不可替代的作用，它可能帮助企业精准挖掘了需求，可能丰富了资源整合的手段，尤其是加速了信息与口碑在消费者之间的传播。

为什么巨头会被颠覆？相对于工业时代，由于消费者的选择更多元、更便捷，加之企业竞争的手段更丰富，才使互联网时代的企业更易被颠覆。但本质上是一样的，说到底是其他企业以更好的产品、服务或方式满足了需求，无论工业时代还是互联时代，企业被淘汰、被颠覆都是这个根本原因。另外，巨头被颠覆也说明了企业价值的源头在于消费者，如果不能有效"黏住"消费者，不再被认可，那再大的企业也很脆弱。

可见，无论环境如何变化，从消费者出发，为其解决问题、创造价值的根本逻辑永远不会改变。即便是乔布斯，他造就了伟大的公司，创造了传奇故事，开创了移动互联时代，他的这个创举同样也是从发现并满足消费需求开始的。

在这个根本问题上，学界业界在认识上仍存在误区，在说法上形成误导，以至于很多人认为乔布斯创造了需求。任何人都不能创造需求，乔布斯也不能。乔布斯的前半段创业历程总体上是很失败的，开发的很多产品都不受市场欢迎，以至于乔布斯被苹果抛弃。可见，乔布斯也不能创造需求，只要市场不认可，乔布斯同样也是很狼狈的，甚至穷困潦倒。自他重返苹果后，变得成熟了，开始重视对消费者的研究，也因此开创了商业传奇。苹果的很多创造与选择看上去是很偶然的，它本是电脑企业，进军音乐产业并不是事先的谋划，进军手机产业纯属意外，软件商店更不是事先设计出来的，但这些偶然的背后其实有一定的必然性，因为都遵循了一个最基本的逻辑，那就是将注意力、出发点放到消费者或用户身上，全身心地挖掘、体会、研究需求，从而更好地适应需求。

苹果已成为教科书式的经典、商业领域的传奇，成为争相学习的对象。但许多企业却紧盯其产品、技术、商业模式本身，往往惊叹于其商业模式如何绝妙、企业如何先进、产品如何好用，这样的学习其实是没有意义的，其努力的方向是错误的。甚至，这都不能称为学习，而仅停留在谈论苹果是多么成功而已，根本没有掌握其战略的精髓，其结果往往是走上简单模仿的道路。

然而，其实无论企业如何模仿，都不可能复制苹果的战略与成功。任何企业都是独一无二的，苹果的成功有其特定的"天时、地利、人和"，其他企业不可能具备同样的条件和土壤。只有在学习时悟到了人家的"魂"与"神"，为我所用，才可能成功，而一味模仿只能失败，正所谓"学我者生，似我者死"。

真正需要探寻的是，苹果这一路是如何走来的，其商业模式是如何一步步演化的，其背后的逻辑是什么？只有从这个角度弄清了来龙去脉，掌握了其战略的精髓，才能真正汲取其养分，避免误解误读与刻舟求剑。正如王成（2018）在《战略罗盘》中谈到腾讯的战略时指出的，现在谈腾讯有多么成功没有任何意义，唯有回顾过去，看看过往的时空中，它在战略方面到底做了什么。但仅仅如此，还远远不够，因为我们无法复制这些行动！我们需要更深入地探寻，当初的腾讯这样做的"战略思维和战略逻辑"是什么？

企业的成功根本上是由其背后的战略逻辑决定的，对任何企业的研究，一旦从成功本身转向背后的战略逻辑，就真正把握了问题的本质、战略的精髓与成功的奥秘。互联时代的战略不局限于规划方案本身，战略的逻辑、思维、理念、哲学等才是战略的精髓与最核心的组成部分，只要围绕这些核心深入思考，形成思路，就是有战略。

如盒马鲜生，张国宏在"2019商业评论管理行动力峰会"上的演讲中说，最早的盒马是没有海鲜餐的，后来发现，顾客不会做，我们就做给他们吃。可见，盒马鲜生做餐饮尽管不是事先的规划，但并不意味着没战略，它紧跟顾客的需求以及随时解决顾客问题的逻辑与思维就是战略。

在互联时代，企业不必纠结于某种战略形式，只要做出符合长期逻辑的决策，把握好大方向，在此基础上积极尝试，表面看没有运筹帷幄，也抓住了问题的关键与本质。互联时代企业无法做出精确的规划，试错的过程可能是必修课，但逻辑必须清晰、通透，才能在纷繁复杂的环境中，始终保持战略定力，把握好大航向。

所以，在互联时代是规划跟不上变化，并不是战略不重要了，更不是没用了。战略仍是企业的生存与发展大计，这一点没有改变，也不会改变。相反，越是在互联网环境下，越需要这个大计，只不过互联时代的战略更侧重于思维与逻辑，不再拘泥于某种形式。如果剖析一些优秀企业极具逻辑穿透力的战略，就会体会到其在塑造竞争优势中的强大动力与引领作用，体会其带来的战略定力与精神力量。

当然，战略背后的逻辑不会自动清晰地呈现出来，企业也并不容易制定出具有逻辑穿透力的战略，要拨开迷雾做到这些，一是要借助理论，二是要有严谨的思维。

理论有助于梳理、推演逻辑，但互联网时代的新理论创建总体远滞后于实践，传统理论在解释力上又遭遇挑战。实际上，传统理论仍不乏智慧，在理解互联时代的企业战略仍大有裨益，理论创新很急需，但创新并不是另起炉灶，不应忽视经典战略理论的传承。

安索夫曾指出，有效的战略产生于严谨的思维中。尽管在互联时代，战略的演化常常大于规划，很多大的战略都是长期演化的结果，并不是事先运筹帷幄的规划，严谨的逻辑思考仍发挥着不可替代的作用。在快速变化的互联时代，一次战略分析难以准确完全识别所处的环境，更不可能准确预测变化，这一点已置于决策的考量之中，所以不追求盲目做出一个所谓的战略规划，让决策弹性化以更好适应变化的环境，这本身就是严谨逻辑思考的体现。

需要强调的是，战略逻辑并不排斥形象思维，两者之间非但不矛盾，还相互补充、相互支撑。在逻辑上清晰透彻的战略往往是生动的、有趣的，企业上下也更容易从这样的战略中获取信心与方向，也有助于提升执行战略的内在自觉。市场机会的捕捉、重大战略的构思，往往离不开直觉、灵感乃至顿悟，尤其对一些隐性的、潜在的需求，更需要感性思维层面的大胆设想。当然，设想最终是否演变为落地的战略，仍需要逻辑层面的小心求证。逻辑思维比较严密，但需要一个"入口"，感性思维可以提供这样的"入口"；感性思维比较开阔，但需要证实是否"靠谱"，逻辑思维又具有这样的独特功能。可见，两者在战略上是各司其职、各尽所能的，而且是相互支撑、相互成全的。

一言以蔽之，只要企业提升战略思维能力，把握背后的逻辑，就完全可能在快速变化的外部环境中，提升战略定力，保持从容淡定，从而更好地拥抱互联时代，走出内心的战略焦虑。

第一章　重新理解战略

决定不做什么跟决定做什么同样重要，对公司来说是这样，对产品来说也是这样。

——乔布斯

战略不是灵光一现的点子，需要靠逻辑严密的推理。

——王昶

一、战略的前世今生

战略起源于军事或兵法。在西方，战略（strategy）一词源于希腊语"strategos"，其含义为将领，后来演变成军事术语，指军事将领指挥军队的科学与艺术。在中国，战略一词历史久远，最早可以追溯到2000多年前的《孙子兵法》，一般指战争中的谋略，《辞海》中对战略的解释是指导战争全局的计划和策略。

纵观古今中外，人类历史上战争不断，人类文明史似乎就是一部战争史。战争为平民百姓带来了苦难，它是人类的梦魇，但战争又是文明进步的重要推手，历史前进的巨大动力。在数不清的战争中，孕育了大量无法列举的经典战例、战略思想、军事著作以及著名将帅，并早已超出军事本身，成为人类文明的共同财富，也为军事之外的其他诸多领域贡献着智慧、思想与力量，战略一词逐步被引入到政治、经济、科技、文化等领域，企业经营管理也不例外。

俗话说，商场如战场。从某种意义上说，经营一家企业就像指挥一支军队，进入一个领域或开拓一个市场，就像指挥一个战役或一场战斗，企业的高管往往也需要具备军队将帅那样的理念、全局观、决断力、智谋、忍耐力等。因此，尽管经营企业与指挥军队这两个领域有着很大的不同，然而正所谓"隔行如隔山，但隔行不隔理"，军事领域的战略思想，最终还是"跨界"为企业经营管理带来许多养分、智慧与启迪。

自《经营中的领导力》（菲利普·塞兹尼克，1957）、《战略与结构》（费雷德·钱德勒，1962）出版以来，战略的概念被正式引入企业经营管理之中。从此，战略这颗"种子"在企业经营管理这块"土地"上生根发芽，茁壮成长，硕果累累。

从理论上看，学者们对该领域高度关注，辛勤耕耘，成果丰硕。在短短几十年里，战略管理理论经历了形成期（20世纪六七十年代）、兴起期（20世纪八九十年代）、发展期（21世纪以来）三大阶段（王昶，2019），形成了设计学派、计划学派、定位学派、企业家学派、认知学派、学习学派、权力学派、文化学派、环境学派、结构学派十大学派（明茨伯格等，2012），涌现出费雷德·钱德勒、伊戈尔·安索夫、肯尼斯·安德鲁斯、亨利·明茨伯格、迈克尔·波特、伯格·沃纳菲尔特、大卫·蒂斯等享誉世界的战略大家，诞生了《竞争战略》《竞争优势》《国家竞争优势》等大量经典战略名著，形成了五力模型、价值链、环境—战略—结构、波士顿矩阵、安索夫矩阵、SWOT分析法、PEST模型、资源基础观、动态能力、核心竞争力等经典战略理论、框架或方法。

如今，随着互联时代来临，环境变得更加高度不确定，一切都变得太快了，今天发生的事情，昨天可能无法想象，同样，明天会发生什么，今天更是无法想象。新概念、新模式、新业态等层出不穷，令人目不暇接；新思想、新观点、新理论同样也不断涌现，令人无所适从。

总体上来说，传统的经典理论不断受到挑战，经典理论"过时论"不断被提及，甚至"无用论"甚嚣尘上，但新的理论体系还没有真正建立起来，学者们仍奔跑在理论创新的路上，相信会有更多优秀的成果如雨后春笋般不断呈现。

从实践中看，战略引入经营管理，企业界比学术界更早，更具开拓精神。该领域的奠基之作《战略与结构》就是对美国部分工商企业实践的总结与提炼，在学术研究之前，企业就已经开始战略管理的实践了，后来大多数的学术著作、理论、框架、方法等，同样也都是从对实践的总结、提炼中形成的。可以说，经营实践是企业战略理论的源泉，理论反过来又推动指导了经营实践，从而不断形成良性循环。

　　企业界在战略管理方面勇于探索、大胆实践，跌宕起伏，惊心动魄。几十年来，苹果、谷歌、微软等许多改变世界的企业纷纷崛起，也有柯达、诺基亚、摩托罗拉等不一而足的曾经世界级的卓越企业风光不再，甚至"巨星陨落"。无论是企业界还是学术界，都对这些典型案例高度关注，都致力从战略角度追寻基业长青的基因，以及避免重蹈覆辙的法宝。这些企业，无论起落成败，其实践都为战略理论做出了贡献。

　　如今，广大企业都把战略管理提升到了前所未有的高度，战略管理已成为企业改变竞争地位、提升或开发核心竞争力、构建竞争优势最主要的手段。尽管互联网时代给传统的战略理论带来挑战，企业的战略规划也越来越难，一个战略规划因快速变化的环境，可能还没有实施就面临着调整。在很多行业，企业在战略管理中"摸着石头过河"是常态，即时应对环境调整对策可能远多于运筹帷幄的事先规划，不少企业甚至开始怀疑战略管理到底还有没有用，但尽管如此，企业在思考问题时仍注重从战略的角度找答案。

　　值得一提的是，我国企业进步很快，战略管理水平有质的提升，与世界先进水平的差距稳步缩小。企业的战略思维、创新意识、品牌意识、质量意识、专注精神、工匠精神等不断增强，在环境分析、机会把握、战略决策、转型发展等方面的能力显著提升，在核心竞争力开发、竞争优势构建方面也有所建树，在商业模式创新上紧跟甚至引领时代步伐。战略管理方面的进步，不仅带动了我国企业竞争力普遍提升，还涌现出华为、百度、阿里巴巴、腾讯等杰出代表。

二、战略的本质与内涵

　　迄今为止，学界与企业界给出了多种不同的企业战略定义，尝试从不同的角度说明与解释企业战略，有力促进了对该问题的理解与沟通。由于不同的学者或实践者所处的时代不同，以及各自的角度、行业、知识结构、认识等差异，对企业战略的定义一直未能形成统一。

　　从时代的角度看，"没有成功的企业，只有时代的企业"，不同时代具有不同的特征，对企业的经营会提出新的要求，企业可能需要采用不同的思维、理念、模式等，有的甚至是颠覆性的，企业战略也就会被赋予不同的内涵，也就需要适时对战略的定义进行创新。一个适应环境变化特点的创新性概念，对推动各界深化对战略问题的认识与理解、促进沟通与形成共识方面具有突出的作用。

互联网给企业经营带来的影响是深刻的，甚至产生了到底企业是否存在战略以及是否需要战略的讨论。在此背景下，为了消除或减轻在一些关键问题上的疑虑与误区，适应环境变化对企业战略管理的新要求，本书尝试提出一个创新性的、符合互联时代企业经营特点的概念。

本书认为，企业战略是根据环境的变化，基于全局、系统、长远的角度，对企业未来的理念、思维、领域、定位、模式等方面的谋划、规划或决策，以优化聚焦资源配置、开发核心竞争力、构建竞争优势，进而更好地为消费者创造价值与实现可持续发展。要理解该概念的本质与内涵，需要重点把握好以下五个方面：

（一）战略的重心在于隐性的理念与思维层面，而非显性的业务规划

企业战略理论诞生于经营环境相对比较稳定的工业经济时代，在这样的环境中，企业相对比较容易做出具体的、有形的战略规划，包括从事什么领域、采用什么技术、占据什么环节、明确什么目标等。企业战略理论在诞生后的较长一段时间内，学者们对战略的定义都是围绕这些显性的方面展开的，这也是传统意义上的战略核心内涵。

随着互联网时代尤其是移动互联时代的到来，环境变得越来越复杂多变，企业的战略决策随着环境的变化需要适时做出调整，以持续适应变化了的环境。这样一来，一项战略决策，经过较长一段时间的运行与调整，如果回过头来与当初的决策相比，往往都发生了相当大的改变，甚至是根本的改变。或者，一项长期的战略决策，如果从最初的决策本身来看，几乎从来都未得到执行。

很多企业的成功都不是事前运筹帷幄、高瞻远瞩、缜密规划的结果，甚至有很多偶然与意外。如苹果本是从电脑产业起家，从战略规划的角度看，一直立志于开发最完美的、领先市场的、改变世界的电脑产品，虽然也勉强算是该产业的一个巨头，但苹果最终创造的传奇却跨界发生在音乐、手机产业，不能不说有点意外。

另外，皮克斯本来是乔布斯从卢卡斯手中收购的一个企业，从战略规划的角度看，乔布斯为皮克斯制定的发展方向是，研发和销售图形计算机及其软件，而数字动画只是副业，其主要目的是对外展示自己的硬件和软件，宣传产品的优异性能。极其意外的是，皮克斯图形计算机及其软件的发展都不好，而数字动画却因制作《锡铁小兵》获得了1988年奥斯卡最佳动画短片奖，后又因《玩具总动

员》在 1995 年火爆上映，掀起了观影热潮，凭借此声势，皮克斯公司上市，乔布斯的身价达到 12 亿美元。此时是乔布斯被赶出苹果的第十个年头，因创办的 NeXT 电脑公司经营失败，乔布斯本已陷入绝境，却因皮克斯动画意外地成为"黑马"，乔布斯也因此阴差阳错地跨界成为动漫界的大亨，这也为乔布斯后来重返苹果奠定了基础。

企业界这样的例子不胜枚举。那么，企业战略的价值何在？企业还需要战略规划吗？越来越多的企业家对此发出疑问，很多企业家对战略的价值产生了怀疑，甚至认为战略根本没有用。蓝海林在 2018 年第四次"中国管理 50 人论坛"上介绍在企业调研中遇到的"怪事"，企业战略管理者一般都不愿意将企业的成功归功于严格执行了一套事前、理性和主动制定的战略。

对于苹果的成功，360 公司的周鸿祎评价道："我认为苹果公司没有战略。如果说有战略的话，所有战略都是用户战略和产品战略，即不断发现用户的需求，不断满足用户的需求，把产品做到极致。"周鸿祎还以苹果为榜样，借鉴其对待消费者的理念，他对 360 成功的原因总结道："360 能走到今天，如果说有局的话，那也不是布的，而是在给用户一个一个解决问题的过程中不知不觉形成的"（周鸿祎，2014）。

那么，苹果、360 真的没有战略吗？周鸿祎说的没有战略以及一些企业家认为的战略没有用，他们指的是具体的、显性的战略规划而已，而今天战略的内容与内涵已远远不止这些。明茨伯格早在 1987 年就通过对十个战略学派的梳理，认为战略至少应该存在着五种定义，即战略是一种计划（Plan）、理念（Perspective）、定位（Position）、模式（Pattern）、计谋（Ploy）。这个概念的内容就远超出了做什么领域本身，包含着理念、定位、模式等思维方面的内容。

在互联网时代，更应强调对战略理念与思维的选择与坚持。正是因为环境是多变的，但无论怎么变，都要回归商业的本质，说到底就是为消费者提供更好的商品与服务，这个本质永远不会改变。无论企业采用什么定位，选择什么策略、创造什么模式，都是为了更好地满足消费者的需求。

尽管苹果事先没有高瞻远瞩地规划进军音乐、手机产业，但由于其坚持挖掘、体会、发现、满足消费者需求的理念，支撑苹果实现了"不经意"的跨界与成功，这个成功看似有点意外，但绝非偶然。这个理念，它是渗透到经营者骨子里的东西，它其实就是一种战略，而且是战略中最本质、最核心的部分。甚至从某种程度来说，在互联网时代，战略的本质已不是一个方案，而是一种理念、思维、哲学或使命。

在互联网时代，战略到底有没有用，取决于如何理解战略。在互联网时代，应该对战略的概念进行创新，拓展其内涵与外延，以使其更好地适应新的环境，更好地为企业实践服务。以往的定义，一般将理念、使命、价值观等置于企业战略之上，而将战略作为规划具体方案的手段与途径。

在传统经济条件下，战略是实现企业理念与思维的手段与工具，在互联网环境下，战略已远不止手段与工具，更多是理念与思维本身，或者应将企业战略上升到理念与思维层次，这才是战略的精髓与灵魂，才是企业应对环境快速变化的法宝。因此，本书更加重视理念、思维等层面的内容，将其纳入战略的范畴，这更符合也更有利于指导互联网时代的企业战略管理实践。

华为的经验也很好地说明了这一点，尽管它已从无到有、从弱到强，经过无数的创新与变革，但其"以客户为中心，以奋斗者为本，长期坚持艰苦奋斗"的基本思想、理念或文化从未改变。任正非认为正是这种哲学思维保证了华为的快速发展。华为与苹果一样，在理念上、思想上保持本色，以不变应万变或以静制动，在战略的操作层面随环境而动或以动制动，从而较好实现了动静结合。正是这种理念上的本色与坚定才保证了企业能够不断抓住环境变化的机遇，适时做出恰当的决策或调整，进而不断走向卓越。

（二）战略应以消费者为本，核心竞争力往往仅是该理念的副产品

毫无疑问，提升或开发核心竞争力是所有企业的追求，核心竞争力有助于提升企业的竞争地位与构建竞争优势，但企业不能把注意力仅盯住核心竞争力本身。核心竞争力，也称核心能力，是指组织中的累积性知识（Prahalad & Hamel，1990），它的确有助于为消费者提供更好的、相对于竞争对手差异化的产品或服务，是企业竞争的本钱，但核心竞争力本身并不是凭空而降的，它是在长期的经营中不断试错，逐步积累形成的。也正是经历了这个过程，所建立起来的优势也才是难以被模仿的。

企业之所以能为消费者提供比竞争对手更好的产品与服务，并不是因为与生俱来就有这方面的能力，也不是因为其具有先知先觉消费者到底需求什么的特殊本领，而是从骨子里意识到消费者才是企业价值的根本，从战略上将为消费者解决问题、创造价值放到第一位，认认真真、诚诚恳恳了解、体会、解决消费者的问题、需求与痛点。

正如百度前副总裁李靖在《好战略，坏战略》一书的推荐序中所指出的，战略工作的本质并不是"设定目标"，而是"解决问题"，需要一系列的调查分析，发现问题的薄弱环节，发挥自身优势，并用连贯性的行动去解决，而非简单地设定目标与鼓励行动。当然，这个过程不会一帆风顺，要经历摸爬滚打，但正是在这个探索的过程中，企业逐步踩准了环境与市场的节奏，把准了消费者的脉搏，也才会开发出消费者真正需要的产品或服务，并不断进行优化，从而不断获得消费者的信任。

同时，在这个过程中，企业逐步积累起了经验、教训、技术、能力、知识，随着时间的推移，这种积累实现了从量变到质变的飞跃。有的技术逐步成为核心技术，有的知识成为隐性知识，有的经验成为经营"诀窍"，等等，这些积累的成果都难以描述、传递与模仿，更难从市场上买到。这些实际上就是形成了企业的核心竞争力，至少是核心竞争力的组成部分。

可见，企业的核心竞争力是在为消费者解决问题的过程中积累起来的，而不是有了核心竞争力后才去为消费者解决问题。当然，企业通过为消费者服务积累了累积性的学识后，又提高了为消费者解决问题的能力，从而形成良性循环。企业不应空想核心竞争力，也不可能凭空形成竞争优势。

前文分析表明，核心竞争力是企业在适应消费需求，为消费者解决问题、创造价值的过程中自然积累形成的，甚至可以将其理解成是为消费者创造价值的副产品。因此，适应消费者需求，为消费者创造价值才应是企业战略的出发点与根本目标。没有用户价值，就没有商业价值（周鸿祎，2014）。

在互联时代尤其是移动互联时代，企业更应树立为消费者创造价值的理念。互联网时代是消费者主权时代，加之信息壁垒很低，传递很便捷，速度很快，成本也很低，一个企业的产品与服务做得好不好，其口碑很快就能扩散开。加之消费者更换企业的成本很低，有时就是更换一个 APP 的事，口碑不好的企业，很容易被淘汰，企业更应保持对市场的敬畏之心。

在互联网时代，由于有了"互联网＋"这个强大的工具，善于创新的企业如虎添翼，通过令人目不暇接、眼花缭乱的商业模式创新，颠覆一个又一个领域，创造了一个又一个商业传奇，独角兽企业如雨后春笋般不断涌现。这给了人们一个错觉，好像这些企业创造了需求，而不是适应了需求。

甚至流传着一个说法，叫一流的企业创造需求，二流的企业适应需求，这绝对是误导。任何企业都不能创造需求，乔布斯也不能（周鸿祎，2014）。如果他能，那么他创造的 Apple Ⅲ、Lisa、NeXT 为什么都经历过惨败？说到底，这种创造没有很好地适应环境以及消费者的需求。而后面的 iPod、iPhone、iPad 等为什么如此成功？说到底，是更好地满足了需求。这个成功，前面失败经验做出了贡献，让乔布斯更加深刻理解了如何把握市场逻辑。

乔布斯说："消费者并不知道自己需要什么，直到我们拿出自己的产品，他们就发现，这是我要的东西。"学界对这句话存在较多的误读与误解，乔布斯的本意并不是创造了需求，而是要比消费者更深入地去体会其需求。如果我们认真回顾分析乔布斯及其苹果的创业与发展历程，就不难发现，经过市场洗礼、人生起伏后的乔布斯，拥有无比坚定的适应需求的理念，也正是他用心去体会、挖掘消费者需求，尤其是潜在需求，才开发出了 iPod、iPhone、iPad 等划时代的产品。

乔布斯创造了苹果，他一次次在绝境中奋起，在逆境中前进，他用勇往直前和百折不挠的精神留给世人一段鼓舞人心的传奇故事。但他并没有创造需求，而是最深层地体会、感悟、洞察了消费者的需求，最终通过适应市场与满足需求而创造了苹果。他一直追求为消费者提供更便捷、更快速、更强大、更友好、更可靠、更简洁、更廉价、更完美的产品。他的目标是立足于改变世界与人们的生活方式，但做产品的过程恰恰是更好地适应人们的需求，从而不经意改变了生活方式。

一路走来，苹果失败的案例很多，乔布斯也走了很多弯路，也有一些不经意的成功，那些失败源自不适应需求，或不如竞争者更好地满足需求。1996 年末，苹果风雨飘摇，乔布斯重返苹果，他通过调研发现了苹果的问题：苹果一味地追求新型电脑的开发，却忽略了 2300 万核心消费者的感受，苹果电脑最终是要放在店里销售的，迎合消费者的喜好才是王道，闭门造车肯定会出现种种问题。乔布斯后来基于这次调研进行了战略调整，提出了"四格战略"，更加关注顾客的用户体验，坚持从用户体验出发设计开发产品。

这也说明，乔布斯同样只能一心一意地研究消费者的需求，那些取得重大成功的产品或创意，根本原因正是在于很好地适应了市场环境。只不过，乔布斯并没有机械地、僵化地适应需求，而是用心去揣摩、感应消费者的潜在需求。这种需求是实实在在存在的，可又是不易被发现的，这时如有一个合适的产品放到消费者的面前，立刻就会被激发出来，而这往往被误认为是创造了需求。

以开创了移动互联时代的 iPhone 为例，如果仔细回顾、品味其诞生的过程，就会发现它并不是乔布斯事先运筹帷幄、高瞻远瞩、缜密规划的结果，而是乔布斯沿着更好的适应需求的道路，一步一步地解决消费者的痛点，不断改进、完善、更新自己的产品，进而水到渠成的过程。

苹果并没有一个开发 iPhone 的计划，它的诞生还要从 iTunes 说起。2000 年，全球 IT 大萧条，苹果又到了悬崖边上。乔布斯积极地寻找其他能够支撑起苹果，取得突破性进展的研发项目，他将目光放在了音乐领域上。随着互联网普及，在线音乐蓬勃发展。因为互联网上充斥着各种盗版音乐，这些免费音乐吸引了成千上万的用户。其中一个著名的 Napster 音乐共享软件发展迅速，但也陷入了麻烦之中，由于该网站能随便下载音乐，等于剥夺了唱片公司及相关行业的利润。1999 年，包括华纳、BMG、百代、索尼、环宇五大唱片公司在内的美国唱片业协会起诉了 Napster，结果法院认定 Napster 侵权成立，这样该公司就对网民失去了吸引力，后来被 Best Buy 收购。

这件事给了乔布斯很大的触发，他分析并得出两点结论：一是网络共享这种便捷方式极受广大网民欢迎；二是网民不会因为版权问题拒绝使用网络下载音乐。想清楚这两点，他意识到音乐将会是未来最具商业潜力的领域之一。但是，苹果缺乏这样一个软件载体，也没有足够时间开发一款相当有竞争力的软件产品。乔布斯把目光放在了外界流行的各类音乐软件上，最终，他选择了 C&G 公司的 SoundJam MP 软件，其设计者是杰夫·罗宾，通过谈判，苹果买下了这款软件的专利权，并挖来了罗宾。在吸收乔布斯的简约、美观理念之后，对软件进行了一系列的修改，不久苹果开发出自己的音乐管理软件 iTunes。

在 2001 年 1 月 9 日的发布会上，乔布斯隆重推出了"数字化中枢"的概念。这个概念意味着苹果的转型，以前，经营电脑是主业，在提出这个概念之后，会将产品从个人电脑逐步扩展到其他数字领域。所有苹果用户在使用 iTunes 时，可以轻易将 CD 盘上的音乐复制到自己的电脑上，也可以从互联网上下载 MP3 歌曲，还可以通过 iTunes 音乐商店下载歌曲到 MP3 播放器里。乔布斯凭借着 iTunes 在线音乐带领苹果走入了音乐变革时代。

在 iTunes 引爆音乐领域之后，乔布斯就考虑设计一个和 iTunes 配套的设备，让收听音乐变得简单。但是，该从何处着手呢？乔布斯也没有一个清晰的概念。巧的是，有一天一位在高科技领域作巡回咨询的咨询师来到了苹果，他向苹果展示了一款还处于研发阶段的"手拿"式播放器，乔布斯一眼就看出了它的价值。决定研发这样的播放器，在和 PortalPlayer 公司合作设计，采用日本东芝公司的微型硬盘的基础上，推出了 iPod。

另外，2003 年 4 月，苹果 iTunes 音乐商店上线，所有 iTunes 用户可以直接从音乐商店购买歌曲，每首歌 99 美分，苹果只赚 1 分钱。到 2010 年 2 月，iTunes 音乐的下载量达到了 100 亿次，iTunes 音乐商店的问世，不仅直接带动了 iPod 的销售，也为唱片公司开辟了全新的销售渠道。

iPod 发布以来，在世界上刮起了一股音乐旋风，街上到处可见戴着白色耳机沉浸在音乐世界中的人，苹果独占了半壁江山。然而，即便有了这样的畅销产品，乔布斯仍不能安睡，他总隐约地觉得自己遗漏了什么重要的信息，随时会让其陷入困境。2004 年，他的好友埃德·赞德任摩托罗拉 CEO，乔布斯打去祝贺电话，赞德说了一些双方以后要加强合作之类的客套话，这让乔布斯如醍醐灌顶，他终于明白了自己一直以来隐隐担忧的是什么，那就是手机，尤其是具有音乐播放功能的手机，它会给 iPod 带来极大的冲击。

但由于隔行如隔山，苹果从未涉足手机领域，如果自己单干的话，一定会走很多弯路。于是选择了与摩托罗拉合作，合作的目的与其说是为了研发出一款功能强大的手机，不如说是为了积累手机行业的经验，为今后单独进军手机市场做准备。后来，苹果发现了一家名为 FingerWorks 的小公司，研发出了多点触控功能的平板电脑，乔布斯通过收购获得了所有专利。自 2005 年秋开始，先后投入 200 多名工程师、1.5 亿美元研发手机。在外观上，设计团队做出了数百个不同的模型，有的采用不同的材质，有的采用不同的搭配。

2007 年 1 月 7 日，是一个值得纪念的日子，这一天苹果发布了 iPhone。在发布会上，乔布斯说："1984 年苹果发布的 Mac 电脑改变了计算机产业，2001 年发布的 iPod 改变了音乐产业；今天我们将发布 3 件这一份量的产品，第一件是触摸式宽屏的 iPod，第二件是一款具有革命意义的手机，第三件是一款史无前例的互联网通信工具，但是，我要告诉大家的是，这不是三件产品，而是一件产品，我们将它称为 iPhone。今天，我们重新发明了手机。"

这就是苹果发明 iPhone 的过程，整个进程中，根本没有进军手机产业的事先谋划，有的只是乔布斯寻找并满足市场需求的虔诚。这当中还充满了一些偶然性，进军音乐产业的灵感来自 Napster 事件，基本逻辑是透过这个事件发现了网民的需求，开发 iPod 的灵感源自一位咨询师的展示，而跨界进入手机产业的灵感更有些意外，因为和一个去摩托罗拉任职的好友的一次通话。

iPhone 之所以如此成功，说到底，就是满足了消费者的需求，只不过这个需求是挖掘、激发出来的潜在需求，但这个需求是实实在在存在的，如果这个需求不存在，iPhone 也不可能成功。乔布斯之前开发的 Apple Ⅲ、Lisa 电脑、NeXT 电脑的失败，就是因为不符合市场需求。可见，苹果的产品能否成功，其根本原因与是否出自乔布斯之手无关，而是看是不是适应环境以及符合市场需求。

如今，苹果展现出强大的竞争实力，在智能手机领域，其盈利能力远远超出其他企业，iOS 操作系统及其应用商店已成为商业模式与平台战略的经典，别人难以模仿，也难以超越。苹果毫无疑问建立起了自己的核心竞争力与竞争优势。但深刻剖析其形成过程就会发现，这些东西并不是从天而降的，既不是买来的，也不是乔布斯凭空想象出来的，而是在以消费者为中心的理念下，一步步摸索，逐步积累出来的。

许多企业沉迷于核心竞争力本身的讨论，强调其多么的重要，这一点固然没错，核心竞争力当然重要，但如果不深入理解核心竞争力形成背后的逻辑，则很难形成自己的核心竞争力。另外，核心竞争力也并不是一劳永逸的，即使企业掌握了某种核心技术，但随着时间的推移，企业如果不能保持持续创新，今天的核心技术也会逐步变成一般技术，企业的竞争力与竞争优势也难以维持。从这个意义上来说，静态的核心技术本身并不是最重要的，比这个更重要的是企业积累核心技术的经验，而企业能否积累起这样的丰富经验，关键取决于某种理念。

（三）战略更多是沿着大方向的生动探索，而非局限于事先的缜密规划

任何企业都想制定一个好的战略，让企业走在正确的道路上。但初始阶段分析什么是正确的战略，并不是取得成功的必要条件，关键是要能在尝试中找到正确的方向，成功企业与失败企业的主要差别并不在于它们的初始战略有多完美（克莱顿·克里斯坦森，2014）。

前文分析提到，即便是苹果公司开创了移动互联时代的 iPhone，也不是乔布斯事先运筹帷幄与缜密规划的结果，其诞生的过程甚至充满了一定的偶然性。当然，其背后有着不断捕捉、适应消费者潜在需求的内在逻辑。从事先看，苹果的战略几乎都是不完美的，但不影响其在探索的过程中不断学习、不断反思、不断调整，进而逐步形成一个成熟的战略。

在战略决策中，企业需要充分收集各方面的信息，深入研究所处的环境，分析面临的机会和威胁，认真审视企业自身的条件，认清自身的优势和劣势，通过对外部环境与内部条件的综合权衡，尽可能制定一个符合实际与统揽全局的战略规划。但企业应认识到，在互联网时代，由于自身认识能力的限制，加之环境的高度不确定，企业想通过一次的运筹帷幄制定出一个一劳永逸的好战略是不太现实的。

一方面，互联网时代是一个万马奔腾的创业时代，也是一个颠覆的时代，所有行业要么已经被颠覆，要么在被颠覆的路上，大量新业态、新模式已经产生，更多的新业态、新模式正在孕育之中，这些发生了的已经让很多企业看不懂、看不透了，而对未来可能会发生的则更是难以预测。

由于企业认识能力的限制，企业很难对这样的环境做出准确的把握，更做不到运筹帷幄与缜密规划，自然也不宜盲目做出所谓的决策。正如明茨伯格等（2012）在《战略历程》中指出的，有时在各种因素尚未明了的时期内，组织面临的危险并不是来自于缺乏明确的战略，恰恰相反，它来自战略过早地被敲定，它可能使组织只重视前进的方向而忘记周围的环境。

如 HP 公司，由于坚信自己找到了正确的战略，斥巨资为 PDA 市场开发 1.3 英寸的 Kittyhawk 硬盘，但它们预想的大规模的 PDA 市场并未出现，由于便携式文字处理器、迷你现金出纳机、电子摄影机和工业扫描器等应用领域均未出现在 HP 的原始市场营销计划中，当微型硬盘的这些终极应用领域浮出水面时，Kitty-hawk 团队已经没有资源来抓住这些机遇了，后来 Kittyhawk 硬盘直接退出了市场（克莱顿·克里斯坦森，2014）。

要说明的是，尽管企业不宜过早地敲定明确的战略，但战略决策前的分析过程是很有必要的，它对企业了解市场、环境、自己的方位，以及统一思想、凝聚共识、明确努力方向等是很有价值的。它可以帮助企业形成一个方向性的、粗线条的战略框架，虽然可能存在许多没法明确的、没弄清楚的问题，但正是带着这些问题，企业才在沿着粗线条框架前行的过程中更高度关注环境，向环境学习，进而逐步让一些疑惑、想法变得明朗起来。

另一方面，即使企业有能力根据当时的环境做出一个科学的决策，但在互联网时代，市场环境快速变化，甚至瞬息万变，计划往往跟不上变化，战略也需要适时地调整，这也是一些企业家误认为战略没有用的原因。但这种对战略动态的调整过程，其实是对环境的了解与学习过程，也是持续收集完善信息的过程。正是在这个过程中，企业逐步把握了环境变化的规律，提升了应急反应的能力。

这种战略的调整，虽是被环境的变化"逼"出来的，但却并不一定是被动的。它并不是被动地应对环境，而仍是一种主动的谋划，是随时对环境的变化保持敏感，保持捕捉机会的兴奋，在变化中快速识别机遇，每一次的战略调整，并不满足于机械地、被动地适应环境，而是寻求积极的、创造性的适应环境。正是这样的调整，才使得企业战略始终紧跟消费者的脚步、市场的脉搏，一个成熟完美的战略也才得以形成与呈现。

如乔布斯所在领域，属于高科技领域，技术进步、消费者需求的变化都很快，所以苹果公司经常受到冲击，但乔布斯始终注重从环境的变化中捕捉机会。虽然每次环境变化时，总是"逼"着其做出调整，但他并没有被动地疲于应付，而是立足于长远，体会消费者的深层次的潜在需求，思考如何激发并满足这种需求，进而创造出划时代的产品或模式。

（四）战略应以长远的可持续发展为导向，而非短期的所谓跨越式发展

我国改革开放为企业提供的舞台广阔、机遇众多，有不少企业抓住了机遇，实现了跨越式发展。总体上，我国不乏取得过重大成就、历经过辉煌岁月，乃至创造过奇迹的企业，但企业平均寿命太短，能跨越时代实现可持续发展的企业却始终非常稀缺。许多企业，曾经叱咤风云，上过各种排行榜，有过跨越式发展，但却又上演了断崖式的失败，着实令人心痛。

究其根源，这些企业比较缺乏可持续发展的思维，在敬畏市场规律、苦练内功、构建核心竞争力等方面做得不够，而对所谓的跨越式发展情有独钟。吴晓波曾在《大败局》和《大败局Ⅱ》两本著作中对 19 个这样的案例进行了剖析，并将其称为"中国式失败"，并指出他们当中的相当一部分不仅缺乏对规律和秩序的尊重，甚至以自己"不按常理出牌"为标榜，这些不按常理出牌的人，可能一时获取了超额利润，但这是以伤害秩序和大多数按常理出牌人的利益为代价的，也注定是不可持续的。

企业发展的不可持续问题具有一定的普遍性，可见我们不仅需要时代的企业，更需要能跨越时代的可持续发展的企业。企业需要转变观念，放弃"钻空子"式的所谓抓机遇思维，摒弃"奇招""怪招"，抵御短期利益诱惑。在战略上，企业应坚持可持续发展导向，无论环境如何演变，始终敬畏规律，扎扎实实做到探索规律、认识规律、把握规律、遵守规律，进而持续跟上时代的节奏。

在互联网时代，企业更应坚持可持续发展的战略导向。一方面，互联网的应用对经营环境产生巨大的影响，新模式、新思维、新路径等层出不穷，各行各业都受到了影响、冲击，甚至颠覆，企业要维持既有的竞争优势变得越来越困难了，连柯达、诺基亚这样的世界级企业都未能跟上时代脚步，惨遭颠覆。

另一方面，企业获得了"互联网＋"这个强大的赋能工具，加之一个个互联网"风口"的形成，为企业创新发展提供了更加广阔的空间，为跨越式乃至火箭式发展提供了更多可能。一个个"独角兽"企业的崛起，在创造一个个传奇的同时，也滋生了浮躁的风气以及赚快钱的思维。广大企业亟须回归正确的战略导向，尽管瑞幸咖啡从创立到纳斯达克上市仅用了 18 个月时间，创造了所谓的奇迹甚至"经济魔术"，但这样短期的辉煌没有意义，最终只不过是昙花一现、过眼烟云。

尽管互联网时代是"快鱼吃慢鱼"的时代，以快制胜也的确是互联网时代的重要竞争法则，但不能片面理解这个"快"的含义。"快"的要义并不在于短期发展有多快，而在于及时地把握机遇并迅速付诸行动，尽可能抢占先机，有的时候的确是"一步慢，步步慢"。

但企业不应过于追求短期的成长速度，如果过于关注这个，实际上就是一种浮躁心理。如果仅截取瑞幸咖啡从创业到上市这一段的发展，从短期看，绝对称得上是跨越式发展，如果仅从表面衡量其发展的"快"，那么毫无疑问是成功的典型，但这种不能持续的"快"有什么意义呢？

一个成功的企业必然会经历一些跨越式发展的阶段，我们当然也希望一个企业能适时实现跨越。但成长有成长的规律，企业只要沿着正确的方向，把好时机、瞄准需求、定位准确、打好基础，至于何时进入快速发展轨道、最终能走多远等问题，那是自然而然的结果，企业不应纠结这个。企业永远应关注的是练好内功、打好基础、构建与提升核心能力。

在快速变化的互联网时代，企业遭遇挫折、冲击、低潮是必然的，有时可能还是很致命的、决定生死存亡的，在任何情况下企业都要能活下去才是最关键的，这才是可持续发展的要义。华为一路走来，很少有豪言壮语，在紧要关头，总是强调活下去，从不喊空头口号，值得学习借鉴。正因如此，华为才跨越不同时代，实现了可持续成长，做到了全球领先、国人骄傲的地步；也正因如此，在美国举国家之力的打压下，尽管形势相当严峻，但由于其拥有可持续发展的理念与长期磨炼形成的活下去的能力，才能让其渡过难关并拥有未来。

（五）战略不仅表明了企业选择做什么，更表明了不做什么

企业的战略决策是在权衡外部环境、内部资源的基础上做出的，既受制于资源条件，也决定着资源的配置。任何企业的资源都是有限的，都必须以合适的途径与方式，配置到正确的方向、关键领域、擅长的环节，以提高资源的利用效果与效率。战略是一种选择，其实更是一种放弃。因为在明确努力方向的同时，意味着要放弃更多的领域。

正是由于企业的资源极其有限，能做的事实际上都很有限，不可能随心所欲地使用，必须战略性地配置到"刀刃"上。也只有坚决抵御诱惑，聚焦一定的方向配置资源，才更可能通过长时间的持续积累而形成核心竞争力，这也正是战略的价值所在。战略基本的步骤就是设限，如果想要抓住所有的顾客，提供所有的服务，根本没有战略可言，制定战略就是要限制你想要做事情，战略的精髓就是选择不做什么（王成，2018）。

应该说，战略的这个核心内涵在优秀的企业家中形成了较高的共识。例如，乔布斯说，决定不做什么跟决定做什么同样重要，对公司来说是这样，对产品来说也是这样；王石指出，人要学会做减法；等等。

应该说，很多企业的成功在于坚定地选择了不做什么。例如，格力曾经有多次进入汽车、新能源等领域的机会，但无论在什么情况下，时任董事长朱江洪都坚定空调以外的产业都不碰；万科选择从除房地产以外的所有产业中退出；华为几十年如一日地"只对准一个城墙口冲锋"等。

然而，企业在做战略决策时，往往面临的机会很多，觉得自己能做的事很多，这可能是很多企业不慎重进入多个不相关领域的重要原因。尤其在互联网时代，选择不做什么比选择做什么更难，说不定某个机会就是所谓的"风口"呢，说不定抓住了某个机会就会成为"独角兽"呢。面对外部的诱惑，企业更需要有整体、全局、长远思维，处理好短期与长远、局部与整体的关系，保持战略定力，坚持开发核心竞争力的取向，做到自律、冷静，抵制诱惑，放弃近喜远忧的、不利于核心竞争力形成的方案。

另外，企业做决策的过程，在面对较多机会的情况下，先做加法再做减法往往是一条可行思路。即不直接确定做什么，而是先把可能做的选项列出来，有多少列多少，然后逐步排除，也就是决定不做什么，最后只剩下极少数甚至只有一个，这就是最终的决策方案。

这个过程，是思考的过程、权衡的过程、斟酌的过程、择优的过程、取舍的过程。经历了这个过程，不仅可以做出相对正确的选择，而且有助于提升战略执行过程中的战略定力。在战略执行中，面对环境的变化、战略运行中的困难，企业很容易产生"这山看着那山高"的心理，而经历了前述的不做什么的选择后，除必须根据环境变化做出适当调整的情况外，可以大大降低企业的战略摇摆，保持应有的战略定力。

三、战略的精髓与生命力在于其背后的逻辑

企业的成功根本上是由其背后的战略逻辑决定的。背后的逻辑才是战略的精髓所在，符合逻辑的战略才有强大的生命力。如果要研究、学习成功企业的战略，关键是把握其背后的逻辑，才能真正把握其精髓。如果要选择正确的战略，必须要进行深入、系统、全面的思考，在逻辑上彻底想清、想透，才能抓住主要矛盾与问题的本质，才能将资源配置到最关键的领域。

一个公司到底要成为什么样的企业、坚守什么样的理念、承担什么样的使命、实现什么样的价值，都是要经过认真、深入、辩证的战略思考甚至哲学思考的。一个企业到底选择做什么与不做什么，尤其是抵制诱惑，不做什么，更需要强大的逻辑支撑。一个企业的当家人，只有获得逻辑上的"通透"，才能做个清醒的掌舵者，也才能始终保持战略定力。一个既定的战略，也只有能从逻辑上说通、说透，才能不仅让决策者自己相信，更让员工发自内心地相信，也才能形成凝聚力。

企业有了强有力的逻辑支撑，就能在高度不确定的环境中，在各类挑战面前，保持定力与灵活性，实现动静结合，既"以静制动"，也"以动制动"。在大方向、理念等根本性的问题上，保持定力与稳定，做到"以静制动"。但在具体策略上，不僵化、不生硬地灵活应变，做到"以动制动"。例如，华为面对美国的打压，在以消费者为本、发展核心技术、保持研发强度等方面必须保持战略定力，毫不动摇，但在具体策略上应灵活应变。又如，出售荣耀业务、拓展核心技术的应用领域、发展操作系统等。

本书强调战略的逻辑性，并不否认发散思维的重要作用。战略思路的萌发可以思维发散、灵光一现、头脑风暴，战略设想完全可以大胆一点，这样有助于开拓思路，但求证一定要小心，尤其是一定要经得起逻辑分析。逻辑是战略成功的必备条件，从长期看，不符合逻辑的战略必定失败，只有符合逻辑的战略才可能成功。

四、战略的显著特点

（一）风险性

战略是企业竞争优势的重要来源，同样也是风险的重要来源。企业战略涉及未来资源配置与发展的方向，一个企业的战略如果出了问题，往往会元气大伤，甚至是灭顶之灾。无论一个企业的市场地位有多高、竞争实力有多强，哪怕是领导型企业，一次关键的战略决策失误，或没有跟得上别人的一次关键战略，都可能被淘汰。

如曾经的空调巨头春兰集团，自从选择多元化的发展战略，就走上了衰败的不归路；曾经的胶卷巨头柯达，在"胶卷时代"曾占据全球2/3的市场份额，尽管其最早发明了数码相机，但由于担心胶卷销量受影响，一直选择不大力发展数码业务的战略，结果随着数码时代到来，再想奋起直追已无济于事；曾经的手机巨头诺基亚，因在智能手机上的战略失误，直接导致其退出了该市场等。

但要说明的是，强调战略风险性的目的是为了认识、直面风险，并采取措施降低风险、控制风险、承担风险，并不是一味回避风险。德鲁克曾指出，战略规划并不是一种消除风险的企图，也不是使风险最小化的企图，成功战略的最终结果必须是提升承担更大风险的能力，这是提高企业成绩的唯一途径。2020年8月11日，雷军在小米十周年演讲中回顾手机业务的发展历程时讲到，每一个成功背后是无数艰难的抉择，而每个抉择背后都是巨大的风险，没有任何一个成功是不冒风险的，直面风险，豁出去干。

风险是收益的代价，收益是风险的补偿。高风险才能高回报，所以一味回避风险不是提升业绩与竞争力的办法。企业要做的是管控风险，提升承担风险的能力，在能承担风险的范围内，利用好风险点可能带来的机会。

（二）思想性与艺术性

战略的形成是众多因素相互作用、相互影响的结果，既与所在的外部环境相关，又与自身条件相连，更依赖于对外部环境及自身条件的认识、解读与把握。例如，在20世纪90年代中期，同处空调行业的春兰与格力，面对同样的外部环境，由于认识的不同，却得出截然相反的结论。春兰认为空调产业竞争白热化，没有前途，而格力认为该产业仍有相当大的发展空间。基于不同的认识，春兰开始拓展新的领域，走上了多元化发展的道路，而格力决定专心、专注、专一，扎根空调领域。

这表明，战略决策虽然依赖一套科学的决策方法，但更加依赖企业家精神，尤其在互联网时代，更是如此。互联网时代环境的变化不是线性的，基于过去越来越难以预测未来，决策中越来越需要超越数据、超越过去，越来越需要企业家对未来的想象、洞察与判断，然后做出可能别人根本看不懂的但代表未来的决策。这个决策对企业家本身来说，也可能具有一定的偶然性，而且，越是重大的决策，可能偶然性越大。

乔布斯重返苹果后选择音乐作为突破方向，以及后来进军手机领域都没有事先精心的策划，都有一定的偶然性。苹果的战略是独一无二的，是难以复制的，我们无法再造一个苹果，也不能照搬乃至模仿其战略。从这个意义上来说，苹果的战略具有一定的甚至较大的艺术成分，或者苹果的战略本身就是一种艺术。

但要强调的是，这种艺术性，并不意味着乱拍脑袋，更不意味着没有科学性，它在形式上是高度依赖企业家的直觉、经验、洞察力、创造力、性格、抱负，乃至爱好，但这些实质上是建立在企业家积累的大量隐性、诀窍性知识的基础上的，它有未显性化的内在逻辑。苹果进军音乐与手机产业，尽管有一点偶然，甚至还有一点灵光乍现，但这不是凭空的想象与拍脑袋，而是乔布斯敏锐地捕捉到了市场机会，做出这样的决策，并非没有科学与逻辑。

也正因战略具有这样的艺术特性，对战略的研究或对企业战略案例的分析，不能照搬与硬套，也不宜过于模式化。学习别人的战略，不应就战略论战略，要学习其精髓，学习其形成的背景、过程与逻辑，以便从中获得灵感与启示。

（三）整体性与长远性

战略是从企业整体角度的谋划，企业的不同层次、不同部分、不同环节都要围绕战略、服务战略、服从战略，处理好局部与整体的关系，来定位、思考、安排各自的计划、行动与方案，让企业各方面的资源都围绕着一个核心运转，进而形成合力。企业的战略决策或调整，不可避免地要涉及不同部门的利益重分配，往往会存在一些部门利益与整体利益不一致的问题，能否处理好这种矛盾，关系到整体利益的大局。

另外，从利益相关者的角度看，企业不是一个孤立的个体，企业战略决策中还涉及供应商、顾客、社会、股东等利益相关者的利益问题，需要平衡内部与外部、企业与顾客、员工与股东、管理层与所有者、大股东与小股东等之间的利益关系。要处理好这些关系，需要企业从更大的视野，将一些本是企业外部的主体、要素、利益等也作为一个整体来思考。

企业在经营中还需要面对一系列的短期与长期利益矛盾，处理大量眼前与长远利益关系。当一个企业处于财务困境中时，是否需要削减研发与培训费用，如果从短期看，削减这些费用可能有助于节流，减小财务压力，但从长期看，削减费用不利于长远竞争力提升，这样就构成一对矛盾。

战略是从长远角度的谋划，思考未来的发展。企业应多从长远角度思考眼前利益的问题，尽量避免做出近喜远忧的决策。当然，长远与眼前利益的权衡并不是完全不考虑眼前利益，而是以长远利益为导向思考眼前利益问题，如果涉及生存问题，兼顾这样的短期利益有时也是不得已的选择，但在兼顾这些不得已的短期利益时，仍应坚持长远利益导向，尽可能减少对长期利益的损害。

战略的长期性还体现在，战略一旦制定，就需要长期坚持，尽管随着环境变化，会做一些调整，但其战略方向、经营理念等不应轻易改变。华为、苹果等企业正是长期坚持核心的理念、价值观与战略方向，才能始终处变不惊，总能在外部环境的变化中，排除纷扰，把握本质，既牢牢抓住主要矛盾，又不断捕捉新的机遇。

（四）相对稳定性

尽管随着环境的变化，战略也要做出相应的调整，但相对于策略而言，战略仍要保持相对的稳定性。无论环境如何改变，商业的本质不会改变，企业更好地适应需求、服务需求的理念不能改变，变的只是如何适应需求的方式。

在互联网时代，企业尤其要处理好变与不变的关系，一方面竞争策略要随着市场需求及时改变，另一方面企业的思维、价值观、理念等不能轻易改变，它们往往随着时间的推移，愈加显得历久弥新。越是在高度不确定的环境中，越要坚守一些核心的理念与价值观，这往往有助于做到以静制动，形成独特的竞争优势。

随着环境变化，乔布斯尽管在经营领域、设计、销售、对外合作等方面持续进行了一些调整，但其追求完美、极简主义、软硬件一体化等方面的核心理念从未改变。也正因为坚持了这些核心理念，才让苹果的无论哪款产品，都展现出其特有的独特风格，这正是苹果的灵魂。

另外，保持战略相对稳定性并不是不变，相对稳定意味着不要频繁改变，但仍要随环境变化适时做出适当调整。即使理念、价值观等方面，要求保持更高的稳定性，不轻易改变，这也并不意味着不变。乔布斯一直强调用技术改变世界，一直高度注重新技术的应用，这是他骨子里的东西，是不易改变的，但在经历若干失败与挫折之后，他对原有的理念进行了反思，在重返苹果之后，开始重视消费者的需求。这是乔布斯理念上的一次重大转变，也正是这个转变才让苹果公司不断拿出让消费者尖叫的产品。

五、战略的体系

企业的战略是由公司层、业务层、职能层三个层面共同构成的体系（见图 1-1）。企业战略不仅包括有形的具体战略层面，更包括无形的思想层面。公司的理念、思路、方向、定位、领域、模式等都蕴含在相关的战略之中。例如，蓝军战略既是一种战略形式，更是一种探索思路与方法；专业化战略既涉及发展领域的选择，更蕴含着丰富的精神内涵与思想价值；竞争战略既涉及建立竞争优势的途径，也体现了定位的思想；等等。

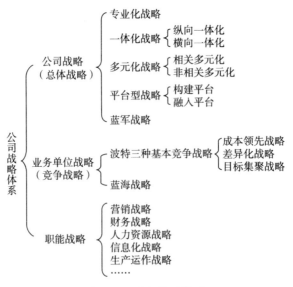

图 1-1　公司战略体系

第二章　互联网时代企业还需要战略吗

战略是企业家的灵魂。

——曾光安

战略是生死大计。

——陈玮

在互联网时代，高度不确定的环境给企业战略管理带来了前所未有的挑战。学界已出现越来越多"战略无用论"的声音。如孙黎在《蓝军战略》中认为战略规划起不到什么作用；塔勒布在《反脆弱》中说，任何拘泥于计划、不善变通的事情必然失败，鼓吹规划有助于企业发展简直是胡说八道，事实上，这个世界太随机、太不可测了，怎么可能基于未来的波动制定政策。

企业界也存在着同样的声音。如前文提到的，周鸿祎在《周鸿祎自述：我的互联网方法论》中就认为硅谷的公司基本都没有战略，但都有很强的产品经理精神，包括苹果公司，他认为同样没有战略。对 360 公司而言，他同样认为并没有战略规划，其成就与商业模式是在竞争中一步步"逼"出来的，是在解决消费者问题与抱怨中一点点积累起来的。

"战略无用论"的主要原因是环境的改变，快速变化的环境使得计划往往赶不上变化。在互联网时代，不仅唯一不变的就是变，而且"变化"也在变化，变的维度、幅度、方向、速度都在变化（朱恒源、杨斌，2018）。毋庸置疑，经营环境高度不确定是客观现实，企业也的确很难做出一个长远的战略规划了。但即便如此，并不意味着企业不需要战略了，恰恰相反，企业可能比以往任何时候更需要战略，更需要高水平的战略管理。

一、理解环境改变的内在机理

在互联网时代，一味地讨论环境变化的速度之快是没有意义的，这只会加剧本就存在的焦虑。企业更应思考与探寻的其实是环境到底是如何变化的，其背后的机理是什么？搞清楚这个问题，对企业把握环境及市场的变化也许才是真正的帮助。

迄今为止，已有许多令人尊敬的企业一次又一次地改变了世界，如苹果、谷歌、Intel、微软、华为、腾讯、百度等，这些企业的存在似乎增加了环境的不确定性，因为它们的创新随时有可能影响、改变甚至颠覆一个行业。在互联网时代，企业的创新越来越具有创造性、想象力、"破坏性"，一个企业乃至一个产业随时都有被颠覆的可能性，且经历的时间呈现越来越短的趋势。

在互联网时代，人们都惊叹于环境呈现出"VUCA"特征，即不稳定（Volatility）、不确定（Uncertainty）、复杂（Complexity）、模糊（Ambiguity），也惊叹于公司具有改变环境的强大力量，如苹果创造了移动互联，似乎从根本上改变了企业经营的外部环境。

毋庸置疑，企业创新与创造的活力，是推进环境改变的重要原因，也使得整个外部环境变得难以预测。但如果从深层剖析与理解，就会发现一个能成为不断自我超越、竞争力强、引领时代的一流企业，其实都是不断寻求适应环境、适应需求、为用户创造价值的结果。

企业之所以能改变环境，其背后的逻辑与机理是更好地适应了环境。企业改变环境的内在机理，主观上的出发点应是"适应→适应→再适应"，客观上才会变成"改变→改变→再改变"。如果出发点是"改变→改变→再改变"，那不仅改变不了环境，反而被环境淘汰了。这是一个事关企业生存发展的根本性问题，必须透过现象看本质。无论什么样的企业，无论所谓的一流、二流还是三流企业，都应以适应环境为使命与目标，只有这样才能得以生存与发展，才能让自身变得越来越强大，也才能汇聚改变环境的磅礴力量。

借助对苹果公司的剖析有助于深刻理解这个问题。一提到苹果，自然谈到乔布斯，他是一个伟大的企业家，有很强的传奇色彩，他创办了苹果，重新定义了手机，带来了移动互联，极大地推进了互联网应用，从根本上改变了企业赖以生存的外部环境，给企业的经营理念、思维模式、战略思想带来了颠覆性的影响。

乔布斯很早就确立了用科技改变世界的梦想，他最终也的确实现了梦想。但对乔布斯的认识，不能仅停留在他的成就及改变环境本身上，而应深刻思考，为什么他能改变世界，其背后的逻辑是什么。

苹果改变了环境是客观事实，但其作用的机理恰恰是因为更好地适应了环境与需求，而不是所谓的创造了需求。在这个关键问题上，学界与业界均存在较深的误解。实际上，任何企业都不能创造需求，乔布斯也不能。

乔布斯创立苹果时，一无所有，且创业道路一路坎坷，无比艰难，一次次陷入绝境，又一次次从绝境中奋起，在逆境中前行。一路走来，他那种勇往直前、百折不挠、永不止步的追求完美与创新精神，留下了一段段既难以忘怀又鼓舞人心的传奇故事，给追梦人无尽的精神力量、商业智慧与思想启迪，也给重新认识与思考企业战略提供了新的视角与宝贵实践。

乔布斯的真正辉煌是重返苹果之后，iPod、iPhone、iPad 都是这个阶段的创造。在这之前他的创业道路是很坎坷的，虽有 Apple Ⅱ、Mac 等较成功的产品，但在 Apple Ⅲ、Lisa、NeXT 上是惨败的。即使在总体取得成功的 Mac 上，也不是一帆风顺的，乔布斯还因此被苹果抛弃。在 NeXT 上，则更是让他到了穷困潦倒的地步。

为什么乔布斯创业生涯的前半段一路坎坷，无比艰难？但后半段又一个奇迹接着一个奇迹，无比辉煌？对比乔布斯重返苹果后的阶段与之前的阶段，最大的差异在于对市场需求的态度不同。前一阶段他极不关注市场需求，只追求使用最先进的技术，造出性能最强大的电脑，他坚信这样的电脑一定会受市场青睐与喜爱。然而，尽管 Apple Ⅲ、Lisa、NeXT 的技术几乎是当时最先进的，性能也是最强大的，但并未得到市场认可。

在乔布斯重返苹果后，他变得成熟了，开始重视市场需求。他回归后做的调研发现，苹果一味地追求新型电脑的开发，却忽略了 2300 万核心消费者的感受，苹果电脑最终是要放在店里销售的，迎合消费者的喜好才是王道，闭门造车肯定会出现种种问题。

乔布斯对市场态度的转变，或者市场逻辑的转变是其创业生涯的一个重要转折。在这之后，苹果在 iPod、iPhone、iPad 等产品上，推一个火一个，且几乎都是划时代的。之所以能推一个火一个，其根本原因在于，这些产品的推出不再是闭门造车的结果，而是深深迎合了市场需求。

只不过，乔布斯并没有机械地、僵化地适应显在需求，而是用心去揣摩、挖掘、感应消费者的潜在、隐性需求。这种需求是实实在在存在的，可又是不易被发现的，这时如有一个合适的产品放到消费者的面前，立刻就会被激发出来，而这往往被误认为是创造了需求。没有人能创造需求，包括乔布斯。如果他能，那么他创造的 Apple III、Lisa、NeXT 为什么惨败？说到底，这种创造没有很好地满足消费者的需求。而后面的 iPod、iPhone、iPad 等为什么如此成功？说到底，是更好地满足了需求。

以音乐为例，苹果进军该产业有点意外，但却是乔布斯捕捉到了市场需求的结果，也正是迎合了市场需求，才在 iTunes 与 iPod 上取得成功。这部分内容在本书案例部分有详细介绍，乔布斯通过 Napster 事件，得出两点结论：一是网络共享这种便捷方式极受广大网民欢迎；二是网民不会因为版权问题拒绝使用网络下载音乐。想清楚这两点，他意识到音乐将会是未来最具商业潜力的领域之一。

当然，要说明的是，乔布斯的一些坎坷经历，也是一种宝贵的财富，正是这些教训让乔布斯更加深刻理解了市场的本质与逻辑，让其真正认识到企业的价值之源，并在对待市场需求的问题上转型得更彻底。

可见，无论什么样的企业，都必须全心全意地研究消费者的需求，那些取得重大成功的产品或创意，根本原因正是在于很好地适应了市场。乔布斯创造了苹果，但并没有创造需求，而是最深层地体会、感悟、洞察了消费者的需求，并一直追求为消费者提供更便捷、更快速、更强大、更友好、更可靠、更简洁、更廉价、更完美的产品，以最大限度地满足消费者需求而创造了辉煌。

从表现形式上看，乔布斯的确改变了世界，使企业的经营环境发生了翻天覆地的改变。但从内在的逻辑上看，他最终之所以能改变环境，恰恰是因为他全身心地适应了环境。

二、高度不确定的环境并非无规律可循

互联网时代的理念、模式、打法等不断翻新，花样百出。但这些现象的背后，是不断有企业发现了更好的服务消费者的方式，开发出能更好满足消费者需求的产品与服务；或者是越来越多的潜在、隐性需求被企业挖掘出来，进而引导企业不断创新。

尽管互联网环境复杂多变，做预测也变得越来越困难，但并非完全没有规律可循。如果从短期看，环境中确实充满了越来越多的偶然因素，但如果从长期、从大方向来看，其变化的趋势与规律甚至清晰可见。正如《失控》的作者凯文·凯利多次表达的，对未来三到五年的具体产品或企业做出预测几乎是不可能的，他也不会做这样的预测，他更关注的是未来二十年、三十年甚至更长时间的大趋势。

互联网毕竟只是个工具，尽管这个工具有点特殊，它使环境发生了翻天覆地的变化，也使得企业制胜的逻辑发生了很大改变，工业时代形成的有些经验、逻辑可能已不再适应互联网时代，但最根本的东西并没有因此而改变。无论什么时代，企业用什么方法，更好地满足消费者需求的本质没有改变，企业生存与发展的根本逻辑并没有改变，改变的只是在这个根本逻辑下的具体的经营思路、竞争策略、方式方法等。从这个意义上来说，尽管环境改变很大，但其实仍有规律可循。

不仅如此，互联网非但没有改变商业的本质，而是让商业更加回归本真、回归人性，或者让企业更有可能实现自己的使命与价值。它让企业有了强大的工具，互联网让企业既可以方便地与消费者互动与交流，还可以让企业更全面、深入、精准地把握消费者的心理、行为、习惯，更可以提供定制化的产业与服务，以最大限度地满足个性化的需求，更大可能践行"以消费者为本"的理念。

正因如此，在凯文·凯利看来，对环境演变的大趋势是值得思考的，也是可能洞察和把握的，更是新的重大商机的重要来源。在这方面，他还做了更具体的工作。例如，2016 年 4 月 1 日，他在第二届深圳湾创业创新论坛上做了题为《预言未来的十二个趋势》的演讲，并指出如果要发现新的商机，必须要关注与把握这十二个趋势。当然，他预测的这十二个趋势不一定全部准确，毕竟影响环境的因素是非常复杂的，人的认知能力也是有限的，但这不影响他所做工作的价值。

另外，很重要的一点是，互联网时代的环境虽然变化很快，但并不是一夜之间发生突变的，仍是一点点从量变到质变的，渐进发生的，累积到一定程度发生的一次大的变化，再经过相对平稳的渐进改变，再发生重大变化，如此往前演进。环境变化的这个规律与工业时代是相似的，只不过变化的节奏加快了而已。在这个过程中，优秀的企业会密切跟踪环境的演变，及时捕捉一些信号与苗头，并提前采取预备性的措施，做基础性的储备，包括思路、技术、人才、资金等方面，而不是等环境发生了巨变才被动地采取应急的反应与行动。

环境的巨变会带来各行各业的"大洗牌"，对很多企业意味着"灾难"。俗话说，机遇总是青睐于那些做好准备来捕捉它的人，环境的变化并不总是带来冲击，之所以有企业倒下，一定是有企业发现了更好的满足需求的方式，环境的变化对这些企业而言，恰恰意味着机遇。

事实上，每次环境发生大的变化之后，虽然有很多企业消失了，但同时也会崛起许多新的企业，甚至会产生新的行业。这个过程是优胜劣汰的过程，总体上整个经济的活力提升了，能生存下来或发展起来的企业也变得越来越强了。那些从环境巨变中抓住机会崛起的企业，其实并不是偶然，因为它们在环境缓慢变化时就敏锐地觉察到了其变化的趋势，就预测到了这种量变可能带来的质变，于是早就着手准备应对质变的到来。

每次环境的变化，总会崛起新的企业，这看似偶然，但如果深入研究这些企业，就会发现其实每个偶然背后都有其必然性，至少它们的成功表明环境的变化是可以把握的，它完全可以是重大机遇的重要来源，而不仅仅是冲击与挑战。从这个意义上来说，环境高度不确定是好事，它让企业时刻不敢懈怠，不敢墨守成规，始终保持敏锐与进取，主动寻求突破"舒适区"，这样的状态有助于提升企业的竞争力与免疫力，逐步形成应对不确定环境的能力。

三、应对不确定环境的根本逻辑

前文分析表明，站在那些改变环境的企业的角度看，它们之所以能改变环境，不是因为它们思考了如何改变环境，而是因为它们思考了如何更好地适应环境。由于它们对市场、消费者、环境的敬畏，也就能用心对其进行洞察与深刻把握，就能坚持"十年磨一剑"的钻研与积累精神，就能比竞争对手更好地满足市场需求，也就能思索如何更好地服务消费者，因此量的积累可能催生出技术或商务模式的质变，它们追求更好地适应环境的努力客观上改变了环境。

一些企业只看到了过去时常发生的环境巨变，但不去研究、思考造成这种变化的深层原因，从而变得"浮躁"和"不务正业"，把精力用在寻找所谓的"风口"上，在经营的过程中三心二意，分散注意力，难以跟上行业发展的趋势，更不太可能积累起属于自己的"独门绝技"，也就不能真正拥有核心竞争力。

有句话说，站在风口上猪都会飞起来，但风总会有停的时候，当风停了，飞起来的猪还不是会摔下来，甚至摔死。在实践中，有一些"不务正业"的企业，误打误撞，抓住了所谓的机遇，也取得了短期快速的发展，但最终还是因素质低而失败了。吴晓波在《大败局》与《大败局Ⅱ》中描述的近20家企业，基本上都是这样的情况，说明的都是这个道理。

改变环境，作为一种口号喊喊，鼓舞士气，是可以的。但在理念上、逻辑上不能以此为出发点，企业客观上确实可以影响甚至改变环境，但主观上不能以改变环境为目标，而要以适应环境为出发点。改变环境仅是适应环境的副产品与自然结果。

人们不应被"所谓一流的企业改变环境"的表面现象所迷惑。前文分析表明，如果聚焦研究一些代表性的成功企业，把它们"掰开来，揉碎了"审视。就会发现，尽管它们成功的具体原因在表现形式上可能多种多样，但背后一定存在共同的基本逻辑，而这一点恰恰是被很多企业忽视的。

在互联网时代，那些看似因环境高度不确定而失败的企业，其深层次原因往往并不在互联网环境本身。很多企业的迷失其根源并不是环境难以把握，而是心浮气躁，忘记了创办企业的初心与使命，忘记了企业的价值之源，忽视与违反了商业的本质与基本逻辑。

正如彭剑锋指出的，大部分企业的死，都不是因为企业家不创新、不拥抱变化、不打破规则、不抓住机会。很多企业的死，是死在不尊重经营常识、不遵循成长的基本规律、不敬畏基本的商业规则、不关注生存发展的基本命题。

瑞幸咖啡从创立到在纳斯达克上市仅用了18个月，这至少可以说明，该企业是深谙互联网之术的，其商业模式也有相当的过人之处，但最终还是失败了。如果好好反思一下，该企业的失败是不懂互联网环境吗？是竞争对手的冲击吗？是跨界者的"打劫"吗？只要稍加分析，答案不言自明。

在互联网时代，企业生存与发展的根本逻辑非但没有改变，反而变得更加重要了。基于"互联网＋"的场景革命催生了各种新的产品和商业模式，用户的需求很容易被新的产品与模式吸引，此时只有随时洞悉市场、把握用户需求的变化，及时根据用户痛点开发新产品，才能持久地黏住用户，防止其流失（孙黎，2018）。

可见，互联网时代，企业的价值越来越系于消费者，企业应比以往任何时候更加重视消费者的需求。那些令人眼花缭乱、瞠目结舌的经济现象、企业传奇、竞争故事、商业模式、跨界颠覆等表面上杂乱无章、毫无规律，充满了偶然性，实际上背后存在着一个共同的逻辑。

如果深入分析，就会发现，一流的战略都是从发现并更好地满足需求开始的，或者是从更好地解决消费者的问题开始的，这个需求是消费者自己可能都不知道但却是真实存在的需求，即潜在的需求。

为什么许多企业不赚钱却很值钱？不赚钱仅是指眼前的盈利状况，但企业的未来潜力得到了资本市场的认可，愿意为企业的未来买单，推高了企业的估值，从而表现为值钱。资本市场为什么认可这些企业的潜力与未来价值？说到底是这些企业更好地挖掘与适应了市场的需求，更好地解决了用户的问题，更好地为消费者创造了价值。尽管在短期还没有明显的财务回报，但资本市场相信未来会实现持续快速的增长。

为什么会有独角兽企业？一个企业创办后，之所以能在短期内实现超高速成长并达到相当的规模，说到底还是因为准确把握了市场的需求，直击消费者的痛点，打造形成了"爆品"。当然，之所以能形成"爆品"，互联网发挥了极其重要的作用，它可能帮助企业精准挖掘了客户需求，可能丰富了资源整合的手段，尤其是加速了信息与口碑在消费者之间的传播。

为什么巨头会被颠覆？相对于工业时代，由于消费者的选择更多元、更便捷，加之企业竞争的手段更丰富，才使互联网时代的企业更易被颠覆。但本质上是一样的，说到底是其他企业以更好的产品、服务或方式满足了需求，无论工业时代还是互联时代，企业被淘汰、被颠覆都是这个根本原因。另外，巨头被颠覆也说明了企业价值的源头在于消费者，如果不能有效"黏住"消费者，不再被认可，那再大的企业也很脆弱。

可见，无论环境如何变化，从消费者出发，为其解决问题、创造价值的根本逻辑永远不会改变。即便是乔布斯，他造就了伟大的公司，创造了传奇故事，开创了移动互联时代，他的这个创举同样是从发现并满足消费需求开始的。

在这个根本问题上，学界业界在认识上仍存在误区，在说法上形成误导，以至于很多人认为乔布斯创造了需求。前文已分析，任何人都不能创造需求，乔布斯也不能。乔布斯的前半段创业历程总体上是失败的，开发的很多产品都不受市场欢迎，以至于乔布斯被苹果抛弃。可见，乔布斯也不能创造需求，只要市场不认可，乔布斯同样是很狼狈的，甚至穷困潦倒。自他重返苹果后，变得成熟了，开始重视对消费者的研究，也因此开创了商业传奇。苹果的很多创造与选择看上去是很偶然的，它本是电脑企业，进军音乐产业并不是事先的谋划，进军手机产业纯属意外，软件商店更不是事先设计出来的，但这些偶然的背后其实有一定的必然性，因为都遵循了一个最基本的逻辑，那就是将注意力、出发点放到消费者或用户身上，全身心地挖掘、体会、研究需求，从而更好地适应需求。

苹果已成为教科书式的经典、商业领域的传奇，成为争相学习的对象。但许多企业却紧盯其产品、技术、商业模式本身，往往惊叹于其商业模式如何绝妙、企业如何先进、产品如何好用，这样的学习其实是没有意义的，其努力的方向是错误的。甚至，这都不能称为学习，而仅停留在谈论苹果是多么成功而已，根本没有掌握其战略的精髓，其结果往往是走上简单模仿的道路。

然而，无论企业如何模仿，都不可能复制苹果的战略与成功。任何企业都是独一无二的，苹果的成功有其特定的"天时、地利、人和"，其他企业不可能具备同样的条件和土壤。只有在学习时悟到了人家的"魂"与"神"，为我所用，才可能成功，而一味模仿只能失败，正所谓"学我者生，似我者死"。

四、战略在互联网时代具有更加突出的作用

在互联网时代，环境复杂多变，企业的确越来越难做一个长远的战略规划，但战略不是要与不要、有用与没用的问题，而是其重要性变得更加突出了。如果环境相对稳定，对其认识与预测相对容易得多，企业受到外部不确定性的冲击与威胁相对较小，只要按原来的节奏，按部就班往前走就可以，这时企业的战略管理是比较简单的，其作用、必要性其实反而不是那么凸显的。

正是因为环境高度不确定，才让战略的价值更加凸显出来，它是企业的灵魂，让企业可以更好地穿激流、过险滩、破浪前行。没有战略的企业就是灵魂上的"流浪汉"（王成，2018），战略是应对不确定性最有力的武器，企业完全可以通过战略管理大幅度降低不确定性，或保持与实现自身较高的确定性。

（一）越是不确定的环境，越需要具有穿透力的战略逻辑

前述关于环境变化的内在机理分析表明，在高度不确定的环境中，大量看似

偶然现象的背后存在着某种必然。企业能否适应不确定的环境，关键看能否识别、把握、抓住偶然背后的必然，而这主要取决于企业是否具有穿透力的战略逻辑。

互联网时代环境的复杂性让人们很难靠感知、直觉来准确判断，我们实实在在看到的现象也许只是一种错觉，而真实的更加接近本质的答案往往隐藏在其中。

1999 年末，IT 行业大萧条，美国唱片业协会起诉 Napster，对此事件，市场关注的焦点只是 Napster 侵犯了唱片公司的权益，但乔布斯却从中看到了市场的机会，发现了消费者有在线下载音乐的强烈需求，否则 Napster 的用户规模不可能在短期内快速增长，且到了威胁传统唱片公司的程度。同时，他在逻辑上还得出唱片公司与在线音乐平台之间并不存在矛盾，完全可以有互利合作的结论。

在此逻辑判断下，苹果创立了 iTunes，并通过音乐商店的模式设计将其发展成重要的音乐发行渠道，既保护了唱片公司的版权，也实现了自身的发展。Napster 的侵权事件仅是一种现象，背后的本质是市场出现了新的需求，如何抓住这个机会才是主要矛盾，当然也要思考如何解决利益相关者的诉求问题。乔布斯凭借其极具穿透力的战略逻辑，不仅通过 iTunes 抓住了机遇，而且让其成为了帮唱片公司保护知识产权的重要途径。后来的发展表明，iTunes 及与之配套的 iPod 的推出，是苹果公司的一个重要转折，也是开创了移动互联传奇的 iPhone 的重要起点。

乔布斯进军音乐产业有很强的传奇色彩，表面上看也有很大的偶然性，但如果深入分析就会发现背后的必然。这就是今天企业的生存与发展之道，在 VUCA 特征的互联网时代，企业需要透过现象看本质，需要依赖战略逻辑分析发现新的战略性机会。正如王钺（2020）指出的，如果说早年的企业创始人在通过思考找到未来市场巨大商机的过程中还有一些"偶然""灵光一闪"的成分，那么现在的企业创始人要在信息爆炸的今天从海量的市场信息中找到下一个大机会，就必须依靠更强大的逻辑判断和差异化的思维能力。

（二）越是不确定的环境，越需要正确的理念

正是因为互联网时代的环境复杂多变，企业不太可能也无须做出准确预测，对做出的决策也要及时根据环境的变化进行适当的调整，正所谓"摸着石头过河"，这也是"战略无用论"的主要依据，但不能因此而否认战略的科学性与价值。

前文分析表明，战略的本质与核心并不在于显性的规划层面，而是隐性的理念层面，涉及企业的价值观与思维，是渗透到骨子里的精神与灵魂。企业的外部环境随时会发生改变，业务规划也要适时做出调整，但理念一旦形成却会长期稳定地存在，成为企业行动的指南。

乔布斯一生中曾涉及电脑、动画、音乐、手机等产业，也先后开发出众多型号的产品，从显性的战略规划层面来看，他一直处于"摸着石头过河"的状态。但无论乔布斯在什么领域、处于什么发展阶段，也无论外部环境如何风云变幻、沧海桑田，他的一些核心理念从未发生改变，如追求完美与极致、极简主义、软硬件一体化等。这些理念成为流淌在他血液里的东西，"无时不在、无处不在"地影响着所有产品开发的全过程，成为在不确定环境中制胜的法宝。

在完美与极致理念方面，他深受养父"真正好的木匠会把柜子的背面做得和正面一样好"这句话的影响，并成了他的座右铭，他常用这句话回答、教育员工。也正是这种苛刻地追求完美的精神最后成就了乔布斯。为了追求完美，乔布斯可以不惜任何代价。比如，他能花几天时间研究机箱的边角到底该有多圆润才算合适；曾为 Apple II 机箱的颜色，设计公司提供了 2000 多种颜色，却没有一种令乔布斯满意；在 Mac 电脑的外观设计上，因风格与细节上的持续探讨、不断否定，先后制作了很多石膏模型，所有参与人员都深受"折磨"，直至形成一款非常友好的外壳；除外壳之外，他还很关注机箱里的主板，不允许以别人看不到为借口，要求尽可能美观；在硬件之外，他还关注操作系统的用户界面是否友好；等等。

在极简主义理念方面，以 iPod 的开发为例，他要求在搜索歌曲时，按键不要超过两次，如果超过三次，他就会非常生气；对中央控制转轮，他要求只需要有"前一首""后一首""播放/暂停"这三个键就足够了；对外观，他要求只能用白色这一种颜色。

在软硬件一体化的理念方面，乔布斯认为一台完美的电脑，其硬件与软件应该是一体的，所有的软件都是为这台电脑的硬件而量身定做的，而这台电脑的硬件也是专门为这些软件定制的。如果非要让研制出的电脑兼容其他电脑上的一些软件，那其自身就要牺牲一些功能，而这是乔布斯不能容忍的。这与其他操作系统相比，显得极为特立独行。但他的这个理念，也让后来的 iPod、iPhone、iPad等产品从诸多竞争者中脱颖而出。

正是乔布斯这样的理念与精神，让其产品多数被打造成了精品、极品、艺术品，形成了一流的用户体验，苹果成为了广大"果粉"们争相购买的对象，其相关产品也不断成为爆品。乔布斯这种精益求精的理念与精神在互联网时代不仅没有过时，反而变得更加重要、更具价值，是应对不确定性环境的重要法宝。互联网时代的信息、口碑传播极快，消费者选择也很方便，有时就是更换一个 APP 的事，精品理念更易被打造成爆品。

可见，在高度不确定的环境下，企业"走一步看一步"是必然的，即便是乔布斯，对未来的预见也是很有限的，也需要通过不断的试错与摸索前行。但正是因为有了正确且坚定的理念，企业在高度不确定的环境中，在探索的路上，才能始终不忘初心，不迷失方向。

这样的前行并非没有战略，它只不过没有显性的业务规划，或规划层面的战略，却有着隐性的思想层面的战略，这就是乔布斯的理念。他的前行是在强大理念支撑下的生动探索，这个理念是战略最核心、最本质的部分。

相对于企业的核心技术、品牌等资源，理念才是核心竞争力最根本的来源。核心技术、品牌等对企业当然是重要的，但不是最根本的，今天的核心技术到明天就会变成一般技术，今天的主流品牌到明天也可能成为一般品牌，比这些更重要的是开发与积累核心技术、构建与维护品牌的经验，而前文分析表明，这些仅仅是正确理念的副产业。

（三）越是不确定的环境，越需要明确的定位

随着经济的发展，居民收入水平提高，消费不断升级，消费需求不断向个性化、体验化、品质化等方向发展，消费观念呈现出多样化的特征，加之互联网时代的产品过剩与"信息泛滥"，消费者的选择更加便捷与自由，市场需求环境变得越来越复杂。

在这样的背景下，更迫切需要企业通过明确的定位，将十分有限的资源配置到关键领域与环节，并树立区别于其他竞争对手的、独特的、符合目标市场客户的形象和特性，最大限度地提升有限资源的利用效率。

首先，要聚焦一定的领域与环节，明确界定自己的业务边界。例如，格力曾定位自己是一个只做空调的企业、万科定位自己只做房地产等。在互联网时代，任何企业的资源都更显得有限与稀缺，尤其是注意力资源，更需要集中资源专注于某个领域，才更可能跟上行业发展的趋势与潮流，随时把握市场、竞争对手、

供应商等方面的动态,尤其是挖掘、发现、把握潜在需求。明确的战略定位能够让企业将大多数甚至所有资源聚焦于主航道,形成合力,"力出一孔",既有利于最大限度地把握机会,同时又拒绝做机会主义者。

其次,在选定的业务领域,往往会存在多个竞争者,企业要在该领域树立一个清晰的、区别于竞争对手的独特形象,以在目标市场中占据一个有利位置。例如,可口可乐与百事可乐都是可乐,但前者树立了自己更"正宗",而后者树立了"年轻人的可乐"形象;在奶粉行业,国产品牌一直处于弱势地位,但飞鹤奶粉通过"更适合中国宝宝体质"的定位强势崛起。

总之,无论是供给端的企业,还是需求端的消费者与用户,都呈现出极度的多样化,整个市场环境变得异常复杂与不确定。俗话说,"定位决定地位",企业摒弃"包打天下"的传统思维,强化战略定位,或许是应对不确定性的有效途径。

(四)越是不确定的环境,越需要战略定力

战略管理的根本目标在于培育与构建企业的核心竞争力,要建立核心竞争力必须有长远眼光、长期导向。核心竞争力不可能一蹴而就,一定是在长期的经营中不断试错、点滴积累起来的独门绝技。

尽管前文分析表明,企业战略是在一个大方向下的生动探索,需要保持"因时制宜,因地制宜"的灵活性,但这种灵活性不能偏离大航向。在不确定的环境中,企业在长期的经营中,不可避免地会遭遇各种竞争压力、发展瓶颈、生存困难,同时还会伴随着各种外部干扰、短期诱惑,企业必须具备较强的战略定力与"咬定青山不放松"的精神,坚定排除干扰、抵制诱惑。

华为对大方向的坚持坚如磐石,如在投资的方向上,强调围绕主业、持续专注、面向未来、注重核心竞争力打造。在任何情况下,都对自己的主航道专注不变,耐得住寂寞,挡得住诱惑,尤其在各种机会面前,仍保持定力。如在非常困难的情况下,仍坚决抵制诱惑,放弃对小灵通的投资。据分析,当时只要投入2000万元和30位左右的技术骨干,最多半年就可以出产品,形成上百亿元的年销售收入。但任正非硬是顶住压力,坚持聚焦WCDMA的投入研发,虽然眼看UT斯达康的快速崛起,华为在2002年出现了负增长,仍是坚持面向未来争夺战略高地的投资。华为今天之所以掌握大量核心科技,处于全球领先地位,从根子上与其核心理念和在大方向的坚持是密切相关的。

格力对坚守空调领域同样有很强的战略定力，有将空调做到领先与极致的决心。当年面对太阳能、汽车、笔记本电脑等产业的机会与诱惑，加之空调行业竞争异常激烈，不少企业以市场难做为由关门或转行。但朱江洪坚定地认为，这些企业从空调产业转行与市场无关，完全是企业自身的问题。他坚信，只要把空调做好，就一定能出人头地，只要对待空调专心专注专一，就一定能从不断试错中点滴积累，逐步掌握核心技术。

为了造出好空调，朱江洪认为必须关心、爱护科技人员，从根子上推动科技创新工作。于是，格力在1994年时大幅度降低销售人员的提成比例，同时提高科技人员的待遇。这一决定在销售人员中炸开了锅，导致很多销售人员跳槽，朱江洪因此承受了巨大压力。但他坚定认为，好空调是靠创新而不是销售搞上去的。正是凭着这样的战略定力，格力在巨大的阻力中坚持了下来，逐步走向巅峰，成为空调产业的领导品牌。

大量优秀企业的实践表明，环境虽然是不确定的，但企业的未来仍可以是确定的。权五铉（2020）在《战略定力》一书中认为，在99.9%的不确定性中可以找到99.9%的确定性，在这个过程中，最需要企业具备的一种品质就是战略定力。

要说明的是，前文讨论到互联网时代并非无规律可循，但有规律可循并非能精确预测环境的变化，尤其是短期内的事件。前文还分析了企业适应环境进而改变环境的作用机理，但并非所有的企业都能深刻认识到这样的规律，尽管这个规律是客观存在的，但市场上依然存在着大量不理性企业与机会主义者，尽管它们最终会被环境淘汰，但它们的存在对经营环境的冲击是不容忽视且无法预测的。

例如，当年光伏产业、房地产业的一哄而上，很多企业因抵制不住诱惑，不顾自身条件盲目进入了其所认为的具有前景的领域，尽管这些企业的结果往往是不好的，但这些企业的行为对环境与商业生态造成了很大的冲击，甚至破坏。如今新能源汽车、集成电路、人工智能等产业仍可能存在大量低水平重复建设，值得警惕。

面对市场上的这些喧嚣与狂热，如果企业具有长远眼光与战略定力，就可能不随之起舞，不被带偏节奏，拒绝成为机会主义者，仍坚定沿着既定方向积累与打造核心竞争力。相信当浮华散去、一地鸡毛时，这些坚定的长期主义者就能脱颖而出。而对那些机会主义者而言，环境是高度不确定的，虽经一路奔波，命运似乎仍无法把握。但对具有战略定力的企业而言，环境似乎又是高度确定的，至少企业自身的命运是能把握的。

综上所述，是在互联网时代的规划跟不上变化，而不是战略不重要了，更不是没用了，战略仍是企业的生存与发展大计，这一点没有改变，也不会改变。相反，越是在互联网环境下，越需要这个大计，只不过互联网时代的战略更侧重于思维与逻辑，不再拘泥于某种形式。如果剖析一些优秀企业极具逻辑穿透力的战略，就会体会到其在塑造竞争优势中的强大动力与引领作用，体会其带来的战略定力与精神力量。

第三章 互联网时代传统战略理论的局限与价值

> 一流的智力标准就是指在头脑中有两种相反的观点但仍能正常思考。
>
> ——斯科特·菲茨杰拉德

> 思想理论和现实之间的关系是很复杂的，不能因某一种思想或思想家一段时间内受到冷遇、挫折就否定思想和思想家的价值。
>
> ——施炜

前文分析表明，在互联网时代，尽管"计划赶不上变化"，但战略的重要性反而变得更加突出了，这个重要性很大程度上是建立在对战略概念创新的基础上的，对战略的内涵有了新的拓展，对其精髓与本质有了新的认识与理解。这表明传统理论的解释力是下降的，有进行理论创新的必要。

面对新的环境，随着解释力明显下降，使传统经典战略理论也备受挑战与质疑。有知名教授调侃自己是"五恨"教授，即"恨"SWOT 分析法、五力模型、PEST 模型、价值链、活动—成本分析等分析模型，认为它们无法解释互联时代的平台组织、网络组织、生态组织。但教科书中仍主要讲述这些理论，新理论的创建又明显滞后于实践，这让企业战略管理缺乏必要的理论支撑，一定程度上影响了其科学性。

那么，解释力下降的传统战略理论还有用吗？到底应该如何对待这些似乎过时了的经典？限于篇幅，这里以五力模型为例，对其在互联网时代受到的影响展开讨论，分析其受到的挑战，剖析其局限与价值，思考如何正确对待传统经典，处理好传承与创新的关系。

一、波特五力模型简介

五力模型是传统且经典的分析产业环境的方法，是迈克尔·波特教授在《竞争战略》一书中提出来的，如图 3-1 所示。产业环境分析的主要内容就是该模型中提出的五种基本竞争作用力——新进入者的威胁、替代品的威胁、买方议价实力、供方议价实力、现有竞争对手间的竞争。

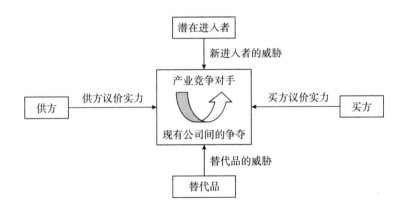

图 3-1　驱动产业竞争的力量

资料来源：迈克尔·波特. 竞争战略［M］. 陈小悦译. 北京：华夏出版社，1997.

波特认为，一个产业内部的竞争状态或结构取决于这五种竞争作用力，这些作用力共同决定一个产业的竞争强度和产业利润率。一个企业的竞争战略目标在于使公司在产业内部处于最佳定位，保卫自己，抗击五种竞争作用力，或根据自己的意愿来影响这五种作用力。也正因如此，学界普遍将波特作为定位学派的代表。

在波特看来，一个企业应从五力角度理解所在产业的结构，并将其作为战略分析的起点。影响每种竞争作用力强弱的因素也是多方面的，这里对波特的论述做概要介绍，详细内容建议读者研读原著。

（一）潜在进入者的威胁

任何一个产业内的现有企业都要面对产业外随时可能进入该产业的企业的威胁，其进入威胁的大小取决于该产业的进入壁垒与准备进入者可能遇到的现有企业的反击或报复。

（1）进入壁垒。进入壁垒指进入一个产业的难度与障碍。如果一个产业的进入壁垒高，那么外部企业要进入该产业就较困难，则潜在进入者对产业内现有企业的威胁就较小，反之则威胁较大。一般地，主要存在六种壁垒因素：规模经济、产品差异（差别化）、资本需求、转换成本、分销渠道、与规模无关的成本优势。

（2）预期的报复。潜在进入者对现有企业的反击预期会对其进入意愿产生影响，进而对进入威胁产生影响。如果进入者认为现有企业会有力反击，从而使其在该产业中处于不能令人满意的境地，那么进入极有可能被扼制。标志着对进入者存在强烈报复可能的条件主要有：在位企业有对进入者勇于报复的历史、在位企业有充足的反击资源、在位企业深陷该产业且使用流动性很低的资产、产业发展缓慢导致容纳新公司的能力受限。

（二）现有竞争对手间争夺的激烈程度

产业内现有企业为了市场地位会进行争夺，由于同一产业的各个企业是相互依存的，一个企业的竞争行为会对竞争对手产生影响，也可能会引起竞争对手的反应，有时是非常激烈的反应。不同产业的竞争程度会存在差异，其激烈程度主要受以下八个因素的影响：

（1）竞争者的多寡及力量对比。如果一个产业内企业间的实力均衡或势均力敌，这时企业比较容易发生争夺更有利市场地位的行为，则竞争会比较激烈；如果产业集中度较高或被一个或几个企业统治时，则相对容易建立协调性的秩序，其竞争不会太激烈。

（2）产业成长性。如果产业成长缓慢，现有企业会为了争夺更大市场份额，从而使竞争白热化；如果产业成长较快，由于市场容量扩大，一般会使竞争相对缓和。

（3）固定成本高或高库存成本。如果固定成本高，则企业必须充分利用产能扩大产量以分摊成本，由此往往引起价格战以促进销售，进而使竞争加剧。同时，如果库存成本高，企业也会设法加快销售以降低库存，进而使竞争加剧。

（4）差异化或转换成本。如果一个产业内企业间产品和服务的差异化小，顾客选择则主要根据价格，会使竞争异常激烈；如果企业间产品与服务的差异化大，顾客的忠诚度与转换成本都会提高，差异性对竞争战火形成一种隔离带，从而会缓和竞争。

（5）大幅度增容。如果在规模经济性较高的产业，企业有扩大产能的内在要求，可以造成供需失衡，进而会使竞争加剧。

（6）竞争对手的差异性。产业内企业间在背景、目标、战略、策略等方面的差异如果很大，则彼此之间相对比较难以相互理解与形成默契，则竞争趋向激烈。

（7）战略利益。对一个多元化的公司而言，会在多个产业投资，其所在的不同产业对企业的战略意义和价值存在差别。如果一个产业中取得成功对许多公司具有很高的战略利益，则这些公司会把主要资源与精力放在该产业的竞争上，从而使竞争会比较激烈。

（8）退出壁垒。企业因资产专用性、退出的固定成本、内部战略联系、感情障碍、政府及社会约束等因素会影响退出一个行业的难易程度。如果退出壁垒越大，产业内过剩的产能难以释放到产业之外，企业不得已会留在产业内竞争，从而使竞争激烈程度过大，进而整个产业的利润水平可能持续保持在低水平。

尽管退出壁垒与前述进入壁垒是两个不同的概念，但它们共同构成了产业分析的一个重要方面。当考虑两个壁垒只分成高或低两类简单情况时，有下述关系，如图 3-2 所示。

图 3-2 壁垒与盈利性

资料来源：迈克尔·波特. 竞争战略［M］. 陈小悦译. 北京：华夏出版社，1997.

（三）替代品的威胁

如果一个产业存在替代品的竞争者，则该产业的所有公司都与生产替代品的产业竞争，替代品限制了一个产业的潜在收益。因此，产业内的企业应注意识别能够实现本产业产品相同或相似功能的其他产品。有时要做到这一点也不容易，因为一个产业未来的威胁很可能来自现在看来不相关或相去甚远的业务，也正因为如此，对替代品的识别应引起企业的高度重视。

另外，分析替代品的目的并不一定是为了试图从战略上去压制对手，还可能是从替代品的角度为企业寻找发展方向。例如，电子报警系统是保安产业的一种替代品，而且随着劳动成本上升，这种系统会越来越重要，这时保安行业不应试图把电子系统排挤掉，而应将保安人员与电子系统结合使用，通过培训保安人员熟练操作电子系统，既降低成本，也提高效率。

（四）买方议价实力

买方会通过压低价格、要求较高的质量或较多的服务、利用竞争者之间的对立等途径来获利，这些都是以牺牲产业利润为代价的。买方的上述能力强弱受很多因素影响，如果出现以下情况，那么买方就会有较强的议价实力，从而较多挤压产业的利润空间。

（1）相对于卖方的销量而言，购买是大批量和集中进行的。如果销售额的很大一部分由某一大买家购买，买方就拥有较大的势力，在议价中就有较大的话语权。

（2）买方从产业中购买的产品占其成本的相当一大部分。在这种情况下，买方会为获取优惠价格而不惜耗费精力有选择地购买。

（3）从产业中购买标准的或非差异性产品。这种情况不同供方的产品差异小，买方有较多可供选择的供应商，从而在谈判中处于有利地位。

（4）买方转换成本低。这种情况买方在更换供方时损失小，容易找到可替代的供应商，从而在谈判中处于有利地位。

（5）买方盈利低。低利润会促使买方极力压低购买成本，从而会增加卖方的议价难度。

（6）买方采取后向整合的威胁大。如果买方有较大的后向整合的可能，相当于降低了对卖方的依赖，或增加了对卖方的威胁，会提升买方的谈判地位。

（7）产品对买方的质量及服务无重大影响。如果这方面的影响大，买方往往会对价格不计较，反之，买方则主要会关心价格。

（8）购买者掌握充分的信息。买方充分了解供给、需求、价格，甚至卖方的成本等信息，肯定会比信息缺乏的情况下增加更多讨价还价的筹码。

（五）供方议价实力

供方会追求通过提升议价能力来增加利润。供方的议价实力是与买方的议价实力此消彼长的。在下列情况下，供方在议价中往往处于较有利的地位或有较强的议价实力。

（1）供方产业由少数几个公司支配，且其集中化程度比买方产业高。在这种情况下，供应商在向较为零散的买主销售产品时，往往能在价格、质量等方面有较大的影响。

（2）供方向某产业销售中没有替代品的竞争。如果存在替代品的竞争，则会限制供应商的提价能力与利润。

（3）供方的某客户并非主要客户。供应商会不太在乎该类买方，对成效与否不太关心，由于不太担心失去这类顾客，在价格上很难做出让步。

（4）供方产品是买方主要投入品。这种投入品对买方产品的质量、性能，甚至能否正常运行都至关重要，买方对供方有比较大的依赖，决定了供方较强的议价能力。

（5）供方产品有较高的差异性。买方较难寻求到替代供应商，或转换供应商会增加较多的成本，使供应商处于有利地位。

（6）供方有较大的前向整合的可能性。这时供应商摆脱对买方依赖的可能性就较大，至少会降低对买方的依赖，从而提升谈判地位。

要说明的是，政府在产业竞争中是一种重要的作用力，但波特没有将这一作用力单独列出来。原因可能在于，政府并不是与前述五种竞争作用力并列的一种作用力，而是通过影响五种作用力来对竞争产生作用。在有的产业，政府是重要的买家，或者是通过相关部门或政策控制着某些关键原料的储备，又充当影响供给的角色。政府还可以通过法规、补贴或其他方法影响替代品的处境，或限制或鼓励新竞争者的加入，这些措施还有可能影响产业成长与成本结构进而对竞争者之间争夺的激烈程度产生影响。在宏观环境方面，政府政策是作为政治法律环境因素的重要组成部分，从这个角度来看，某些宏观环境因素是通过产业环境进而对企业战略的产生影响的。

二、互联网对五种竞争作用力的影响

总体上，互联网提升了产业竞争的强度，降低了产业利润率。但也因为如此，会促使企业更加注重创新，更加重视提升核心竞争力，以更好地为消费者创造价值来实现自己的价值，最终创造高于产业平均利润率的企业利润率。

（一）潜在进入者的威胁越来越大

在互联网时代，"互联网＋"已成为产业与企业赋能的重要工具，它让跨产业间的合作与不同产业间的连接变得更加容易。"产业＋互联网"或"互联网＋产业"让不同产业、不同价值链、不同业态相互交叉、相互融合，形成遍布全球的价值网络、价值平台或价值生态系统。每个企业都可以发展出独特的生态圈，从四面八方连接多边市场，也正因如此，潜在的敌人往往从无法预料的方向出现，颠覆者往往来自邻近产业，甚至毫无关联的产业的企业（陈威如、余卓轩，2013）。

在此背景下，影响一个产业进入壁垒的大多数因素或因素中的主要部分，都已被"互联网＋"的风浪吹散，理论上任何行业外的企业，除极少数特殊行业外，只要能与本产业通过互联网连接，都可能成为潜在竞争者，任何行业与企业很难再建传统意义上的进入壁垒作为"避风港"。

在移动互联的大潮中，任何壁垒都极易被打破。行业外企业颠覆行业内企业，将和小企业颠覆大企业、弱企业颠覆强企业一样成为产业变革、企业迭代的常态。任何企业，即便是所在行业内的领导者、领头羊，都时刻战战兢兢、如履薄冰，都担心界外射来的、防不胜防的"冷箭"。例如，瑞星本是杀毒行业的领导者，但同样打败它的并不是同行业的赛门铁克、卡巴斯基，而是跨界进入该产业的奇虎360。诺基亚本是手机产业的领导者，但最终打败它的并不是同行业的摩托罗拉、爱立信，而是跨界进入该产业的苹果。2003年，诺基亚的市值是2500亿美元左右，摩托罗拉的市值也有700亿美元左右，而苹果的市值才60亿美元左右，苹果在实力上与诺基亚不是一个数量级，况且还不在同一个产业，它们之间的关系可以说是风马牛不相及，但互联网让这个看似毫不相关的弱小企业不仅跨界搅动风云，而且还开创了一个时代。

甚至，技术的发展会出现一些更难识别的"隐性替代"，新崛起的行业并不跨界进入原产业，但同样产生毁灭性的杀伤力。例如，电子支付产业并没有跨界进入防弹运钞车领域，但它的发展，大量替代了现金支付，大大降低了对现金的需求，进而又影响到防弹运钞车的需求。

在这个"大众创业、万众创新"的时代，互联网为广大创业者提供了强大的工具与隐形的翅膀，让有智慧、有思想、有创意的创业者有更多的途径来克服行业壁垒与自身资源的不足。这个规模庞大的创业群体是各行各业潜在的进入者，他们会为经济发展注入新的动力与活力，给现有产业带来更多的威胁、颠覆与惊喜，也必定会产生更多的"独角兽"企业。

（二）现有竞争者之间的竞争关系越来越复杂

第一，现有竞争者之间的争夺会变得更加激烈。在互联网时代，行业内竞争格局的演变会加快，企业的市场地位会不断发生变化，一切优势地位可能都是暂时的，以小胜大、以弱胜强、以快胜慢基本成为常态。由于企业通过"互联网＋"可获得更多的整合资源、构建生态、获取用户、积累口碑的机会，相对更容易打造出"爆品"，而一旦一个企业打造出这样的产品，则会在很短的时间内甚至瞬间改变行业竞争格局。可见，任何领先企业都不能高枕无忧，企业的规模、渠道、资本的重要性不断下降，甚至现有的技术优势也难以保证后续的竞争优势，企业建立的竞争优势都是难以持续的，都必须不断根据环境的变化持续创新。

第二，企业之间的竞争已逐步演变成为生态圈之间的竞争。在互联网时代，越来越多的企业通过平台战略构建自身的生态圈，没有实力构建平台的也往往主动融入一个平台或生态圈。例如，苹果打造了基于 iOS 系统的生态圈，谷歌打造了基于安卓系统的生态圈，这两个生态圈都融合了多产业资源，提供通信、音乐、视频、游戏、软件、教育等多种服务，iOS 与安卓的竞争已远不是苹果与谷歌两个企业之间的竞争，而是两个体系、两套系统、两个生态圈之间的竞争。

在这种情况下，企业之间的竞争也变得异常复杂，无论是平台型企业还是融入平台的企业，它背后都有许多隐性的力量存在，左右竞争走势的已远不只产业内企业本身，这些企业通过互联网连接的资源都会产生影响。

第三，在竞争者之间的争夺变得异常激烈的同时，也形成了新的合作机会。一方面，随着平台思维与平台战略的兴起，除少数平台型企业之外，越来越多的企业需要连接或进驻平台，这些企业之间既存在竞争关系，也存在共同的利益。以音乐产业为例，越来越多的音乐发行企业需要借助网络平台作为发行渠道，在一个平台上，音乐发行企业本来只是竞争者，但只有当进驻平台的企业足够多时，才能对消费者产生吸引力，这些同行需要共同为生态圈的建设出力，从这个意义上来说，它们既是竞争者，又是合作者。另一方面，前文分析表明，随着互联网的发展，潜在的跨界竞争者成为一个行业最难以预测的威胁，企业最大的威胁往往来自行业之外。互联网时代的产业，更像是漂在大海上的一艘小船，船上乘客，也就是行业内现有企业，只有合作起来，才能共同抵抗大海的风浪。从这个意义上来说，现有竞争者之间要有合作意识，在共性技术、商业生态、跨产业竞争等方面可形成协作、形成合力，共同推动产业发展。

（三）来自替代品的威胁加大

由于信息技术的逐渐加快，应用也向纵深发展，不断产生新的应用形式，形成新的产业或业态，对现有产业形成替代与威胁。例如，通信行业的中国电信、中国移动、中国联通遭受的主要威胁并不是来自现有竞争者，也不是来自潜在进入者，而是替代品，如腾讯的微信、QQ。再如，手机对 PC、阅读器、音乐播放器、导航仪的威胁；新媒体对报纸、电视等传统媒体的威胁；红外测温仪对传统温度计的威胁；网络平台对各类中间商的威胁；等等。

（四）买方的议价实力相对变强

首先，移动互联大大消除了买卖双方的信息不对称状况，消费者可以更方便地获取市场需求与供给信息，更准确了解不同商家产品的特点、质量、服务、价格、口碑等信息，从而有助于更精准地指导议价与购买决策，从根本上改变"只有买错，没有卖错"的被动地位。其次，互联网上的各种团购平台，提升了买方的相对地位，改变了零星少量购买者在议价中的不利地位。最后，移动互联有助于降低消费者的转换成本，有时可能就是换个 APP 的事，这会有力促进企业想方设法改进产品与服务，以留住消费者，消费者的相对地位因此而大幅提升。

（五）供方的议价实力相对变弱

这与买方议价实力正好相反，正因在移动互联时代，信息更透明，企业少了利用信息不对称优势地位，在同等情况下，议价的实力确实是削弱了。但从长期来说，这对企业构建竞争优势并不是坏事，会促使企业把精力放到为消费者创造价值上，更好满足消费者需求，反而可能更有利于积累与提升核心竞争力。

三、互联网环境下五力模型的挑战与局限

五力模型是传统经济时代的理论成果，尽管它自诞生以来一直饱受争议与批评，但其在战略领域的领导地位从未被真正撼动。但在互联网已深度渗透到各行各业的今天，五力模型受到了前所未有的挑战，尽管它仍是教科书中产业环境分析的主流框架。随着移动互联的加速发展，新的战略理念、理论、方法层出不穷，尤其波特的咨询公司破产之后，波特理论的"过时论"更是甚嚣尘上，大有被颠覆之势。

不可否认的是，在移动互联环境下，五力模型表现出了越来越多的局限性，对快速演变的产业环境的解释力确实有所下降，但在对该理论是否已过时的判断要格外谨慎，应建立在全面客观的分析之上。总体上来看，五力模型的挑战与局限主要有以下五个方面：

（一）产业边界变得模糊

五力模型是分析一个产业内竞争状态的框架，前提应有比较清晰的产业边界。互联网促进了不同产业的连接、交叉、融合，使产业的边界变得越来越模糊，增加了识别竞争者、替代者、潜在进入者等的难度。

很多企业通过平台商业模式，搭建或打造潜力巨大的"生态圈"，不仅在原有的产业内连接了不同群体，颠覆了既有产业链。如起点中文网，它连接了作者与读者这两个原本处于产业链两端的群体，取代了出版商、经销商等角色，而且促进了不同产业在平台上的对接，形成了难以定义与分类的跨界产业或跨界竞争；再如苹果通过构建生态系统，凝聚了音乐、出版、游戏、软件、通信、用户等多个产业与群体。这些企业的生态往往涉及多个产业，很难说得清到底属于什么产业。

即使本来边界很清晰的传统产业，也大量通过互联网与高科技产业对接、融

合，从而也被赋予了高科技元素，甚至连农业这样的传统产业也会成为高科技产业。随着信息技术的应用，农业也呈现出自动化、网络化、智能化的发展趋势，智能灌溉、自动拖拉机、无人收割机、植保无人机等已稳步推广使用，生产场景通过网络全程可视，让消费者吃得放心。农业也不能再简单地被划分为第一产业，一些传统的种植环节仍是第一产业，许多农业生产的流水化、自动化、工厂化操作已变成第二产业，而自媒体宣传、农业旅游、电商销售、农产品配送等环节则又属于第三产业。可见，在互联网时代，农业已不再是一个简单的传统产业，其边界也变得模糊起来。

另外，从高科技产业的角度来说，由于互联时代的新技术、新理念、新模式层出不穷，今天的高新技术产业，如果跟不上创新的节奏，就很可能落后，进而变成明天的传统产业。从这个意义上来说，高新技术产业某种程度上也可能是传统产业。在互联网时代，传统产业与高新技术产业的边界都变得模糊了。

（二）五种作用力之间的界限变得模糊

在互联网时代，五种作用力相互影响，有时看得见的威胁反而是次要威胁，主要威胁反而是隐性的、潜在的，要准确区分五种威胁与识别主要威胁变得越来越困难。例如，中国电信、中国移动、中国联通可能相互将对方看成是主要威胁，但实际上主要威胁却来自替代品——微信；诺基亚、摩托罗拉、爱立信可能相互将对方看成是主要威胁，但实际上主要威胁却来自潜在进入者——苹果、三星；瑞星、卡巴斯基也可能相互将对方看成是主要威胁，但实际上主要威胁却自360这个说不清的角色；等等。

竞争者与合作者之间的关系也变得模糊，一般认为，一个行业内的同类企业之间是竞争关系，而与上下游企业之间虽然为了议价存在竞争的成分，但总体上是一种合作关系。但在互联环境下，现有竞争者可能要为了共同应对替代品、潜在进入者的威胁而成为合作者；共同处于某个平台一侧的同类企业，为了加大对另一侧消费者的吸引力，共同维护平台生态，也会成为合作者。

随着企业生态圈的扩大，企业之间利益、矛盾日益复杂，企业之间可能同时既有冲突，又有共同利益，既有竞争，又有合作。如三星与苹果相互都是主要的竞争者，但三星又是苹果重要的供应商，又存在重要的合作关系。

除高科技企业外，传统领域的企业之间也越来越多表现出竞争与合作共存的关系。如京东到家与苏果之间、天猫超市一小时达与苏果之间就存在着既合作又竞争的关系。京东到家利用苏果的网点配货，苏果则利用京东到家作为销售渠道，两者是合作的关系，但苏果又利用微信公众号开发了苏果到家，苏果到家与京东到家在线上又形成竞争关系。天猫超市一小时达与苏果之间的关系与此类似。

如果把这三家放到一起，则关系更加复杂，京东到家、天猫超市一小时达以及帮苏果到家送货的物流公司，都可以看成是苏果生态圈的组成部分，苏果也可以看成是京东、天猫生态圈的组成部分。京东到家与天猫超市一小时达之间是竞争关系，而且是两个平台生态圈之间的竞争，但有意思的是，两个竞争的生态圈配的货可能都来自苏果的网点，这样同一家企业配送出去的货，背后竟然是两个平台生态圈竞争的结果，两个生态圈的竞争也因此有了交集。

（三）五力框架下的定位决策难度加大

波特创立五力模型的目标在于帮助企业把握产业结构，并从产业结构出发，制定一个使公司在产业内部处于最佳定位的竞争战略。在波特看来，寻求最佳定位是战略的本质。俗话说，定位决定地位，准确的定位是企业竞争力的重要来源。实践中也有很多企业通过定位形成差异，树立独特形象，取得较大成功。

但定位是一种"大决策"，它涉及企业的发展方向，需要围绕此大量配置资源，否则难以形成自己的特色与核心竞争力。但也正因如此，定位没有不断试错的机制，忽视了战略是一个不断摸索、迭代优化的过程，一旦定位错误，损失也极其巨大（孙黎，2018）。例如，四川长虹曾是中国彩电产业的领头羊，由于看好等离子技术的发展，认为这是彩电发展的方向，于是将自己的未来目标定位于此，并围绕该定位投入巨资，但后来发现液晶才是市场技术方向，长虹由于巨大的投入失败而元气大伤。

定位有着占据产业最佳位置的良好愿望，但要占据这个最佳位置，至少需要两个条件：一是决策者能够收集到全面的产业信息与市场数据，二是决策者要有全知全能的能力，要能看到这个最佳位置。如果在一个相对成熟稳定的产业里，通过五力模型，还是有可能做到的。但在高度不确定的环境下，战略制定者并不能理性地进行决策，很多时候是运气在起作用（孙黎，2018）。

在互联时代，会不断产生大量的新机会，这种新机会未来可能孕育形成一个新的产业，但在新机会出现的初期，产业还没有雏形，也不存在所谓的五力，至少不是完整的五力。或者在一个产业中，当出现一个新事物的时候，刚开始它可能是忽略不计的，但其发展速度可能会超出想象，很快会从根本上改变竞争格局，这种新事物在五力模型分析中是很难涉及的。

更困难的是，很多颠覆产业的创新或新事物，一开始是在其他产业出现的，而五力模型聚焦产业内分析，可能根本看不到行业外的这种变化以及其可能给本行业带来的影响。当诺基亚将自己定位为手机行业的领导者时，苹果受 Napster 音乐共享软件及其侵权案的启发，开发出音乐管理软件 iTunes 以及音乐播放器 iPod，这个看似与手机产业风马牛不相及的创新，是诺基亚通过五力模型很难看到的，但这个创新恰恰是颠覆手机的开始。尽管这时苹果还没有进军手机产业的计划，但当乔布斯意识到，万一手机融入了音乐播放功能，将会导致苹果立即陷入困境，于是他决策了进军手机产业，开始了颠覆之旅。

（四）五种作用力的具体内容不够全面

以买方为例，对其分析仅局限于其议价地位，忽视从收入、消费观等角度，分析总体容量、发展前景，更没有涉及潜在的消费者与用户，或现有消费者与用户的潜在需求。克莱顿·克里斯坦森（2014）在《创新者的窘境》中谈到，一些计算机硬盘行业的龙头企业，产品与管理都不错，并积极按用户的要求改进产品，但最终陷入了困境，作者将其称为创新者的窘境。这些企业按用户的意见改进产品，这本身是没有问题的，但他们的眼光与注意力仅仅局限于现有的用户或消费者，而忽视了对潜在用户及其需求的挖掘，从某种意义上说也是一种消费者"近视症"。

此外，在互联网时代，用户与企业之间的关系已远不仅局限于议价与被议价、买与卖的关系，两者之间完全可以有更多、更深的互动与合作，用户还可能成为为企业开发产品、提供创意、贡献智慧的力量。在用户中，大量受过良好教育且有自由时间的人，他们有丰富的知识背景，很强的分享欲望，克莱·舍基（2012）称其为认知盈余，这是巨大的社会财富。闲暇的时间，人们既可以用来消费，也可以用来创造与分享，创造与分享的快乐与价值可能不亚于消费，而互联网给了人们这个机会，消费者可以很方便地为企业提供建议、创意，甚至直接参与产品设计与开发。而一旦消费者参与了这个过程，他不仅为企业贡献了智慧，而且更愿意在朋友圈中分享、宣传、推广，他由此可能成为企业的铁杆粉丝，从而更愿意与企业合作，与品牌一起成长。只要企业认识到这个资源的存在与价值，尤其是活跃用户或粉丝，并合理地加以利用，甚至可以将其视为企业资源的组成部分，成为推动企业、品牌成长的巨大力量。小米正是利用了消费者的参与，助力其品牌快速成长。

（五）产业演变的节奏加快

五力模型是在静态的角度，在一个时点分析产业竞争激烈程度的状况，而缺少对整个产业发展演变的动态视角，缺少产业发展阶段、全球布局演变、发展趋势等方面的分析。企业战略选择更应立足未来，更应顺应产业发展的大趋势，如果从动态角度看，也许会有不同结论。

以中远修船业务的整合与提升案例为例，详见案例资料（《黄海战略》pp. 189~202），如果从五力模型静态的角度来看，修船行业是一个竞争高度激烈的行业，中远应该转让修船厂以退出该产业，但如果该产业在世界范围内布局演变规律与趋势分析，又得出了截然不同的结论。一个传统的产业尚且如此，在互联网时代，产业的发展、演变节奏明显加快。一个商业平台的崛起就可以在很短的时间内颠覆、重塑一条甚至多条产业链，因此，如何应用五力模型动态评价一个产业的竞争激烈程度及其演变规律与趋势也是个不小的挑战。

四、互联网时代五力模型的适用性与价值

目前，对互联网时代五力模型的适用性与价值这个问题存在较大的分歧，近期出版的多本战略著作中专门谈到五力模型。例如，《蓝军战略》（孙黎，2018）、《黄海战略》（王贵国、张雷，2018）更多强调该模型的局限性，认为不太适合高度不确定的环境；而《战略破局》（陈雪萍等，2020）、《战略罗盘》（王成，2019）、《战略三环》（王钺，2020）则强调该模型的价值，认为并不过时。

本书认为，尽管五力模型在互联网时代表现出较多的局限与不足，但不能因此就否定或放弃该模型，它所蕴含的核心思想并没有过时，仍有值得汲取的养分与智慧，仍有重要的指导价值，模型本身也仍是重要的分析工具。

（一）它仍有助于洞察复杂的环境

在互联网时代，产业之间相互交织融合，产业与产业之间的竞争与合作都大

大加强，对一个产业内竞争格局的分析已不能局限于产业内部，来自产业外的影响不应忽视。在有的情况下，产业间的影响甚至大于产业内的影响，产业间的矛盾甚至成为主要矛盾，主要竞争对手可能来自产业之外，这时判断某个产业内的竞争格局就比较复杂。

例如，电动车产业与汽车产业之间，电动车企业更关注的可能不是电动车品牌之间的竞争，因为电动车产业有一个共同的强大对手——传统汽车产业，如何让电动车比传统汽车产业更有竞争力，从而更多地占据传统汽车的领地是所有电动车企业的共同使命。2014 年 6 月 13 日，特斯拉宣布将对外公布特斯拉全部专利，鼓励所有汽车制造商都来关注、使用特斯拉的专利技术，并出人意料地采取了谷歌安卓的"开源模式"。这个决定应该就是基于这样的思路，特斯拉虽是电动车领域的领头羊，但如果仅凭一己之力单打独斗，很难与整个汽车产业对抗，需要带领整个电动车行业取得进步。这时电动车产业内的现有竞争者之间反而是"共荣共辱"的关系，如何共同与传统汽车竞争才是现阶段该产业的主要矛盾。作为传统汽车企业要考虑电动车产业与传统汽车产业间的竞争格局，并在此前提下再思考产业内的竞争格局，电动车企业同样要这样思考问题。

又如电脑产业与手机产业之间，情况虽有些差异，但基本原理是一样的。在进入移动互联时代以来，手机在很大程度上代替了电脑，人们的手机在线时间占比越来越大。无论是电脑厂商，还是手机企业，要分析所在行业的竞争格局就不得不考虑替代产业的影响，这样才能更宏观、更综合、更全面、更系统地客观分析自己的竞争方位。

在这个背景下，五力模型对分析这两个产业的竞争格局仍然是有帮助的。它可以作为分析框架帮助我们产生洞察力和创造性，辅助战略思考（陈雪萍等，2020）。五力模型中本就考虑了替代品这个因素，它是具有跨产业分析的视角的。

当企业困惑于大量跨界竞争的现象时，王钺（2020）认为五力模型在今天独特的价值就是揭示了大量跨界的产生。跨界竞争者其实就是潜在进入者，只不过进入的方式、手段、途径变得更丰富、更隐秘而已。互联时代产生的许多新现象、新问题，其实并没有超越传统经典理论的框架。

当然，实际情况远比这里介绍的例子要复杂得多，往往是多个产业相互交织融合，多数产业都有向生态化发展的趋势。企业需要从产业思维向生态思维升级，但生态思维是以产业思维为基础的，生态理论也是从产业理论升级发展而来的，生态思维仍需要传统理论的支撑与智慧。

（二）产业的概念仍然存在

在互联网时代，产品、竞争、产业等需要赋予新的内涵，甚至可能需要重新定义，产业的分类标准、依据、方法等会发生变化，但这并不影响产业概念的存在。现在的重要挑战是如何对产业进行科学的划分，而不是要不要产业这个概念的问题。由于不同产业之间相互交织，一个企业可能在多个层面、维度参与竞争，可能处于多个产业的交汇处，使识别其竞争状况、市场地位等变得更加复杂。

但无论状况何等复杂，企业所在领域的五种作用力仍然存在，识别行业的竞争格局仍有赖于五力模型。当然，五力存在方式可能变得更加隐蔽，每种作用力因互联网的连接向外延伸，各行各业的产业生态化使企业可能处于多个产业的交汇处，这些都使评价变得更加困难。例如，饿了么被阿里巴巴并购后，它被融进了阿里巴巴的生态圈里，其他外卖企业在分析饿了么时，仍从外卖产业的角度分析是没有问题的，但要将其背后的力量考虑进来，应考虑阿里巴巴的战略意图及其生态圈对饿了么的可能影响，这当然增加了分析的难度。

当一个企业分属多个行业时，需要从多个产业视角分别或综合判断竞争格局。或者，需要透过现象看本质，有的企业可能在形式上分属多个产业，但其仍有最本质的产业属性，这时排除干扰、紧扣本质可能更具效率。例如瑞幸咖啡，有人说它是食品企业，有人说它是互联网企业，两种说法都有道理，在分析该企业所在行业的竞争格局时，可能需要从食品、互联网两个角度分别或综合判断，也可能根据其最本质属性将其归类为其中某一行业。应对这种复杂性是一个挑战，但应对的可行路径并不是抛弃经典的五力模型，而是要创造性地借鉴它，或者在理论上对其进行创造性的拓展。

（三）产业边界模糊并不是没有边界

尽管产业间的边界变得模糊，但边界客观上还是存在的，只不过变得隐性化、柔性化、圈层化、相对化，边界不再唯一，区分边界的标准多元化，划分边界变得困难。在产业相互交融，产业环境变得日益复杂的情况下，要通过产业间交织的网络，把握产业的客观状况，必须想方设法选择适当的标准划分边界，从复杂的网络或生态中"隔离"或"解剖"出一个个简单具体的产业出来，如果把相互交织的多个产业混合在一起，很难厘清头绪。

这个从繁到简的过程是我们剖析产业竞争格局的基本途径。无论是识别模糊的边界，还是模糊地识别边界，只要有对经济体系划分不同产业的必要，那分析产业内竞争格局的五力模型就有存在的价值，尽管它存在这样或那样的问题与局限。理论与模型本来就是从实践中抽象出来的，只要有助于企业分析、理解、把握现实问题，就有存在的价值，而不必苛求其与现实世界完全吻合。

五、对传统战略理论价值的思考

前文对五力模型的分析表明，衡量一个理论是否有用，并不是看其与现有环境是否完全吻合，而是看对实践是否仍有启示、指导、借鉴、激发作用。有的理论可能形式上已经过时，但思想内核仍闪烁着智慧；有的理论可能在具体内容上与现实不相吻合，但思维及分析的框架仍值得借鉴。

以 SWOT 分析法为例，在互联网时代，企业的机会与威胁、优势与劣势的界限变得模糊，机会与威胁、优势与劣势之间可能会相互转化，正所谓"祸兮福所倚，福兮祸所伏"。一些本来是威胁的因素，如果运用得当，反而变成了机遇。企业都希望培育核心竞争力，它是企业生存、发展与建立竞争优势的优势与本钱，但核心竞争力强的企业有可能形成"核心竞争力陷阱"，优势反而可能制约企业未来的发展。尽管这些变化使 SWOT 分析法受到重大挑战，但其在战略分析中"知己知彼，百战不殆"的思想内核并未发生改变，也不可能发生改变。

再以 PEST 分析法为例，尽管在外部环境分析中，如今的政治法律、社会文化、经济、技术等因素变得更加复杂，也产生了一些新的环境因素，分析的具体内容发生了很大变化，但 PEST 分析的框架并未发生改变。

退一步看，有的理论可能已经失去了实践解释力，但其仍是战略理论体系的构成部分，对于我们理解整个战略理论体系的形成发展、来龙去脉是有帮助的，其当时的创建路径与核心思想也许对现在的理论创新形成启示，那这样的理论也仍是有价值的，值得从中汲取养分。况且，现阶段失去生命力的理论，随着环境的变化，不排除再次获得重生的机会。在经济与管理学界，穿越时代从经典中寻求智慧、理解现实的例子不胜枚举。

总之，不能因传统经典战略理论在互联网时代受到冲击与挑战就否定它们的价值，我们既要创建新的理论，也要用好现有理论，尤其要注重从经典中汲取养分，要重视在经典的基础上拓展与创新。事实上，有很多新思维与理论的"根"是系于经典理论的，一些表面上看上去全新的理论，实质上更多是经典理论的拓展，而不是颠覆。

又如蓝海战略，看上去是竞争战略的颠覆，实际上该理论并没有脱离竞争战略的框架。但没有红海，哪来的蓝海？今天的蓝海就是明天的红海，如果没有核心竞争力，即使开创了所谓的蓝海，也很快会被后来者淘汰。相反，即使进军所谓的红海，如果形成了核心竞争力与竞争优势，也能杀出重围，甚至成为行业的龙头，达到蓝海的效果。华为进军电信设备产业、格力进军空调产业时，这两个产业都是竞争相当激烈的红海，它们硬是坚守赛道、点滴积累、直线超车，最终成为行业龙头，达到了在蓝海中遨游一样的效果。

现在有一种所谓的赛道理论，在某种程度上是存在一定误导的。企业必要时可以换赛道，可能有时也的确需要换赛道，但更多时候是要坚持原有赛道，需要在原赛道上保持战略定力，打造核心竞争力。华为与格力的经验表明，打败电信设备的可以是另一个电信设备，打败空调的可以是另一个空调，未必一定要更换赛道。相反，坚守赛道的专业化精神在互联网时代更是值得提倡的，这将在后续章节中对此专门论述。

总体上，互联网时代出现的一些新现象、新问题、新挑战、新机遇都是前所未有的，客观上理论创新的速度滞后于实践的发展，需要加大理论创新的力度，但不应抛弃传统经典战略理论，这些理论仍具有较高的思想价值与一定的指导意义，仍值得从中汲取智慧与养分。很多传统的理念，即使在今天看来，仍蕴含着极其宝贵的商业智慧与精神财富，是取之不尽用之不竭的宝藏，有的甚至是值得永续传承的，如工匠精神、专注聚焦、用户为本等。

第四章　战略分析的逻辑

胜兵先胜而后求战，败兵先战而后求胜。

——孙武

祸兮福所倚，福兮祸所伏。

——老子

知己知彼，百战不殆；不知彼而知己，一胜一负；不知彼，不知己，每战必殆。

——孙武

战略分析是战略管理的逻辑起点，是企业提升战略决策质量与正确率的前提与基础。它是指对企业的外部环境与内部条件进行系统、深入、客观的分析与评价，洞察外部的机会与威胁、自身的优势与劣势，为后续做出高质量的战略决策提供支持。

从外部环境来说，任何企业的生存与发展都离不开外部环境，适应外部环境是战略管理的出发点与基本原则。企业所处的环境决定企业应采取的战略，企业需要对环境进行评估，从而搭配、运用合适的方案（马丁·里维斯等，2016）。一个企业，无论规模多么庞大、实力如何雄厚，相对于外部环境而言，也只是"一滴水"，如果脱离环境的"大海"，也必定干涸。纵观企业的兴衰，往往都与对外部环境的认识与把握有关。一个企业，如果忽视了对环境的敬畏与研究，无论有多大的抱负、多高的天赋、多强的创新能力，那也是"无源之水、无本之木"，难以取得可持续的发展。

从内部条件来说，企业所积累的资源是未来发展的本钱。只有准确把握自身的资源与能力条件，尤其是核心资源与核心能力的状况，才能更好地扬长避短，最大限度地既利用外部机遇又发挥自身优势。

"知己知彼"是战略分析努力的方向。但在互联网时代，无论是外部环境，还是内部条件，都发生了深刻变化，都变得更加难以把握。企业即使在战略分析上做出大量工作，仍可能做出误判，甚至是重大误判，这方面的教训很多。总之，企业要搞清楚外部环境与自身条件的客观状况，是个不小的挑战，这本身就是一项值得努力探索的重要工作。

一、战略分析的基本内容

（一）外部环境

1. 宏观环境

宏观环境也称为总体环境、一般环境，是指对所有行业、企业都会产生影响的宏观环境因素。宏观环境分析的内容主要围绕 PEST 模型，即围绕政治法律（Politics）、经济（Economic）、社会文化（Society）、技术（Technology）这四个方面进行分析。随着经济社会的不断发展，宏观环境分析的基本框架一直比较稳定，总体围绕这四个方面，但具体内容的构成变得日益丰富与复杂。

宏观环境看似话题很"大"而"空"，它不局限于讨论某个特定行业的问题，似乎与企业具体经营的距离比较远，但企业应高度关注宏观环境，在移动互联时代则更应如此。宏观环境是企业赖以生存和发展的"土壤"，重大的机会往往蕴含其中，看似不可预测的"黑天鹅"事件其实也早有端倪。

2. 产业环境

产业环境也称为行业环境、特殊环境、竞争环境，一般在分析其主要经济特征的基础上，重点分析其竞争格局或市场结构。主要经济特征的内容一般有：行业性质、在国民经济中的地位与作用、市场状况（容量、成长、特点）、行业技术等。竞争格局或市场结构是指波特五力模型分析框架所涉及的内容，第三章对此已有比较详细的讨论，这里不再赘述。

（二）内部条件

内部条件也称内部环境，主要分析企业的资源、能力、核心竞争力状况。企业资源是企业所拥有、控制、利用的要素的总和。企业资源是广义的，既包括所拥有的内部资源，又包括虽不拥有但可以影响或利用的外部资源。从形式上看，既包括财务、组织、设备、厂房、专利等有形资源，也包括品牌、声誉、经验等无形资源。

企业能力是企业对资源有效利用以适应竞争、构建竞争优势过程中体现出来的综合素质。资源是企业竞争优势的重要来源，但资源本身并不是竞争力，资源也并不必然带来竞争力，资源需要通过被有效组合、打造、创新等有效利用才能形成竞争力，而这个有效利用过程中所体现出来的综合素质就是企业能力。企业能力是多方面的，如数据收集与挖掘能力、生产能力、研发能力、营销能力、组织能力、领导能力、财务能力、管理能力、资源整合能力、学习能力、动态能力等。能力其实也是一种资源，但由于其特殊性，一般将其独立出来分析。

尤其要说明的是，核心竞争力，即核心能力，其实也是一种能力、一种资源，但由于其对企业竞争地位与竞争优势的极其重要性，一般又将其从能力资源中独立出来专门分析。从某种意义上说，内部环境分析的根本目的就是为了识别到底有哪些核心资源、有什么核心能力，后续的战略决策主要是为了更好地配置好这类资源。

关于资源，企业只要实事求是地分析就好，但不要纠结于资源的状况，如何使用资源可能比拥有资源的状况更重要。企业应思考的是如何用好资源，以提升效率，生成更多资源。下一章将专门对此展开深入、系统的讨论与分析。

二、战略分析为什么极具挑战

（一）分析的内容涉及面广

从前述战略分析的内容来看，其构成极其广泛，包罗万象。企业需要尽可能多地收集、整理、分析方方面面的信息，评估对企业经营可能的影响，识别重要的影响因素，不能遗漏有价值的信息。

一条看似与企业无关的信息，可能是重大的发展机遇。苹果之所以进入音乐产业以及随后的手机领域，就是乔布斯了解到了 Napster 音乐软件侵权被诉案件，这条信息看似与苹果没有任何关系，苹果与它根本不在一个领域，但乔布斯就是从这个看似无关的信息中捕捉到了战略机遇，并因此开创了一段传奇。

一个看似不重要的技术，可能决定企业的命运。雅虎是互联网时代初期最为成功的平台企业，凭借其首创的门户模式，"雅虎帝国"曾经所向披靡，连续多年蝉联全球互联网企业市值首位。但搜索引擎技术的发展，没有引起雅虎的重视，它迅速取代门户网站成为了人们检索信息的主要工具。谷歌则凭借该技术迅速崛起，一跃成为互联网的新巨头，而雅虎则很遗憾的淡出江湖。一个巨头，因忽视一项技术而遭淘汰的结局，实在不可思议，但这就是现实。

关于技术，由于其特殊性，这里稍微展开一下。对于一项关键技术的重要性，远不限于一家企业，它对于一个产业乃至一个国家都是极其重要的。

钢铁工业曾是美国工业的核心和骄傲，1950年，美国占世界钢铁产量的47%，但由于在20世纪50年代炼钢技术革新上，美国没有跟上，从而逐渐落伍，到1985年时仅占世界的11%。早在"二战"爆发前夕，瑞士一名教授发明了氧气顶吹转炉（BOF）的炼钢新技术，但美国的钢铁巨头们对此比较迟钝，仍坚持比较落后的平炉技术，他们成功于该技术，对此比较熟悉和依赖。当日本人使用新技术取得较低的成本优势时，美国钢铁巨头们认为低成本是廉价的劳动力造成的，要求政府进行贸易保护，结果如愿以偿。到了1964年，美国只有12%的钢铁生产用BOF技术，而日本已达到44%，这使日本逐步取代美国迈向了钢铁霸主地位。

再从半导体行业来看，半导体是美国人发明的，美国也一直处于领先地位。Intel公司的第一个1K DRAM成为了工业标准，由此美国公司，特别是Intel公司始终统治着市场。到20世纪70年代末，美国公司占据半导体59%、集成电路74%的份额。但此时由于美国经济降速推迟了16K DRAM的应用，日本公司抓住这个机会，赢得了市场，到1990年，日本公司占有的4M DRAM的市场份额达到了98%。直到后来美国人的创新精神在微处理器领域发挥作用，才逐步缩小差距，并最终又重新占据领导地位①。

从这两个案例我们可以理解，一项关键技术对于一个国家的核心竞争力都是至关重要的。美国可能基于这些教训，所以在一些高新技术上特别敏感，如5G

---

① 乔纳森·休斯，路易斯·凯恩. 美国经济史［M］. 邸晓燕，邢露，等译. 北京：北京大学出版社，2011.

技术。美国之所以不惜动用国家力量，采用很卑劣的手段持续打压、封堵华为，就是十分惧怕在这个关键技术上落后于中国，而丧失技术与产业制高点。从这个角度我们应有清醒的认识，坚定做好自己的事，突破更多的关键技术，不能对美方抱有任何幻想。

通过前面苹果与雅虎这两个案例，企业在信息收集上是要"广撒网"的，防止遗漏重要信息。但是，企业的资源与精力都是有限的，不能什么信息都收集。在信息泛滥的今天，如果什么信息都关注，不仅浪费宝贵的资源，还可能迷失在信息的汪洋大海之中。如何排除大量信息垃圾的干扰，抓住有用信息，是需要重点思考的问题，这是一个不小的挑战。

要说明的是，通过美国打压华为，相关企业在经营环境的分析方面应有新的认识与视野。随着经济全球化向纵深发展，企业的生产、供应链、市场呈现全球化的特征。这时企业对经营环境的分析不能再局限于经营业务所在地。例如，华为在美国基本没有业务，但由于与美国企业存在合作关系，许多美国企业是华为的元器件、零部件的供应商，华为手机还搭载了谷歌的安卓系统，美国通过"实体清单"进行出口管制，禁止美国企业与华为合作，对华为的经营带来很大影响。甚至，有的供应商都不是美国企业，如台积电，是中国企业，华为的芯片供应商之一，由于其使用了美国的技术，同样也列入管制范围。

甚至，还有比这个更离谱的事件。一个不在美国经营，也不用美国技术的公司，美国也要通过长臂管辖来管制。阿尔斯通，一个法国企业，因在印度尼西亚塔拉罕发电站项目中发生贿赂问题，美国竟然用《反海外腐败法》法案，逮捕了其高管。该集团锅炉部全球负责人弗里德里克·皮耶鲁齐（Frédéric Pierucci）于 2013 年 4 月 14 日在美国纽约肯尼迪国际机场，刚下飞机就被美国联邦调查局逮捕。经过 5 年多的关押、审判，最终对阿尔斯通处以 7.72 亿美元罚款，且阿尔斯通的电力业务，被行业内主要竞争对手——美国通用电气公司收购。该案表明，有些国家的法律已不是法律本身，它成为了美国发动一场场隐秘经济战争的工具，阿尔斯通这家曾是横跨全球电力能源与轨道交通行业的商业巨头，正是被美国人用这种工具"瓦解"的①。

有一点，几乎所有人都觉得匪夷所思的是，一家法国公司，在印度尼西亚发生的事，关美国什么事，美国哪儿来的这么大权力干预。原来，美国《反海外腐

① 弗里德里克·皮耶鲁齐，马修·阿伦. 美国陷阱［M］. 法意，译. 北京：中信出版社，2019.

败法》规定其具有域外效力，且同样适用于外国公司。美国政府自认为有权追诉任何一家公司，只要它用美元计价签订合同，或者仅仅通过设在美国的服务器收发、存储邮件。这就是美国人的霸权思维，他们竟然把一项国内法律转变为干涉他国企业、发动经济战的神奇工具。可见，全球化的企业在研究相关国家法律时，不能仅分析法律条款本身，需要拓展思路。

（二）分析的内容快速多变

战略分析的内容不仅广泛复杂，而且快速多变，不断出现新情况、新问题、新挑战、新机遇，有的内容还不断被赋予新的内涵。尤其在互联网时代，"互联网＋"连接到哪里，就赋能到哪里、重塑到哪里、颠覆到哪里，各行各业都受到了渗透、吞食、重塑乃至颠覆，新业务、新领域、新产业、新模式、新理念等层出不穷。无论是消费理念、消费方式、沟通方式，还是生产方式、经营理念、竞争方式、创新方式，乃至社会治理、公共管理等都不断发生深刻变化。

此外，互联网时代，不断产生新思想、新理念、新理论，如平台论、生态论、蓝军论、共享论等；不断产生新资源，如数据资源、认知盈余、新基础设施等；不断产生新业态，如智能制造、无人配送、在线消费等。

互联网时代，企业最主要的威胁往往来自跨界者，原来的主要竞争对手反而可能成为合作伙伴。跨界竞争、跨界颠覆、跨界打劫往往成为常态，但到底谁会是下一个跨界者又不得而知。到底谁是敌人、谁又是朋友，成为困惑企业的一个重要问题。

互联网在带来极大便利的同时，也不断产生新的问题，如平台垄断、不公平竞争、平台治理、数据安全、消费者隐私、非理性消费等，对法律法规、税收征管、金融安全、社会治理、企业管理等带来新的影响与挑战。

此外，互联网的进程还在加速，正向万物互联方向迈进。随着5G网络建设的加速推进，以及大数据、人工智能、云计算、物联网、工业互联网等智能技术、信息基础设施的应用与建设的推进，人与人、人与物、物与物之间的连接还将更加方便、更加紧密，社会、经济、生活、生产等还可能迎来新一轮的、更大的突破与变革。

总之，随着互联网进一步加强经济社会各方面的连接、交叉、融合，环境必然将更加变幻莫测，难以预测与把握，这无疑会增加战略分析的难度。

（三）分析的内容难以客观衡量与评价

无论是外部环境，还是内部条件，都是客观存在的，但却是难以衡量与评价的。有一些因素还处于不断的变化之中，从外部环境来看，我们不能像从树上摘梨一样根据外部环境评估就能得到外部环境的真实情况（明茨伯格等，2012）。一部法律、一个计划、一项政策、一个事件、一项技术、一种模式，等等，很难估量其具体的价值，以及对经济社会、产业发展、竞争格局等产生什么影响。况且，这些因素还时刻都处于变化之中，我们对其变化的趋势，连预测都很困难，更谈不上准确衡量与评价。

在某种程度上，分析内部条件比分析外部环境的难度更大。表面上看，企业最了解的应该是自己，但实际上，企业最大的敌人是自己，同样最难把握的也是自己。对外部环境，大家都在研究，相对比较透明，有各类丰富的报告、数据、文献可以查阅，有各种各样的论坛、会议、行业协会等促进分享交流。而对内部环境，越是有价值的资源，往往都是无形资源，很难衡量它的价值。企业到底有什么资源与能力，尤其是核心资源与核心能力，有什么"短板"，能做什么，不能做什么等，这些问题，很多企业都感到很模糊，更谈不上客观评价了。

有的企业，明明有核心资源与核心能力，但由于自己认识不足，白白浪费了机会。有的企业，表面上看并没有什么了不得的资源，但硬是挖掘出来了表面上看不是核心资源的核心资源，如洋河的"蓝"与"绵"。洋河的蓝色包装与柔和口感是长期经营中形成的特色，如果要客观评价，这样的资源有多少价值，确实很难下结论。业内基本公认，白酒是不宜用冷色包装的，洋河的蓝色包装从某种意义上都谈不上是一种资源，但就是被奇迹般地打造成了蓝色经典。

此外，企业有一些重要资源或无形力量非常隐形的存在，看不见、摸不着，但对整个战略管理都产生难以估量的影响。例如，组织能力、协调状况、不同利益集团之间的矛盾程度、不同群体对企业价值观的接受程度、信息传递的畅通性、决策机制、企业文化等。有的企业信息传递不畅，传递过程中不同利益群体不断根据自己的需要强加解释，高层听不到真实的信息，这些深层次的组织问题，往往决定企业的兴衰存亡，但即便是深处其中的管理层，也未必能意识到这些问题的存在及其严重性，更何况如何准确衡量了。

企业还会有一些重要的资源不仅非常隐性地存在，而且往往处于"休眠"状态，这些资源一般不发挥什么作用，但一旦在一定条件下被"激活"，可能会产生"核"级别的能量释放。例如，组织"打硬仗"的能力、某方面的社会资本、某方面的学习与攻关能力、某些知识的储备等。甚至，某些兴趣爱好都是企业的一种重要资源，有可能激发形成企业的竞争力。乔布斯从小就喜欢电子、音乐、艺术，其对电子的爱好决定了其创业的领域，对艺术的爱好一直体现在产品的设计理念之中，对音乐的爱好则似乎没有什么帮助。但正因为这个爱好，Napster 音乐软件侵权案件才让他捕捉到了机会。可以设想一下，如果一个对音乐丝毫不感兴趣的人，对这样的事件，十有八九反应是很迟钝的，往往看不到与自己有什么关联。

三、S、W、O、T 的相对性与 SWOT 的挑战

战略分析中常用的分析工具 SWOT 分析法，即通过分析外部环境的 O（机会）与 T（威胁）、自身条件的 S（优势）与 W（劣势）的综合分析，明确企业在市场中所处的地位。这种方法产生于 20 世纪 80 年代，在当时的环境下，企业的机会与威胁、优势与劣势是比较清晰的，该方法对企业内外环境的状况一目了然，有利于做到"知己知彼、百战不殆"。

但随着环境的变化，机会与威胁、优势与劣势之间，不仅边界都变得模糊，相互之间还可以发生转化。一项具体的因素，往往机会与威胁同在，或者优势与劣势共存。过去认为的机会，现在很可能是威胁；过去认为的优势，现在反而可能是劣势。

2020 年暴发的新冠肺炎疫情，一方面对经济、社会、人民健康等产生了很大的冲击，但从另一方面来说，这场危机也是一个机遇、一种资源。有学者还提出永远不要浪费一场危机。它提升世界对中医药的认可度，催生了新业态（如智能制造、无人配送、在线消费、医疗健康呈现强大成长潜力等），改变了西方的人权观念、展现了中国力量，展示了中国负责任大国的形象，展示了中国制度、中国治理、中国道路、中国文化的优越性，增强了凝聚力与民族自豪感等。此次疫情表明，中国是世界上最安全的地方，中国是值得信赖的国家，中国也是最具投资价值的地方。有网民发自内心留言："此生无悔入华夏，来世还做中国人。"

美国打压华为，是一次严峻的威胁与冲击，但同样也是一种机遇。一方面相

当于替华为做广告，让国际社会认识到中国企业的技术能力与水平，认识到华为的技术是真正先进的。另一方面有利于促使我们彻底放弃幻想，加速我国集成电路等领域的投资与发展，有助于形成倒逼机制，不断突破更多核心技术。

柯达掌握了传统胶卷领域的核心技术，这本是一项重要优势，但正因为这个优势过大，让其过于留恋与依赖，既留恋这个产业的垄断地位，不思将核心竞争力向新的领域拓展，又故意放慢在数码领域的发展脚步，以防止冲击传统业务。这个盛极的优势反而成为了致命的弱点，直接导致了企业惨遭淘汰。

可见，在高度不确定的环境下，要客观衡量一个企业的 S、W、O、T，是比较困难的。如果仍思维定式地将某些因素刚性地、简单粗暴地归类是存在较高风险的。从某种程度上说，威胁可能是一种机会，机会也可能是一种威胁，优势可能是一种劣势，劣势也可能是一种优势。一项因素到底如何归类，已远不只其本身，往往取决于看问题的角度。从这个意义上来说，战略分析不仅充满了挑战性，更充满了创造性。也正因为如此，战略的价值才更加凸显，只要看问题的角度足够丰富、视野足够开阔，威胁与劣势都可以看成是一种资源。

四、做好这道思考题

综合前面的分析，战略分析在本质上并不是一道客观题，而是一道思考题。要做好这道题，除要做好数据与素材的收集、整理、分析等基础工作外，更需要有全面、深入、系统的思考，提升洞察力，既捕捉潜在的机会与威胁，又深入挖掘企业内外存在的各类有价值资源，尤其是隐性、无形资源。

（一）需要有整体与系统思维

1. 将战略分析与战略决策、战略执行看成一个整体

尽管战略分析是战略决策前的准备工作，即在战略分析前还没有做出具体的战略决策，但企业的一些战略设想还是有的，战略分析的过程有时可能是认证设想的过程，战略分析的方向是受其指引的。充分的环境分析是进行科学战略决策的前提条件，但不应将两者割裂开来看，事实上两者之间是相互依赖、相互交织的。战略分析应有战略方向的引导，由于企业涉及的外部环境是十分庞杂的，企

业不可能对所有环境要素进行充分分析，既无可能，也无必要。战略分析如围绕战略设想的方向进行，在信息收集、数据获取等方面应有所侧重，以提高效率。

乔布斯为什么往往能从纷繁复杂的外部环境中捕捉到有用的信息，因为他虽然不断调整具体的战略，但战略方向是紧紧围绕与电脑有关的信息技术，所以也有了一个比较明确的思考方向与范围。尽管音乐与电脑产业不是一个赛道，但还是有一定的相关性与交集，也是他有兴趣的领域，他进军音乐产业以及后来的手机产业，在逻辑上是自然延伸过去的。

2. 将外部环境与内部条件看成一个整体

外部的机会要看内部有没有条件支撑，内部的一些资源要看有没有外部需求的空间。企业只有打通内外，同时兼顾两边，才能更好地根据市场需求，深入挖掘、识别、利用内部的各类资源，尤其是隐性、无形资源，将内部资源配置更好地契合外部需求。洋河之所以从口味特色"甜、绵、软、净、香"中挖掘出"绵"重点打造，那是因为邀请了 4000 多名消费者做口味测试，把握了消费者口味需求的趋势。

从资源识别角度看，也要将外部环境与内部条件看成一个整体，这实际上也是一种开放思维。企业的核心资源、核心技术应立足于自身，但也应注意与外部资源的嫁接、整合，以更大限度地发挥内部资源的价值。乔布斯非常重视收集与整合外部资源，他为 Apple Ⅱ 并购了 Visi Calc 的办公软件、为 iTunes 并购了 C&G 公司的 Soundjam 软件、为 iPod 整合了东芝公司的微型硬盘、为 NeXT 的研制邀请青蛙设计公司进行工业设计、为研发 iPhone 收购了 Finger Works 公司的相关专利，等等。

另外，将外部环境的不同方面看成一个整体。宏观环境中的政治、经济、文化、技术等是一个整体，相互之间高度关联。例如，消费升级、消费观念改变，既是经济因素，又是文化因素；财政政策、货币政策，是经济因素，也是政治法律因素；研发支出，既与技术本身有关，也与政策有关。

（二）需要有辩证思维

战略分析的最大挑战在于，大多数因素的真实状况很难客观描述，机会与威胁、优势与劣势是相对的、模糊的、可以相互转化的，主要依赖于企业如何看、如何做。iPod 上用的微型硬盘是东芝公司发明的，5G 大小，可存 1000 首歌曲，但东芝发明了它之后，也不知道它到底能有什么用，一直处于闲置状态，直到乔布斯发现了它。可见，企业资源的价值是相对的，它并不取决于资源本身，而是取决于如何配置与使用。在企业资源分析中，这个微型硬盘的价值该如何衡量呢，这个看上去再简单不过的问题，都是一个不小的挑战。

乔布斯创办的 NeXT 电脑公司虽然失败了，但 NeXT STEP 软件为后来 iOS 操作系统奠定了重要基础，正所谓失败是成功之母。也说明了企业失败的经历其实也是一种资源，失败的教训也可以转化为一种优势。

中国女排拥有世界最强主攻朱婷，这本是我们最宝贵的资源，但正因为这个财富，使中国女排的主要战术体系是围绕朱婷进行的，这套体系也确实取得了辉煌的战绩。但这套体系过于依赖朱婷，当东京奥运会上朱婷的伤病影响发挥时，似乎并没有拿得出手的替代方案，中国女排似乎突然不会打球了，结果连小组都未能出线。这并不是说有朱婷不好，任何一支队伍，当然需要这样的运动员，但要增加辩证思维，要认识到"福祸相依"的道理。

这方面前文已有较多讨论，这里不再赘述。总之，要准确把握外部环境与内部条件的真实状况，需要企业加强辩证思维，要善于从不利因素中挖掘有利的元素，从有利的形势中把握潜在的危险。

（三）应有长远思维

企业应从长远角度来理解与看待外部环境与内部条件，只要从足够长的时间跨度来理解，一切都是变化的、不确定的。从外部环境来说，所有的稳定都是暂时的，企业应有忧患意识，不能安于现状，不能陶醉于舒适区。从内部条件来说，只要沿着一定方向坚持不懈、持续积累，企业的资源与能力状况会发生质的变化，所有的瓶颈都可以突破。

不确定的环境给企业经营带来了困难，但这样的环境也锻炼了企业应对不确定性的意识与能力。在某种程度上，企业更应、也更难防范的风险反而是来自稳定的环境。越是在稳定的环境中，尤其是长期保持稳定的环境中，企业的思维、意识其实是僵化的、定式的、盲目的，也不具备应对高度不确定与风险的能力。一旦出现技术变革、跨界重塑、模式革新、数字化转型等，企业往往没有应对这种"暴风骤雨"的能力。

（四）要有全球化思维

在互联网时代，随着生产、消费、供应链全球化，全球生产、消费、市场更是你中有我、我中有你。无论企业的业务是否走向了国外，都应有全球视野与全球思维。在分析研究政治因素、经济因素、社会文化因素、技术因素时都要有全球化思维。

企业要善于运用全球资源、拓展全球市场来发展自己，在全球范围内调配资源，有助于进一步优化配置与降低成本，向全球市场拓展有助于扩大发展空间。企业要善于适应不同法律、不同文化、不同市场的个性化需求，提升适应环境的能力，也要善于从不同法律、不同文化、不同市场之间的差异中发现新的机会。

第五章　企业资源与战略的
内在逻辑关系

如何使用资源比拥有资源更重要，至少是一样重要。

——彭罗斯

根据资源基础理论（The Resource – Based View，RBV），资源是企业取得竞争优势的重要原因。但是，在实践中却经常出现本来具有资源优势的企业，通过战略调整反而被原来资源劣势的企业超越；也经常出现本来市场地位处于劣势的企业，通过战略调整后快速提升竞争力，甚至成为领导企业。

格力刚成立的时候，春兰已经是空调行业的领军企业，但现在格力空调的销售额却是春兰的上百倍；洋河在 21 世纪初还只是个白酒市场的二线企业，但经过一轮战略转型却变成了市场主流品牌。那么，为什么会出现这种情况呢？资源基础理论没有能够深刻揭示资源与战略的内在逻辑关系，仅强调了资源对战略的支撑作用，忽视了战略对资源的反作用。

一、资源与战略的关系框架

资源基础理论在企业的战略管理研究中得到深入应用，为企业战略管理的研究做出较大贡献，现有研究为本书提供了理论基础和有益的启示。在现有的理论框架中，十分强调资源对战略的支撑作用，认为资源是竞争优势的重要来源，本书认同和尊重这个很有价值的结论。

但资源基础理论仅单向考虑了企业资源对战略的支撑作用（见图5-1），而不考虑企业的战略决策可能对资源的反作用。这实际上是一种静态的思维，它将资源看成是一个静态的影响企业竞争优势的因素，在此基础上建立的资源基础理论也自然就是静态的，在此框架下很容易得出资源状况是企业能否取得竞争优势的最重要因素，甚至是决定因素。事实上，在已有的文献中，绝大多数都将其视为决定因素。

图5-1 资源基础理论在战略管理研究中的现有核心框架

但实践中为什么会存在许多资源条件相对不好的企业能取得好的发展效果，而许多资源好的企业却没有取得好的发展效果呢？那只能从使用资源的差异上找原因了。早在1959年，彭罗斯（Penrose）就提出如何使用资源比拥有资源更重要，但这一点却被忽视了。

在现有框架下，学者们把现有资源看成是企业固有的，几乎没有追问这些资源是从哪里来的。实际上，企业今天的资源状况是以前战略决策与运行的结果，同样，今天的战略决策也会影响以后的资源状况，即企业的战略决策及其执行过程在利用资源的同时也会对资源产生反作用，不仅可以改变资源的数量，也会改变资源的属性。

也就是说，在现有资源状况一定的条件下，如果根据现有条件选择合适的战略，可以逐步正向影响、改善资源的状况。那么，如何根据现有资源状况选择合适的战略呢？说到底，就是要思考现有资源如何配置的问题，即巴尼和克拉克（2011）所说的往何处去的问题。如果企业认真思考这个问题，把注意力放到如何科学利用现有资源上，调整并选择合适的战略，不仅可以让现有资源高效发挥作用，真正支撑企业战略，而且这个战略运行可以反过来影响企业的资源条件。

实际上，企业在科学利用现有资源过程中可以内生出更多优质的异质资源。当企业的资源状况改变之后，也就改变了资源对战略的支撑能力，如此循环往复，共同构成了一个完整的战略转型过程，从而可共同促进建立可持续的竞争优势。

可见，企业资源与战略之间并不是单向静态的支撑与被支撑关系，而是相互支持、相互影响的动态的循环。在这个循环的过程中，资源影响和支撑了战略选择，战略选择同样也影响和导致了资源的变化。基于此，本书从动态的角度提出资源与战略内在逻辑关系的分析框架（见图5-2），尝试构建一个基于资源与战略互动支撑的循环，这个框架体现了本书从动态角度拓展资源基础理论的思考。

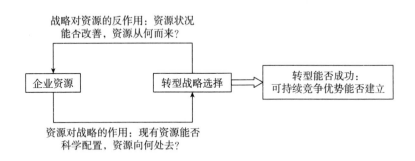

图5-2　资源与战略的内在逻辑关系

如果从动态的角度来理解资源基础理论，尽管整个战略管理过程中有起点和终点，起点就是企业已控的资源，终点就是战略管理的目标，但在企业运行的大多数时间里，资源与战略是互为起点和终点的，是处于循环之中的，且这个循环越是良性，企业不仅会大大减少对起点所控资源的依赖，而且更容易建立新的竞争优势。

而一旦循环中断或进入恶性，企业的资源动态演进方向就会向下，则起点资源状况再怎么好也无济于事。可见，能否保持这个循环的良性要比资源初始状况重要得多。良性循环可以提高生成新资源的"加速度"，即使资源的"起跑线"较差，也能通过"加速度"的提高来弥补。

二、理论分析

循环是资源与战略两者关系的核心，资源对战略的支撑与战略对资源的反作用是循环的两个有机组成部分。资源对战略的支撑质量影响着战略对资源的反作用效果，反作用效果又影响后续企业资源的状况，如此循环往复。

（一）　资源对战略的支撑

资源是企业实现战略目标与获取竞争优势的重要原因，但企业独特资源与竞争优势之间并没有必然的联系，还取决于其他因素（Almeida et al.，2013），资源本身并不能自动支持企业的战略，也不必然会带来竞争优势，还要看资源被如何配置，即资源向何处去？企业资源的状况毫无疑问是重要的，但能否科学利用已有资源可能比资源本身更重要。甚至，即使使用公开技术，由于利用资源的方式不同，也能获得不同的绩效（Bromiley and Rau，2014）。可见，真正支撑企业战略的是资源及其应用的组合体，而不仅仅是资源本身。

Barney（1991）认为企业的异质资源需要具备四个属性（VRIN），即价值性（Value）、稀缺性（Rareness）、不可模仿性（Imperfect Imitability）和不可替代性（Non – Substitutability），并指出具有这些属性的资源是企业竞争优势的重要来源。然而，有价值的资源往往是隐性的、模糊的、难以识别的（David and Winter，2009），如何识别与评价模棱两可的资源以保证其既不被忽视或管理不善成为了主要的挑战（Isabelle and Miller，2015）。

企业独特资源与竞争优势之间之所以没有必然的联系（Almeida et al.，2013），在很大程度上是不能有效识别自身有价值的资源，从而导致了资源的不当配置。任何一个组织都是独特的资源和能力的组合（Newbert，2008），都会在长期的经营中积淀下独特的宝贵资源，这些资源是未来发展的基础，关键看如何利用。因此，企业应高度重视对已有资源的评价与识别，以挖掘出有价值的资源，并对其进行重新组合与配置。资源贫乏型企业可以通过重新组合已有资源来缓解资源限制（Baker and Nelson，2005），重新配置资源可以提升企业价值（Sakhartov and Folta，2014）。同时，企业评价识别、重新组合与配置资源时要注意与外部环境和市场需求相结合。

企业资源的价值是相对的，它不仅取决于其自身的客观状况，还依赖于所处的环境及市场机遇。企业在转型中如何重新组合与配置资源，重点使用什么资源以及资源的什么方面，以及如何对其进行创新，在很大程度上取决于外部环境与市场机遇。随着环境的变化调整资源的配置以维持或提升其价值是管理的挑战（Isabelle and Miller，2015）。

企业必须关注环境变化带来的关键机遇，它的出现会影响未来的战略选择（Sydow et al.，2009）。但关键机遇和企业资源一样，它往往也是隐性的、模糊的、难以识别的，所以企业能否抓住重要的机遇还取决于对其的洞察、识别与捕捉。当关键机遇出现后，企业需要对其进行测试、评估并在此基础上进行战略决策（Vanevenhoven et al.，2014）。企业进行战略决策或调整主要源于环境发生重大变化，环境的变化会对原有战略带来冲击和威胁，但同时也会带来机遇。战略调整不应是被动应对威胁的过程，而是主动发现、挖掘、应用环境变化带来新机遇的过程。表面的冲击、危机、威胁背后往往隐藏着关键的机遇，关键就看能否透过现象看本质。

要说明的是，尽管本书分析表明资源与战略的循环比现有资源的状况重要得多，但并不是要否定现有资源的重要性，现有资源是战略转型决策的起点。本书构建资源与战略循环框架的目的是为了让企业现有资源的这个"星星之火"，更好地实现"燎原"之势，但能否"燎原"，却取决于如何传播"火种"。企业之所以要进行战略调整，归根结底就是要改变资源尤其是核心资源配置不合理的状况，让核心资源发挥更大的价值，以更好地适应市场与竞争的需要。因此，虽然本书的目的是为了突破现有资源的制约，但无论什么企业，无论前期经营积累下来的资源状况如何，都不可轻视现有资源的价值与作用，反而应把科学配置现有资源放到应有的高度，充分发挥现有资源的作用以有效支撑企业的战略，为启动资源与战略的良性循环创造条件。

（二）战略对资源的反作用

随着知识重要性的不断提升，资源基础理论研究者几乎将企业独特的异质资源指向了企业的知识和能力（王开明和万君康，2001），或者将企业视为一组由异质的知识资源构成的资源集合（Nahapiet and Ghoshal，1998），以知识、能力为核心的无形资源对企业构建竞争优势起着越来越重要的作用。Prahalad 和 Hamel（1990）甚至指出企业的长期竞争优势取决于能否以比对手更低的成本和更快的速度构建组织中累积性学习。可见，企业要建立竞争优势的关键是要拥有知识和能力等核心资源，尤其是"诀窍"性的隐性知识，而企业战略会对这些资源的状况产生影响。

首先，企业的战略决策会对这些资源产生重要影响。Rahmandad 和 Nelson（2016）研究发现企业能力的构建与侵蚀与战略有关。转型战略的决策涉及资源的重新配置，它要评价、挖掘、识别企业的核心资源与市场关键机遇，企业如果能把核心资源挖掘出来并根据新机遇进行有效配置，不仅会有利于提升现有资源的使用效率，而且会产生新的资源，正如苏芳等（2016）研究发现，企业通过挑选和组合已有资源来发现和把握新机遇，由此可积累由新机遇带来的新知识。同时，如果能对核心资源进行有效的创新与整合，不仅可以从更高水平、更深层次满足市场需求，这个过程还有利于强化资源的某些属性，包括VRIN等，从而使其更有助于支撑战略转型。相反，如果企业在战略决策中不能高效配置资源，则不仅不会产生新的资源与能力，原有的资源与能力还可能会失去。由于配置不当或管理不善而导致的资源与能力的退化或损失已成为企业的一大挑战（Isabelle and Miller，2015）。

其次，战略决策对资源的影响需要通过有效的执行落到实处。核心资源只能由企业在复杂且长期的过程中积累（Almeida et al.，2013），而资源积累需要依赖战略执行（Kunc and John，2010）。企业在长期的经营中，会不断面对环境的变化与短期利益的诱惑，而异质、独特的知识与能力的形成需要一个长期的过程，需要一点一滴的积淀，企业必须有强的战略执行力，才能抵御住短期诱惑。除知识与能力外，Agarwal 和 Helfat（2009）指出惯例、管理流程、组织结构等都可能成为核心资源。实际上，企业长期的战略运行还会逐步形成特定的理念、思想、文化、规则、特色、形象等，它们本身就是企业最重要的积淀，也是最重要的无形资源。而且，这些资源还构成了企业孕育各类知识、技术、能力的环境与土壤，有助于促进内生更多有价值的无形资源。因为，企业的核心资源是在长期的经营中点滴积累起来的，而且这些资源的积累和发展离不开特定的环境和土壤，如果没有相应的条件，不仅不能内生各类以知识为核心的资源，而且即使企业能够从外部买到所谓的核心资源也往往会"水土不服"，起不到预期的效果。对企业而言，更重要的是生成核心资源的环境、机制与经验，而不是资源本身。

要说明的是，从理论上来说，企业获取资源的途径有两个：一是外部获取，二是在经营中内生。从外部获取的途径来看，由于核心资源不能在市场交易中获得（Almeida et al.，2013），近年来有学者研究认为企业可通过构建战略联盟从合作伙伴处获取核心资源（Ireland et al.，2002；Duschek，2004；Lavie，2006）。这确实是一条可尝试的路径，但本书要强调的是，企业之所以能通过联盟获得别人的核心资源，根本原因在于能为别人提供所需的核心资源，否则联盟无从谈起（徐礼伯和施建军，2010）。因此，企业即使可以通过联盟从外部获取核心资源，其根本原因还是在于内生了可以用于交换的核心资源。所以，企业获取知识和能力等核心资源的途径实际只有内生这一条路，而这决定了企业资源的来源在很大程度上依赖于长期的战略运行。

三、案例分析

（一）案例背景介绍

1. 春兰集团

春兰集团的前身是江苏泰州制冷机厂，当时年销售额仅几百万元，业务却横跨农机、制冷、电子元件等领域。1985 年，陶建幸担任厂长后，一下砍掉了许多业务，集中资源研发、生产当时国内市场供给几乎空白的空调，取得迅速发展，1989 年就做成行业第一。公司于 1993 年改制为公众股份公司，1994 年在上海证券交易所上市。1994 年市场占有率达 30% 以上，1990～1997 年春兰空调连续 8 年产销量第一，1997 年获"中国空调第一品牌"称号，1999 年国家工商总局认定春兰为"中国驰名商标"。江泽民总书记分别于 1992 年和 1997 年先后两次视察春兰。春兰的发展奇迹引起广泛关注，1997 年被海内外经济学界称为"春兰现象"。2002 年春兰董事局主席陶建幸获 CCTV 年度经济人物，因进入汽车、新能源、摩托车等领域，春兰获得中国家电制造业综合排名第一。

1994 年，春兰在空调行业处于领军地位时，也感到了竞争的压力，当时卖一台空调只能赚几十元钱，于是想开辟新的领域，故开启了多元化战略转型之路，先后进入摩托车、汽车、冰箱、洗衣机、新能源等产业，在取得一定发展后，企业逐步进入衰败的轨道。2014 年，春兰曾经最辉煌的空调产业销售额仅 4 亿多元，而同期格力电器的空调销售额却达到近 1200 亿元，总体上春兰的传统优势已完全失去，新的优势没有形成，春兰集团完全被市场边缘化，甚至到了淘汰的边缘。

限于篇幅及说明问题的需要，这里仅简单介绍春兰的多元化投资情况。①1994年进军摩托车生产领域，初期发展顺利，1997 年上半年销售额就达到 10 亿元，但好景不长，随着全国大中城市开始实行"禁摩令"，春兰摩托受到很大影响，2005 年春兰将摩托车业务以低价转让；②1995 年和韩国 LG 各出资 50%组建泰州 LG 春兰家用电器有限公司，进军电冰箱产业，原计划年产量 100 万台，1997 年投产后，1998 年产量 3 万多台，1999 年 7 万多台，后因持续经营状况不理想，2003 年春兰将冰箱业务出售给 LG，从冰箱中抽身；③1997 年开始创建江苏春兰洗涤机械有限公司，1999 年洗衣机投放市场，仅 2000 年盈利 6 万多元，后一直处于亏损状态；④1997 年春兰以 7.2 亿元收购南京东风汽车组建春兰汽车有限公司，进入汽车行业，主营卡车业务，2007 年卡车业务亏损 5000 多万元，在巨大财务与市场压力下，2008 年春兰将汽车股份转让给徐工科技；⑤2002 年，春兰研发出国内第一块具有完全知识产权的高能动力镍氢电池，进军新能源产业，该产品可应用在混合动力汽车、高速机车等领域。2008 年北京奥运会和 2009 年大连达沃斯论坛提供服务的"绿色大巴"采用了这一新能源产品。2012年，春兰成为国家"十城千辆"新能源汽车的主要动力供应商。镍氢电池应用前景广阔，春兰拥有完全自主知识产权，但目前市场规模还不大，还有待开发，加之有很多企业进入这个行业，新能源产业能否成为支撑企业未来发展的支柱产业还是个未知数。

2. 洋河股份

江苏洋河股份有限公司的前身是 1949 年在几家私人酿酒作坊的基础上建立的国营洋河酒厂，1979 年在第三届全国评酒会上，洋河大曲因其"甜、绵、软、净、香"的独特口感跻身于中国八大名酒行列。但在 20 世纪 90 年代，在鲁酒南下、川酒东进、皖酒崛起的背景下，白酒市场竞争白热化，随着众多白酒企业的崛起，洋河在市场上处于越来越不利的位置，市场占有率越来越小。在此背景下，洋河实施了蓝色战略转型，推出蓝色经典系列品牌，在业界刮起"蓝色风暴"，取得卓越成效。

洋河在转型中以从根本上提升市场地位为目标，立足于做强本业和提升核心竞争力，抵御多元化投资的诱惑，决心从事专业化经营。为更好地了解消费者的需求，洋河在邀请 4000 多名消费者做口味测试的基础上，决定将产品定位在"绵"上，并提出白酒新概念"绵柔"。在包装方面，与市场上一般使用白色、无色或红色的做法不同，采用了蓝色包装。它在 2003 年推出蓝色经典的"海之蓝""天之蓝"系列，"海之蓝"的价格在 100～200 元/瓶，"天之蓝"的价格在 300～400 元/瓶，属于中档酒，价格仍与高端酒无法相提并论。在"海之蓝""天之蓝"取得巨大成功，蓝色经典的品牌深得消费者认可的情况下，洋河在 2009 年又推出"梦之蓝"系列，并将其分为 M3、M6、M9 等档次，M3 的价格在 600～700 元/瓶，M6 的价格在 900～1000 元/瓶，M9 的价格在 2000 元左右/瓶。2011 年"梦之蓝"被认定为"中国驰名商标"，"梦之蓝"也成为洋河股份高端白酒的代表。

要强调的是，在春兰开启转型后的 20 年，是中国空调产业飞速发展的黄金时期，从春兰获得"中国空调第一品牌"的 1997~2015 年，中国的空调产量从974 万台增长到 1.4 亿台，增长了 10 多倍，行业环境为企业发展提供了很大的机遇，但春兰不仅未能与行业同步增长，其销售额与净利润的绝对值反而大幅下滑。洋河转型后的 10 多年，白酒行业也处于较好的发展阶段，2003~2015 年，中国白酒产量从 600 多万吨增长到 1200 多万吨，但洋河的发展远快于行业的发展速度。从行业景气角度来看，在案例企业转型期间，两个行业都不错，实际上空调行业远好于白酒行业，其对企业发展提供的机遇更大，这说明了春兰的转型效果不好主要来自于企业自身的因素。虽然白酒的行业因素也支撑企业转型，但洋河的发展远好于整个行业的发展，说明洋河的转型效果好虽有行业因素，但主要还是来自于企业自身因素。

（二）案例企业资源与战略循环以及战略成效分析比较

尽管洋河在启动战略转型前的资源状况与市场地位远不如春兰，但洋河没有受制于资源的不足，没有输在资源的"起跑线"上。它通过恰当的战略调整，不仅高效利用了长期经营中积累和积淀下来的宝贵资源，尤其是"甜、绵、软、净、香"的独特口感和蓝色包装传统，而且战略运行反过来又强化了企业的资源，不仅让蓝色、"绵"等资源更加富有异质性、价值性、难以模仿性等，而且该战略的使用还内生了更多具有价值的异质资源，如成为绵柔型白酒的代表、品牌价值大幅度提升等。

企业资源状况的变化反过来又进一步支撑了蓝色战略，如洋河 2003 年推出海之蓝、天之蓝，在取得较大成功，洋河品牌价值大幅上升后，2009 年又推出梦之蓝，成功跻身高端白酒的行列。该战略的推进又继续提升资源状况，如 2011年梦之蓝成为中国驰名商标等，从而形成良性循环。洋河的资源与战略良性循环及战略效果如图 5-3 所示，这种资源与战略的良性循环实际上形成了资源的"造血"机制，持续改善洋河的资源状况，为战略转型提供着源源不断的、强有力的资源支撑，而让洋河原有资源的相对不足变得微不足道。

洋河通过战略转型从根本上建立了自己的竞争优势和提升了市场地位，也改变了白酒市场的竞争格局。绵柔型概念的提出，改变了我国白酒的分类体系，从酱香、浓香转变为"绵酱浓"体系。短短 10 年后，绵柔概念风靡全国，即使后

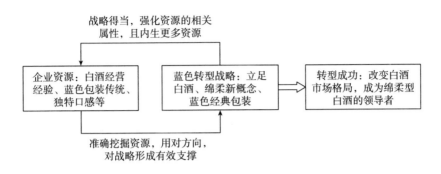

图 5 - 3　洋河的资源与战略良性循环及战略效果

来大量白酒企业推出绵柔系列，但洋河作为绵柔型白酒形象代表的地位已难以撼动，洋河从根本上改变了其市场形象与地位，成功跻身于一线品牌的行列。一直以来，茅台是我国酱香型白酒的代表，五粮液是浓香型白酒的代表，这两个企业将其他品牌远远甩在身后。而洋河将自己塑造为绵柔型白酒的代表，使其成为与茅台、五粮液并列的一线品牌，自此我国白酒市场一线品牌的格局已由"双雄争霸"演变为"三足鼎立"。

反观春兰，尽管在启动战略转型前的资源状况与市场地位远好于洋河，却没有能变资源优势为竞争优势。它虽然拥有在长期经营中积累和积淀下来的空调行业的经营经验与"诀窍"，以及雄厚的技术实力、大量专利、市场地位、知名品牌等具有很高价值的异质资源，但由于在转型中选择了过度多元化战略，在短时间内进入多个与空调不相关的产业，过于分散了资源，战略的运行不仅没有能够强化原有的资源优势，资源的过度分散不仅没有内生新的资源，原有的资源优势也在竞争中一点点失去了。春兰在战略决策中不仅没有能够启动资源与战略的良性循环，反而让其陷入恶性循环之中，结果不仅在新的领域没有形成竞争力，原有空调领域的优势还逐步丧失了。可见，一个企业即使有再好的资源条件，也经不起这种恶性循环的消耗。春兰的资源与战略恶性循环及战略后果如图 5 - 4 所示。

要强调的是，企业在各自领域所积累的经验与"诀窍"是一种隐性知识，是企业核心资源中的核心。经验与"诀窍"并不是企业的核心技术、品牌等本身，而是在长期经营中摸索出来的如何开发核心技术、塑造品牌等方面的经验与"诀窍"。它远比核心技术、品牌本身更重要，在高度不确定性的环境下，拥有任何核心技术与品牌都不是一劳永逸的，唯有曾经开发出核心技术与成功塑造品

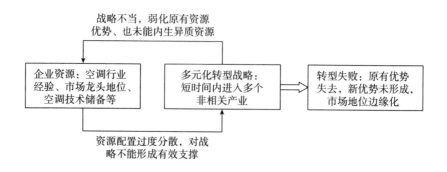

图 5 - 4   春兰的资源与战略恶性循环及战略后果

牌的经验与"诀窍"才能保证企业持续适应变化的环境。同时，企业的经验与"诀窍"是根植于特定的文化、领域与组织环境之中的，它虽是客观存在的，但却难以描述、编码和传递，别人因此也难以学习和模仿。因此，春兰进入许多与空调无关的行业，一方面，春兰在空调行业积累的经验与"诀窍"是难以应用到这些领域的；另一方面，春兰也难以在这些领域从别人那里获取这些"隐性知识"。

有了这个认识，对一些现象就比较容易理解。例如，2014 年 6 月，特斯拉 CEO 埃隆·马斯克宣布，将对外开放特斯拉全部专利，鼓励所有汽车制造商都来关注、使用特斯拉的专利技术，出人意料地采取了谷歌安卓的"开源模式"。有了本书的讨论，特斯拉的这个决定就不难理解了。新能源车是新兴产业，其最强大的竞争对手是传统汽车，开放专利有利于带动整个产业进步，如何与传统汽车竞争才是该产业当时的主要矛盾。更重要的是，特斯拉最核心的资源并不是已经掌握的技术本身，而是积累这些技术的经验与能力，即使开放了专利，仍然会在开发新技术方面领跑。

（三）案例企业资源对战略的支撑作用分析比较

1. 核心资源的挖掘与识别

企业要实现在战略转型中真正优化资源配置，前提是要客观全面认识自身资源的状况，尤其要能挖掘、识别出长期经营过程中积淀下来的有价值的核心资源。企业竞争优势来自于连续行动所累积的这些资源（赵杰等，2013），不管其状况如何，它都是企业宝贵的财富，是企业进一步发展的重要基础。与外部资源相比，一个企业已控的资源更可能成为企业竞争优势的来源（Barney，1986），企业在进行战略选择时如果不以内视的眼光对自己所控制的资源进行有效挖掘，就不大可能从种种战略中获得竞争优势（巴尼和克拉克，2011）。

洋河在白酒行业的长期经营中积累了独特的异质资源，如知识、经验、工艺、形象、特色等，尽管洋河在业内地位不尽如人意，要通过转型从根本上改变市场地位也很困难，但从逻辑上看，只有在白酒行业洋河掌握的知识经验最多，在该行业更有可能获得转型成功。因此，洋河选择坚守白酒产业，并高度重视现有核心资源的识别、挖掘，并将这些资源传承配置到自己最擅长的领域与环节。

毫无疑问，蓝色经典的推出与一系列的创新是分不开的，如蓝色包装策略、"1＋1"营销模式、绵柔型概念等，但这些创新是建立在洋河对传统积淀的独特异质资源的识别与挖掘基础之上的。以绵柔概念与蓝色包装为例，这是两个让蓝色战略转型取得巨大成功的最关键因素，但这两个创新点并不是凭空而降的，它来自于洋河长期经营形成的传统与积淀。蓝色包装的渊源起于建厂之初就开发的天蓝瓶洋河大曲，绵柔型概念源于洋河传统的"甜、绵、软、净、香"风格中的"绵"。

洋河从长期经营中形成的积淀中挖掘出"绵"的口味与蓝色包装传统这两个核心资源，并如 Grant（1991）所指出的设计出一套高效利用核心资源的战略，本书将其称之为蓝色战略转型。资源的深度挖掘、科学组合与重新配置，让其价值得到了更大发挥，有力支撑了战略转型。通过转型，企业的战略逻辑也发生了根本变化，无形资产在价值创造中的比重越来越大，正如 Clulow 等（2003）研究发现的，恰当地调度无形资产可以使企业不仅生存下去，而且会胜过竞争对手。

需要强调的是，对企业资源的识别与挖掘是关键中的关键，对其怎么强调都不为过。洋河在历史中积淀下来的资源，它本来很不起眼，正是由于转型决策中的深度挖掘与准确识别，才使其独特性与价值逐步显现出来。尤其在知识经济条件下，企业资源的优劣标准不同于传统经济，已不能轻易判断资源的优劣。优势与劣势是相对的，尤其是无形资源对企业价值创造越来越重要的情况下，资源的异质性是否具有价值不仅受其客观状况的影响，还依赖于对资源的识别和挖掘。洋河在转型中挖掘出蓝色元素，但洋河的蓝色包装从某种意义上来说本是一种负资产，因为白酒的包装一般使用红色、白色或无色（透明的玻璃瓶），蓝色是一个另类，用蓝色包装其实是有一定的风险的。但由于充分的挖掘以及后面要谈到的创新，反而化劣势为优势、变另类为特色。

反观春兰，它在空调行业同样积累了大量宝贵的资源，从其行业地位来看，它的资源状况是远优于洋河的。它是我国最早能独立自主设计制造空调压缩机的企业，"只要拥有春兰空调，春天将永远陪伴着您"的广告语也深入人心，春兰俨然成了春天的代名词，其品牌价值与综合实力均居行业之首。春兰在空调行业取得的成就是让人羡慕和值得学习的，但春兰在战略调整中没有能够深刻评价、挖掘、识别这些资源，低估了这些独特资源的价值，选择的战略也未能高效利用这些资源，没有将资源配置到自己最擅长的领域与环节。这些资源在春兰选择的高度不相关多元化领域是没有用武之地的，所以也难以支撑其选择的转型战略。

2. 对市场需求与关键机遇的把握

企业需要深刻挖掘与准确识别自己的核心资源，但最终如何组合与配置这些资源还要根据市场的需求，尤其在战略转型中要善于从环境的变化中捕捉关键机遇。企业独特异质资源本身并不一定能带来竞争力，企业不能为了异质性而异质性，或为了独特性而独特性，异质的目的是为了树立自身独特的形象，但前提是这种异质要是市场所需要的。企业资源的异质性、独特性是多方面的，但并不一定所有方面都能适应市场需求。徐二明和王智慧（1999）指出在看到资源学派对战略管理理论贡献的同时，也要看到其不足之处，资源学派忽视企业在动态环境中的市场定位，会在一定程度上损害企业的竞争力。企业在对资源的挖掘中如能注意与环境的互动，在独特资源与市场需求的动态变化之间找到契合点，抓住关键机遇，进行准确的市场定位，才能更好地确定利用哪种独特资源或者资源哪方面的独特性，也才能更好地支撑战略转型。

以"绵"为例，洋河之所以从"甜、绵、软、净、香"中抓住"绵"这个特点进行主打，并不是主观的想象，那是建立在市场充分调研的基础上的，是具有扎实可靠的市场基础的。根据央视纪录片《2012，我们的品牌》之《洋河：挺进深蓝》的资料，洋河邀请了4000多名消费者做了口味测试，发现多数消费者不再喜欢高酒精度，不再依赖以香为标准的口感，而是特别关注"绵"这个特点，消费者的口味变化对洋河而言就是一个关键机遇，这成为洋河主打"绵柔"概念的主要依据。洋河将"绵"上升为一种白酒的品类，既巧妙避开了与酱香的茅台与浓香的五粮液的直接竞争，又使自己具有了成为一类白酒的领导者的可能。试想，如果洋河定位在酱香，很难超越茅台，如果定位在浓香，则很难超越五粮液。洋河提出绵柔型白酒的新概念，是在自己口感资源中"柔"的独特性与市场需求之间找到了契合点，并根据需求创造性地进行了准确的市场定位。

　　再反观春兰，它最核心的资源是在空调领域积累的技术、知识、经验及品牌，但由于缺乏对市场的研究，对市场存在严重误判，所以没有做到将自身资源与市场需求很好地结合起来，更谈不上准确的市场定位了。春兰认为空调市场已经饱和，利润空间越来越小，白色家电已是夕阳产业，没有太大的发展前途，而摩托车、汽车等机械制造业才是朝阳产业，前途较广。后来空调产业的发展表明，春兰认为空调市场已经饱和的时点恰恰是空调产业大发展的起点，但春兰未能抓住这次机遇，却在空调行业处于大发展的前夕分散了宝贵的资源。后来仅格力一家企业，空调产品的销售额就做到了 1000 多亿元。春兰的误判，使其对自身独特资源的配置偏离了市场需求轨道，它几乎同时在多个行业发力，最终"荒废"了主业，它甚至并不清楚自己到底要成为什么样的企业。春兰在转型初期提出要成为世界著名的多元化企业，但并没有提出明确的多元化目标，没有明确在新进入的行业要树立什么样的独特市场形象以及要做到什么程度，这实际上并没有回答春兰到底要成为什么样的企业。

（四）案例企业转型战略对资源反作用分析比较

　　洋河的转型战略对其资源产生了积极的反作用。在 2003 年推出蓝色经典系列品牌之后，市场竞争力迅速提升，销售额持续拾级而上，2004 年突破 5 亿元，2006 年突破 10 亿元，2009 年突破 50 亿元，2011 年突破百亿元大关。2016 年，洋河的销售额达 170 多亿元，净利润达 58 亿元。销售额与利润的快速上升，既大幅提升了以财务资源为核心的有形资源的实力，也极大改善了企业的文化、品牌、市场网络、特色、理念、知识、经验、能力等无形资源的状况。限于篇幅以及在企业价值创造中的关键贡献，这里仅讨论转型战略对企业最核心的两类无形资源的反作用。

　　第一，使"绵"与"蓝"的 VRIN 属性显著增强。从"绵"的角度来看，它本是洋河酒"甜、绵、软、净、香"的口味特色之一，洋河在转型中赋予其新的内涵，它不仅是一种口味特色，更是一种新的白酒品类——绵柔型白酒。将绵柔型白酒作为和酱香、浓香相并列的一种新的白酒品类，成功打破了中国白酒历史上酱香、浓香的分类方法，"绵酱浓"也已成为业内公认的中国白酒新的分类体系。"绵"的独特性显著提升，价值性不言而喻。如今，绵柔型白酒的概念已受市场认可，洋河已成为该品类白酒的代表，绵柔型白酒的领军形象别人难以模仿和替代。

从"蓝"的角度来看，蓝色是洋河酒的一种传统包装色，在包装色彩方面形成了一定的独特性。前文分析表明，这种颜色在白酒包装中有一定风险。但洋河在转型中使用的蓝色已远不只是一种颜色本身，而是开创了自己的蓝色文化。洋河在内涵上提出将蓝色与绵柔一体化，在表现上着力突出蓝色的高雅恬淡，使之符合绵柔型白酒的特征，并把这种形象符号化和视觉化，找出蓝色的代表海洋和天空，赋予其宽广博大胸怀意蕴。通过转型战略的实施，洋河蓝色经典中的蓝已远不是一种包装颜色了，而是一种宽广的文化、一个中国人的梦想、一种走向世界的情怀，这已成为洋河特有的印记。"蓝"的内涵远比转型前丰富，独特性、价值性明显提升，也难以模仿和替代。

第二，使品牌资源根本提升。洋河的战略转型让其从二线品牌成长为主流品牌，2011年梦之蓝被认定为中国驰名商标，2012年洋河入选胡润中国企业品牌排行榜，品牌价值320亿元。在转型中，洋河采取了区别于竞争对手的差异化战略，创造出洋河蓝色经典系列品牌。差异化战略有助于开发知识等其他内部资源（Tritos et al.，2014），洋河正是创造性地整合了"绵"和"蓝"这两个无形资源，赋予了蓝色经典系列品牌两个核心的差异化要素。更为关键的是，在这种资源重新组合基础上形成的竞争优势是内生的，是难以模仿的。正如赵杰等（2013）指出的，内生性竞争优势来自于企业积极地把内部资源按照新的方式整合起来，并通过持续投入不断创新，最终培育出企业独有的内生竞争优势。

要强调的是，洋河蓝色经典系列的品牌并不是一步同时推出的，而是在2003年先推出海之蓝、天之蓝品牌，经过一段时间的运行，取得较大的成功后，由于受到了战略运行的正向反作用，企业的市场经验、品牌等资源等逐步得到改善，这又提升了企业资源支撑未来更大战略的能力。在洋河积累了一定的资源条件之后，2009年才推出梦之蓝，此时洋河才真正进入到高端品牌的行列。洋河的这个过程，表明资源支撑战略，战略反作用于资源，资源再支撑战略，如此循环往复，进而形成一个良性循环。

反观春兰，它是我国第一个能自主设计制造空调压缩机的企业，在所涉足的每个产业都重视研发的投入，都会形成一批专利。例如，春兰收购汽车业务后，在产品的改进与研发上投入超6亿元；在进入摩托车产业后，率先研制出125双缸双排四冲程、单缸水冷四冲程发动机，还掌握了尾气多元净化技术；在进入新能源产业后，研发出国内第一块拥有完全自主知识产权的高能动力镍氢电池等。

在整个转型过程中，虽表现出了较强的创新意识与创新能力，但由于它的创新没有围绕核心资源，没有一条主线，缺乏章法和体系性，尽管创新投入较高，所形成的创新成果仍只是"散黄蛋"，始终没有形成"拳头"。大量的没有围绕核心业务的研发与创新的投入反而分散了资源，最后使其在空调产业的核心资源，包括品牌、经验、能力等都受到极大的侵蚀，资源的独特性与异质性不仅没有提高，反而下降甚至失去了。

综上所述，尽管在战略转型前洋河的资源条件远不如春兰，但由于选择了适当的战略，使得资源对战略的支撑、战略对资源的反作用效果均较好，从而在转型中形成了资源与战略的良性循环，结果洋河的转型成效反而明显好于春兰。两个案例的对比表明，企业资源与竞争优势之间并无必然的联系，资源与战略循环的重要性要远大于企业资源本身的状况，企业间该循环的差异是造成战略转型成效差异的重要原因。

四、进一步讨论

前文研究发现了资源与战略循环的重要性，那么企业在转型中如何才能形成该良性循环呢？本章两个案例提供了有益的经验与启示，也折射出资源与战略的内在关系，值得深入分析与思考。

（一）资源能否有效支撑战略并不在于资源，而是取决于战略

在资源与战略循环中，资源能否有效支撑战略是能否形成良性循环的前提。但资源能否有效支撑战略，并不在于资源本身，而是取决于所选择的战略。洋河资源不如春兰，但却较好支撑了蓝色转型战略，而春兰反而未能支撑起多元化的转型战略，表明资源能否有效支撑战略是与资源本身没有必然联系的。

根据资源基础理论，资源是企业竞争优势的重要来源。但企业独特资源与竞争优势之间并没有必然的联系（Almeida et al.，2013），资源并不能自动地支持企业取得竞争优势，资源对企业竞争优势的重要性并不在于资源本身，而是体现在其能被有效利用的前提下，取决于能否选择一个高效利用资源或与资源匹配的战略。如果在转型中选择了高效利用现有资源的战略，那么资源就会表现为有效

支撑战略，反之亦然。

企业之所以要进行战略转型，是因为出现了问题或机遇，原有的战略不再适应变化了的环境，不再能高效利用企业的资源，因此需要通过战略调整来解决问题或抓住机遇，说到底就是要改变整合与利用资源的方式，让其更好地发挥作用。成功的战略转型是设计一套战略以高效利用企业的核心资源（Grant，1991），而要设计出这样的战略，前提要识别与挖掘出核心资源，然而有价值的资源往往是隐性的、模糊的、难以识别的（David and Winter，2009）。因此，前文强调，企业在转型中要高度重视对现有资源中核心资源的识别与挖掘，这是战略转型特别关键的一步，对此怎么强调都不为过。

洋河酒在长期的经营中形成了"甜、绵、软、净、香"的口味特色，"绵"不过是其中之一，如果没有结合市场调研的深入挖掘，"绵"很可能就不会被视为核心资源进行重点打造，也难以提出绵柔型白酒的概念，所选择的战略也就难以将"绵"利用起来，企业的战略转型很可能是另外一番景象。洋河的转型从表面上看是现有核心资源支撑了转型战略，但原因却在于选择的战略对资源的高效利用。

要说明的是，大多数企业甚至任何企业在长期的经营中都会积累起一定的核心资源，企业不必担心自己到底有没有核心资源。所谓核心资源是指对企业价值创造与竞争优势起关键作用的资源，并没有一个明确的划分标准。尽管企业之间核心资源的禀赋、层次、状况等的差异往往是巨大的，但并不意味着实力弱的企业就没有核心资源。是否是核心资源不是相对于其他企业的资源而言的，而是相对于企业自身其他资源而言的，任何企业在自身的价值创造或竞争优势构建中起到或即将起到关键作用的那部分资源，就是企业的核心资源，就值得挖掘利用。核心资源是相对的，随着洋河战略转型的推进，绵柔型的概念让"绵"的 VRIN 属性显著增强了，相对于转型后的绵柔型，转型初期"绵"的 VRIN 属性并不算强，但就转型初期的市场等实际情况而言，它也是具有较高 VRIN 属性的核心资源。

（二）核心资源不能一劳永逸，要注重通过战略的反作用对其加以强化与提升

核心资源是企业价值与竞争优势的重要来源，春兰正是掌握了空调产业的核心技术，成为中国第一家能独立设计和制造空调压缩机的企业，才让其在 20 世纪 90 年代取得了在该行业的领导地位。但核心资源并不是一劳永逸的，无论企业的核心资源积累到什么程度，也不能保证企业持续取得竞争优势，春兰虽然曾经掌握了核心技术，但并没能保持住优势地位。由于春兰在转型中选择了多元化战略，先后进入较多的领域，过于分散了核心业务的资源，使其在空调领域的研发、经营日渐跟不上环境的变化。随着格力等企业的崛起，春兰曾经领先的技术也逐步显得落后了。

可见，企业的核心资源不是静止不变的，也不是绝对的。相对于环境的变化，现有核心资源的 VRIN 属性相对程度会下降，甚至会变得不再适应环境的需要。因此，企业要重视核心资源的持续积累与强化，要注重通过战略的反作用以保持或不断提升核心资源的 VRIN 属性，尤其要注重在核心技术方面持续投入与研发，在品牌、经验等无形资源方面的持续积累与沉淀。

在外界对春兰多元化问题指出质疑的时候，春兰多次强调自己有了对核心技术的掌握后，才敢涉足不是自身专业的产品，以消除外界的疑虑，这其实是春兰在核心技术认识上的一个误区。一个企业的核心技术是从何而来的，没有长期经营的持续投入、探索与积累，哪来的核心技术？即便是在某个时点上，春兰依靠自己的雄厚财力能买到核心技术，也不能保证在新进入的领域能建立竞争优势。核心技术也是动态的，需要前期的积累，更需要持续的投入，需要动态跟踪市场与技术的前沿，不断进行改进与创新，才可能不被淘汰。春兰在空调行业拥有大量的核心技术与绝对的领先优势，都没能保住已有的地位，足以说明掌握一项核心技术并不是一劳永逸的。由于过度多元化，春兰都没能在已经掌握大量核心技术的空调领域保持领先地位，怎么可能保证在所谓掌握了核心技术的新进领域建立竞争优势呢？

前文分析表明，过度多元化导致未能对空调行业核心资源高效利用是春兰战略转型不成功的重要原因。但本书并不是否定多元化战略本身，多元化也是一种重要的战略形式，许多优秀的企业是通过多元化战略取得成功的。多元化与专业化并不矛盾，更不意味着冲突，两者之间具有内在的逻辑关系，即专业化是多元化的基础，做好专业化是发展多元化的前提和基础。如果一个企业做一个领域，将这个领域做到了极致，它完全可以分出资源做第二个领域，当第二个领域又做得相当出色，完全还可以再做第三个领域，以此类推。可见，正是做好了专业化，才可能发展多元化，Mahoney 和 Pandian（1992）甚至指出从某种程度上来说是专业化诱发了多元化。但企业必须要遵循的是，由于做多元化必然要从原来的专业化领域或主业分出部分资源，做多元化的前提是以不动摇核心业务的竞争力为原则，是否发展新的领域，取决于分出资源后是否影响原核心领域的发展，是否会动摇其根基。

本书并不反对春兰走多元化的道路，当时春兰空调的市场占有率达到了30%以上，已是行业的领导者，它确实有条件分出部分资源进入新的产业。当时，春兰认为汽车、高能电池等是具有前途的产业，于是在传统空调产业发展到巅峰的情况下，未雨绸缪，进入新领域，这是符合理论逻辑的开拓性思路，本无可厚非。但它不应同时进入那么多产业，没有遵循专业化是多元化基础的原则，几乎同时进入多个不相关产业，不仅使主业"失血"严重，而且在新进入的产业中，即使本应很有前途的领域由于不能得到充分的资源，没能形成竞争力，结果整个企业在没有形成新的竞争力的情况下，原有的竞争力也逐步失去了。

无论多元化还是专业化，目标是一致的，都是为了充分使用企业的资源，提升企业的竞争力。但企业必须认识到，当企业将资源投入到其他产业中时，投出去的不仅仅是有形的资源，还有看不见的注意力。根据注意力基础观（The Attention – Based View），注意力（attention）也是企业一种资源，注意力的配置会对企业的战略、方向产生很大影响（Ocasio，1997；Levy，2005）。所有做多元化的企业，目标只是为了寻求新的增长点，一定都不想其影响到主业的发展，也都认为不会影响到主业的发展。但企业的精力毕竟是有限的，多元化容易让企业对主业的注意力下降，外部环境瞬息万变，注意力下降易让企业逐步在环境的变化中难以紧跟发展潮流而逐步衰败。企业注意力的分散是在不知不觉中发生的，当意识到时，往往已形成严重的后果。因此，企业应当把注意力作为一种资源来管理和配置。

（三）要保持战略与资源的动态匹配

无论企业对市场调研、资源挖掘等工作做得多么充分，也无论转型战略的选择多么科学，这个战略也只能保证适合当时的环境与资源条件，不可能做到一劳永逸。随着企业资源状况的改变，企业需要适时地调整战略，以让不同阶段的资源都能更好地发挥作用。在动态的环境中，企业要注意保持战略与资源的动态匹配，以让资源能动态地保持良好支撑战略的状态，从而让资源与战略的良性循环得以持续。

洋河在转型初期，如果直接推出梦之蓝，当时的资源条件并不能支撑该战略，反而可能是好高骛远，由于战略与资源不匹配，不会取得好的效果。因为在转型之前，洋河酒在市场上就是低端酒的形象，如直接推出高端酒，难以被市场接受。根据当时的实际情况，洋河首先推出了与资源状况更匹配的海之蓝与天之蓝，经过6年左右的运营，绵柔概念与蓝色文化深受市场认可，品牌价值也大幅提升。在资源的状况得到极大改善的情况下，如果还仅使用海之蓝与天之蓝这两个品牌，资源的效用反而得不到有效发挥。因此，洋河于2009年适时推出了梦之蓝，成功进军高端酒市场，让前期积累的资源更好地发挥作用。梦之蓝的推出，让企业的业绩上了一个新的台阶，在梦之蓝推出2年后，洋河的销售额就突破了100亿元。可见，洋河在转型中注意保持战略与资源的动态匹配，才让不同阶段的资源都能更好地发挥更大效用，也使得竞争优势越来越明显。

五、结论与启示

（一）结论

本章分析表明，企业资源是竞争优势的重要支撑，但企业资源与竞争优势之间并无必然的联系，如何使用资源比资源本身的状况更重要。企业能否选择正向作用于资源的战略，启动资源与战略的良性循环是突破资源瓶颈，取得竞争优势的关键。因为，即使资源不足，只要战略能正向反作用于资源，就可以逐步改善资源的状况，资源状况的改善又可以对战略形成更加有效支撑，如此循环往复。企业发展与战略运行的过程本身也是资源持续改善的过程。

目前，资源基础理论的核心理论论断不是动态的（巴尼和克拉克，2011），现有的资源基础理论认为企业资源是竞争优势的重要来源，强调异质资源对企业战略的支撑作用，但并未考虑战略对资源的反作用，这削弱了该理论的解释力。资源基础理论的重要创始人巴尼和克拉克（2011）提出发展动态资源基础模型是未来资源基础理论潜在的拓展方向，循此思路，本章拓展和丰富了资源基础理论，构建了一个基于资源基础的动态的战略转型框架，这个框架的核心是资源与战略互动的动态循环，改变了以往研究中只强调资源对战略的支撑而忽视战略对资源反作用的问题。本章将巴尼和克拉克（2011）提出的"资源去向何处"与"资源从何而来"两个核心问题融合到一个框架中，较好地解开了资源不好的企业为什么能取得竞争优势的谜团。

（二）启示

企业不应过于纠结于已控资源的状况，应将注意力放到科学利用和配置现有资源方面，选择与现有资源相适应的战略，以启动一个良性的资源与战略循环。企业应该明白，真正制约战略转型的不是资源的不足，而是不能有效利用现有资源。企业应当树立自信，任何企业在长期的经营中都会积累和积淀下宝贵的资源，关键看如何挖掘利用，应结合环境的变化把注意力紧紧盯住内部的资源，通过内部资源的开发利用，内生更多异质的具有独特性、价值性、难以模仿性的资源。

对总体上处于全球价值链中低端的中国企业而言，更要树立本章提出的核心理念，重新审视自身的资源状况，思考构建资源与战略的良性循环，突破资源的瓶颈，通过战略管理向价值链的中高端延伸，从而推动整个经济的战略转型。

在互联网时代，我们对传统产业更应持有正确的态度，传统产业并不意味着低利润与低竞争力，新兴产业也不意味着高利润与高竞争力，关键应看处于价值链的什么环节。甚至，在全球价值链分工的情况下，区分传统产业与新兴产业已没有实际意义。美国作为当今世界经济、科技最发达的国家，为什么不放弃大量的传统产业？肯德基、麦当劳、可口可乐、百事可乐、沃尔玛、安利、宝洁、强生等都在传统产业，竞争都白热化，但由于它们具有很强的专业、本业、主业精神，自信其在长期经营中形成的以知识经验为核心的资源是独特的、难以模仿的、具有价值的，故而能让其得到较好的传承，从而使它们在这些产业始终保持较强的竞争力。

对我们拥有大量传统产业的中国而言，总结走过的转型之路，很值得反思。"三百六十行，行行出状元"，如果我们有了核心能力，即使在传统产业也会有强的竞争力和高的附加值，相反，如果我们不掌握核心能力，无论在什么产业，都不可能有强的竞争力。

第六章　战略决策的逻辑

成功企业与失败企业的主要差别通常不在于它们最初的战略有多么完美。

——克莱顿·克里斯坦森

大部分今天看来成功的所谓战略决策，常常伴随着偶然的被动选择，只不过是决策者、执行者的奋勇向前罢了。

——吴晓波

所谓战略决策，是指企业对未来发展方向、理念、领域、定位、模式等重大问题的选择，它在整个战略管理体系中具有十分重要的地位与作用。战略决策是与不确定性的一场较量（权五铉，2020），越是不确定的外部环境，越需要高水平的战略决策。

战略决策对企业发展会产生重要影响，一些重要的决策可能成为企业发展的转折点，往往决定企业的前途，甚至生死。如柯达与富士，曾经同为胶卷行业的巨人，面对数字技术的冲击，由于在关键战略方向上选择的不同，导致两者的命运迥异，前者彻底衰落，而后者获得了重生，令人唏嘘不已。

可见，尽管环境的变化会给企业带来冲击，但同样也会带来机会，关键看企业如何应对，尤其是战略层面的应对。相对于环境来说，战略才是更致命的风险来源。甚至，从某种意义上来说，企业最主要的风险来自战略，尤其是存在方向性错误或隐患的战略决策。

战略决策是一项极具创造性、开拓性、个性化，乃至艺术性的工作，重大决策一般都是非程序性决策，更是没有先例可循，往往要蹚出一条没有走过的路。对这样一项特殊的工作，并没有一套规范化、流程化的客观标准，更没有放之四海而皆准的"锦囊妙计"，但有一些基本的问题与原则值得把握与遵守。

一、战略决策的质量主要依赖价值理性而非工具理性

尽管在战略决策前，企业都会对外部环境进行尽可能的充分分析，但总体上，企业对环境仍是知之甚少的，甚至是"无知的"。在互联网时代，跨界竞争、行业洗牌、生态崛起等成为常态，会有越来越多的产业被颠覆或重塑，任何产业都存在着极大的不确定性。

在这样的背景下，尽管决策科学的方法、理论、模型等取得长足进步，但相对于高度不确定的环境，这些似乎仍显得微不足道。科学方法的发展对战略决策的帮助仍相当有限，对绝大多数战略决策问题并不能给出确切的答案，企业总体的困惑与焦虑可能仍是有增无减。

格力在朱江洪时代是个只造空调的专业化企业，并将其做到了业内绝对领导地位，为了进一步拓展发展空间，到底该向何处去？董明珠时代的格力，逐步向多元化战略转型，总体上饱受质疑与诟病。在一些问题上还出现重大分歧，如向新能源汽车领域的发展方面，管理层提出的方案直接被股东大会否决。孰是孰非，决策科学并不能给出答案。随着美的的强势崛起与超越，格力在空调产业的龙头地位遭到强有力的冲击，它该如何应对，决策科学本身同样无能为力。

那么，为什么今天如此发达的决策科学，在战略决策领域仍难以大展身手呢？这与战略决策的性质有关，它主要思考的是企业发展的思路、理念、模式、定位等方向性问题，这些是很难在工具理性或科学理性下进行精确衡量、计算与预测的，更多的是一种价值方面的选择、判断或追求，没有对错之分。

科学理性发挥自己的力量是在事实判断领域，在逻辑上，事实判断与价值判断之间有一道鸿沟，判断的标准不同，科学性发挥自己的力量是在事实判断领域，而在意义与价值方面，科学性是无能为力的（刘擎，2021），这也是战略决策往往不能依赖科学、工具的原因所在。

在高度不确定的环境下，一项重大的战略决策，决策的效果如何，到底能否达到预期的目标，决策者有时心里也是没底的，更谈不上精确的计算。各类决策模型能提供的帮助也是相当有限的，要设定战略决策的模型或方程是很困难的。

影响战略决策的因素或变量非常复杂，各类变量间的关系已远不是简单的线性关系，更不可能是严格的函数关系。传统的约束条件也难以确定，它本身也受很多因素的影响，很难客观描述。

在这样的情况下，一个企业到底有什么优势、劣势、机会、威胁，有什么核心知识与能力，到底走向哪里等这些问题，都无法做出客观的计量与描述，大大超出了事实判断的范畴。一场疫情，对经济造成了巨大威胁，但就是有企业将其当机会应用；一个核心能力，大多数企业家看到的是优势，但就是有企业看到了其背后的陷阱。对这些现象的认识，已远无法基于事实本身，往往依赖企业家的洞察与判断，甚至依赖企业家的精神与价值观。

如果从工具理性的角度看，格力可能不应该集全部资源在空调产业里厮杀，华为最初也许根本就不应该进军电信产业。格力创立时，空调行业强手林立，从决策角度如何预测后来的辉煌，甚至，按现在所谓的赛道理论，空调这个赛道本身就不行，没有前途，什么决策理论与科学似乎都不支持这个决策。华为进入电信设备产业，同样是跨国公司的天下，这个领域技术含量、门槛都相当高，如果从工具理性的角度，华为根本不具备进军的条件，按任何决策模型，恐怕都不能做出任正非那样的选择。

这两个企业做出的都是不符合工具理性的选择，都有一定的偶然性，有点"冒冒失失""感情用事"的意味。但如果没有当年他们的这种"冲动"，今天很多优秀的企业也许就不存在。他们既然做出了选择，就有坚持不懈做专、做优的决心与精神。朱江洪一直将做好空调作为自己的价值承诺，任正非没想到所选行业这么难。但既然选择了，就有为国家做强一个产业的情怀。正如任正非所说，他当时如果选择了做豆腐，估计也会成为豆腐大王。

除偶然性外，一些重大的战略决策往往还有一定的被动性。乔布斯将 NeXT 电脑公司转型为软件公司、任正非决定出售荣耀等，都不是事先的运筹帷幄，或多或少都有一定的被动性。正如吴晓波（2017）指出的，大部分今天看来成功的所谓战略决策，常常伴随着偶然的被动选择，只不过是决策者、执行者的奋勇向前罢了。

要强调的是，企业家的很多战略决策确实源于环境变化后的不得已，有很大的被动性。但有价值与理想追求的企业家，不会消极地、应付式地被动选择，而是会在被动中积极地、创造性地做出战略决策。一个企业是否处于被动之中不重要，重要的是能否积极地、创造性地应对被动或危机。

很多优秀企业的实践表明，价值理性是应对环境不确定性的法宝。企业的认知能力是有限的，科学与工具本身对快速变化的环境也是无能为力的，谁也说不清明天到底会发生什么，无论什么科学工具也不能告诉我们明天会发生什么。也正因如此，才更显得价值追求的重要性，它才能让企业把一件事真正坚持下去，这其实才是战胜不确定性的最有效的武器。以造空调为例，如果确定了做这个领域，不能一有风吹草动，就放弃做空调。既然选择了就不轻言放弃，否则永远不可能在某一个领域积累起核心能力。当然，在策略上还是要随机应变的，要随着环境的变化探索如何做好空调，如造智能的空调、节能的空调、静音的空调、恒温恒湿的空调等，这其实就是工具理性的范畴罢了。

可见，在涉及企业方向、前途、使命等重大战略议题的决策中，在逻辑上属于价值判断的范畴，没有客观的标准，更多依赖企业家基于逻辑的战略思考，甚至是基于价值与理想的追求。这种战略思考要克服机器理性、工具理性、经济理性带来的某种笼罩（朱恒源、杨斌，2018），有时甚至要不顾可能的一切损失与后果。越是在互联网时代，中国越需要战略思维和战略逻辑的企业家。通过战略思维与战略逻辑引领成功创业与版图扩张，才能称为真正的企业家（工成，2020）。

我国在各方面都取得了巨大成就，但仍存在许多"短板""卡脖子"的环节，企业必须有更大的决心突破更多的关键技术。这样的决策，需要长期的投入与积累，必须淡化一些经济利益的计算，多一些责任感、使命感与理想情怀。试想一下，如果华为没有这样的价值追求，在美国政府的强力打压下，尤其任正非的女儿都遭到无理扣押，是很容易选择妥协的。从工具理性的角度看，也许这才是明智的选择。

要说明的是，这里强调价值理性，是为了突破工具理性的束缚，并不是要抛弃工具理性。高质量的战略决策主要依赖的是战略逻辑、战略思考、价值追求，但不应否认理论、工具或方法在帮助梳理逻辑中的辅助作用。

二、战略决策需要数据支持，但更要超越数据

随着互联网的应用，企业可以很方便地获取消费者的各类数据。数据是商业行为背后不为人知的"藏金库"（王贵国、张雷，2018），它成为了企业重要的

资源。对平台企业而言，还可能是核心资源。企业通过数据，可以全方位地掌握消费者的行为、习惯、需求等，消费行为数据有助于企业制订有针对性的决策方案；消费者也可以方便地参与产品设计，企业可以比较方便地从认知盈余①中获得产品开发、信息分享、创意等方面的支持。例如，瑞幸咖啡通过外送热力图，给门店选址决策提供了更科学、精准的依据，既提高了门店的效率，也最大限度地方便了消费者；小米则通过互联网论坛广泛听取用户对研发的建议与需求，最大限度地吸收用户参与产品研发。

消费数据积累可以让企业更加"懂"消费者，甚至比消费者更"懂"消费者自己。不夸张地说，数据系统可能比消费者自己更清楚他想在什么时间、什么地点买一杯什么咖啡。这方面笔者也很有感触，京东在物流方面采用了与其他电商企业截然不同的方案，将大量资金投入到自建物流方面。在社会物流体系如此发达的情况下，包括笔者都不太理解京东为什么要采取这种重资产运行的模式。原来，京东根据顾客投诉大数据，发现第一大投诉点就是物流方面的，为了提升顾客在这方面的体验，物流系统必须控制在自己手中。对这一点，当时笔者觉得配送快一点、慢一点是无所谓的，认为物流体验不是主要关注点。但随着时间的推移，笔者网购的第一选择是京东，物流是重要原因之一。当笔者在网上看到一本好书，下单后，就希望越快寄到越好，而京东满足了这个诉求。可见，至少在这个方面，京东是比我更"懂"我自己的。它基于大数据对物流系统的决策，成为了其竞争力的重要来源。

总之，互联网时代，企业可以掌握更全面、更丰富的消费数据，数据也确实是企业重要的竞争资源与手段。但实际上，这对战略决策的帮助是很有限的，稍有不慎，还会形成误导。虽然握有大量数据，但相对于高度不确定的外部环境，企业仍是知之甚少的。数据只能为过去经营状况的事实判断提供依据，它并不能为战略决策提供价值判断。

数据确实全方位反映了消费者的情况，但它只是过去运营的状况或结果，或者它只是过去某项决策的经营体现。企业可能因为采取了一项竞争策略，使用户数量大幅提升，但这仅代表了过去决策的当下效果，并不代表数据显示的趋势能持续或维持下去。如果其他企业，抓住了消费者一个更关键的痛点，很可能会引

① 克莱·舍基（2018）将认知盈余定义为，受过教育并拥有自由支配时间的人，他们有丰富的知识背景，同时有强烈的分享欲望，这些人的时间会聚到一起会产生巨大的社会效应。认知盈余已成为一种全新的资源。

起用户的大量流失，而且事先没有任何预兆。

这就是互联网时代的特点，一个企业无论多强大，过去的数据无论多喜人，随时都可能淹没在新的潮流之中。过去的数据不代表未来的趋势，环境不会线性地向前演变，企业重大且长远的战略决策，仍主要依靠战略思考、逻辑分析、价值判断、理想追求、使命责任。

可见，企业在战略决策中应客观对待数据资源。企业需要数据，但不能迷信数据。决策中需要参考数据，但更要超越数据。企业不能被过去的数据迷惑与误导，它只是过去运营的状况或结果，战略是立足于未来的。要做有逻辑穿透力的决策、有创造力的决策，而不是机械的数据模型决策，企业家的价值也正在于此，就是要有透过现象看本质的洞察力、想象力、创造力。

乔布斯比较执着于挖掘隐藏在数据背后的逻辑，往往能做出超越数据的决策。自 iPod 发布以来，在世界上刮起了一股音乐旋风，街上到处可见戴着白色耳机沉浸在音乐世界中的人，苹果独占了半壁江山。然而，即便有了这样的亮丽数据，乔布斯不仅没有躺在功劳簿上安睡，反而隐约觉得自己忽略了什么，随时会让其陷入困境。一个偶然的电话，他忽然意识到这个担忧就是手机，如果手机能播放音乐，那么 iPod 就有被覆盖的危险，其销售数据可能出现断崖式的下跌。基于这样的逻辑分析，才决定进军手机领域。本书多次谈到，苹果进军手机领域有点意外，但却开创了移动互联时代。其实当时的立足点仍是音乐播放器，只不过是能接听电话的音乐播放器。

超越数据进行战略决策的关键在于全力聚焦消费者或用户。相对于消费者，企业不应在竞争对手方面花太多的精力。企业其实并不是与竞争者竞争，而是与自己竞争，竞争的关键就是能否静下心来捕捉消费者的痛点，只要是真正解决消费者关键痛点的，就一定有机会。

消费者在消费中是不断学习与成长的，其需求也是不断发生变化的。因此，企业只有全身心地、持续地聚焦消费者，才可能跟上节奏。消费者的需求是动态的、复杂的，当某种需求得到满足了，就可能会产生新的更高层次的需求。而且，需求的层次越高，可能就越隐性，越难发现，可能这个需求消费者自己都没想到，但却是真实存在的。

前面章节曾讨论过创造需求与适应需求的问题，企业只能适应需求，不可能创造需求。但企业适应的许多隐性需求，被误认为是创造了需求。的确，一些创新商品，消费者本身是不知道的，但当企业将它拿到消费者面前时，消费者可能会惊喜地说，这才是我需要的。这说明，消费者的很多痛点本身就是隐性地存在的，消费者往往不会从企业的角度深思相关解决方案，但它是实实在在存在的。

当一个企业对消费者真正用心、用情至深，就可能透过数据洞察本质，做出超越数据的战略决策，也就可能拿出"消费者自己不知道但绝对需要的产品"，进而迎来企业发展的某个拐点。

三、战略决策要重视传承及在此基础上的创新

任何企业在长期的经营中都会积累起独特的知识、经验与能力，这些都是企业最宝贵的资源，是持续发展的本钱。尽管随着环境的变化，企业的这些资源可能不再适应新的环境，甚至过去成功的经验可能反而成为未来失败的原因，但企业在战略决策中，应尽量用好它们，尤其是一些核心能力与独特资源。

企业的一些核心能力与独特资源不适应环境变化的需要是很正常的，但不能因此而否认它们的价值，更不能简单放弃。这些资源毕竟是在长期经营中积累起来的，是很难得的，有的甚至已成为企业的"基因"，其独特性是很难被替代的。企业应思考的是，如何对它们进行挖掘、重组、优化或嫁接，让它们更好契合环境的需要。而这正是战略决策的主要目的与价值所在。

前面章节中谈到的洋河，正是由于传承了具有洋河独特印记的"蓝"与"绵"，才开创了蓝色经典系列品牌的辉煌，也让洋河跻身行业一线企业与主流品牌。

即便是苹果这样十分注重创新的高科技企业，骨子里仍有着很强的传承意识。它虽从一个电脑公司，先后进入音乐、手机等新的产业，但每次其实都与前面积累有关。拿手机 iOS 来说，它并不是做手机后才全新开发的系统，它是以 Mac OSX 操作系统为基础开发而来的，而 Mac OSX 是由 NEXT STEP 与苹果的图形用户界面整合形成的。Mac OSX 是乔布斯重返苹果后应用于 Mac 电脑上的操作系统，NEXT STEP 是乔布斯离开苹果期间为 NeXT 电脑所开发的操作系统。

传承不是守旧，而是继承、发扬过去积淀的精华，它关系到核心竞争力的培育与使用，涉及竞争优势的构建。核心竞争力是市场上买不来的，唯有经过长时间的摸索、积累、突破，才可能形成别人不能替代的经营特色、隐性诀窍与独门

绝技。如果没有传承意识，轻易放弃过去的积淀，没有必要的积累、根基与底蕴，如何才能突破形成新的核心竞争力。

随着环境的变化，一些行业都惨遭淘汰，如传统胶卷行业。表面上看，整个行业都没有了，似乎在这些领域强调传承可能失去意义，这其实没有领会传承的核心内涵。我们要传承的是企业长期积累下来的核心资源与核心能力，而不是机械、僵化地死守原有的产业形态。数码技术取代传统胶卷是大势所趋，想维持固有的产业形态肯定是失败的。柯达正是留恋自己的胶卷帝国，舍不得在行业中的领导地位与盈利能力，在数码业务与传统业务之间徘徊，行动缓慢，最终当然挡不住时代潮流。而富士选择传承自己的核心技术，将自己在胶卷领域的核心技术拓展应用到护肤品、医疗显像领域，使自己获得重生。

当然，仅有传承肯定是不够的。如果仅仅只有传承，可能过去成功的经验真的会成为未来失败的原因，还应在传承的基础上进行创新。洋河传承了"蓝"，但现有的"蓝"不再仅仅是一种包装颜色，而是通过创新赋予其一种文化、一种情怀、一种梦想；"绵"也不再仅仅是一种品味特色，而是通过创新提出白酒新定义，提出绵柔型这种新的白酒品类。苹果从 NEXT STEP 到 Mac OSX，再到 iOS，每次都不是照搬，都是在前面基础上的再开发。

要强调的是，创新是竞争力的重要来源，这个毋庸置疑已成共识。问题在于，重视创新的企业就一定能取得竞争优势吗？本书多次提到的春兰，其实是很重视创新的企业，它在所涉足的领域，都很重视研发的投入，都有大量的专利，但相关投入偏离了主业，反而分散了资源，没有形成合力。可见，仅有创新的决心是不够的，还要有创新的智慧，要让创新有章法、成体系、有主线，最终能形成"拳头"与核心能力。注重以传承为基础，在该基础上创新是一条可行的路径。

在互联网时代，有一个"风口论"，需要正确对待。如果不讲传承，过于去寻求所谓的"风口"是很危险的，这其实就是典型的浮躁心理与投机思维。近年来，我们看到了所谓"风口"的企业扎堆与资本疯狂，但没有核心能力支撑的企业，即使撞上了"风口"，最终"风"停了，还是重重地摔了下来。

企业还是要静下心来，在为消费者解决问题中逐步积累一些核心的东西，"风口"在某种程度上是可遇而不可求的，只要企业有了自己的核心竞争力，就不愁无用武之地，总能遇到或寻求到属于自己的"风口"。就像富士，长期在胶卷领域积累了核心技术，虽然传统胶卷产业被淘汰了，但这个核心能力在护肤、医疗显像等领域有了用武之地。它在核心竞争力上的传承不仅让其得以延续，在此基础上围绕新应用领域的创新，还巩固、强化、提升了既有的核心竞争力。

四、建立有利于发挥价值理性的决策机制

企业做出高质量战略决策的关键是，要将主要心思、精力与注意力用在逻辑的分析上，提升逻辑穿透力，不被数据、模型牵着鼻子走，将决策背后的逻辑厘清、理透，基于逻辑探讨企业的价值、意义以及到底应成为什么样的企业。只有在逻辑上说得通的战略，才可能走得通，也才有说服力，员工也才能发自内心的相信。

要实现这样的决策目标，需要一个强有力的、有战略思考力、逻辑能力强的领导，来主导企业发展的方向。同时，需要有一个制衡机制，防止"一言堂"，要让更多的人参与到决策的讨论、辩论乃至争论中来，集众人智慧，畅所欲言、头脑风暴，防止逻辑漏洞与逻辑谬误。

"没有民主，干不好事，但没有集中，干不成事"，企业要从战略高度意识到必须让各种不同观点、意见、智慧都能得到表达，最大限度地吸收好的建议，尽可能地防止走偏。同时，又要提升讨论的效率，防止议而不决，贻误商机。所以，又需要一个强有力的领导者。

至于如何建立这套机制，没有标准答案，企业间的发展阶段、外部条件、所在行业、治理结构、领导特质等都不相同，不可能用一个统一的标准。但大方向是一致的、清晰的。

笔者认为，苹果公司的经验是值得思考与借鉴的。想想乔布斯，虽然他的个性很强，尤其对新技术的关注、新产品的开发，到了疯狂的地步，但从一开始就懂得构建决策机制约束自己，否则1985年时乔布斯也不可能被苹果抛弃。苹果的软件商店也是乔布斯坚决反对的，但即便他反对，公司的决策机制还是最终让乔布斯不得不做出妥协，最终有条件同意了向开发商开放，而形成了iOS超级平台。如果没有这个机制，也许就被扼杀了。

很多人认为苹果是凭一套独特的打法，如APP生态系统、杰出的营销方式等"逆袭"了曾在产品设计、生产制造、营销交付、客户服务等方面做到极致

的诺基亚，于是就建议企业绞尽脑汁思考如何实现战略的独特性？这绝对是误解，苹果从来没有想过通过这 APP 生态颠覆谁。苹果进军手机产业后，从来也没有研究过诺基亚的模式，更没有追求所谓的独特性。

不仅如此，乔布斯还比较注重主动吸收大家的建议。他每年都会召开 Top100 会议，集思广益，讨论公司的发展战略。这 100 个人是苹果精英中的精英，他们能给公司提出一些建设性的意见。乔布斯会询问大家，公司下一步最应该做的 10 件事，大家各抒己见，相互讨论。一开始大家的建议汇总到一起有很多条，经过讨论或辩论，逐步删除，直至剩下 10 条建议。然后，在这 10 条建议中，去除排后面的 7 条，只做前 3 条。这个讨论的过程，既是吸收大家的意见、发挥集体的智慧、厘清理透逻辑的过程，又是形成共识、凝聚人心的过程，共识的力量也是很难估量的。

另外，设立蓝军也是一条可行的路径。有时，企业的讨论可能会出现两种势均力敌、都符合逻辑、谁也说服不了谁的声音。或者，平时也会有一些团队或个人提出一些好的想法，这些想法很有创意，很可能是未来突破与发展方向，但现在不成熟。针对这些情况，设立蓝军，实施蓝军战略，也许是不错的选择。关于蓝军战略，第十章将专门讨论，这里不展开。

要说明的是，在互联网时代，企业不必纠结于某种战略形式，只要做出符合长期逻辑的决策，把握好大方向，在此基础上积极尝试，表面看没有运筹帷幄，也抓住了问题的关键与本质。实际上，这还是"运筹帷幄"的，只不过运筹的不是具体的战略形式，而是运筹的方向、思路、理念等战略中最核心的部分。互联网时代企业无法做出精确的规划，试错的过程可能是必修课，但逻辑必须清晰、通透，才能在纷繁复杂的环境中，始终保持战略定力，把握好大航向。

第七章　专业化战略的逻辑

一个人一辈子能做成一件事，已经很不简单了。该磨豆腐的把豆腐磨好，磨成好豆腐，该发豆芽的去发豆芽，发好豆芽。13亿人每个人做好一件事，拼起来就是伟大祖国。

——任正非

只要我们用心去做，什么行业都可以做出点名堂来。

——朱江洪

专业化战略是一种重要的战略形式，指集中公司所有或主要资源于自己最擅长的核心业务、领域或环节，专注于把一个方面甚至一个点做专、做精、做优、做到极致，进而实现成长与发展的战略。

采用专业化战略的公司，主业比较突出、注意力比较集中、发展比较聚焦，专注于某个行业、某个产品、某个部件或某个价值链上的某个环节。由于紧紧围绕一个方向持之以恒、不断试错、点滴积累、从量变到质变，相对于多元化战略更可能形成核心竞争力。如华为正是几十年来"只对准一个城墙口冲锋"，才最终在5G领域形成领跑之势；格力也正是长期专注于空调领域，也才成为该产业的领头羊。

一、专业化战略的理论逻辑

任何企业的资源都是有限的，都不可能在每个方面都做得很强，应将资源配置到"长板"上，即自己最熟悉、最擅长的核心领域与环节，不断试错、点滴积累、久久为功、从量变到质变，将"长板"做得更专、更精、更优、更绝、更极致，形成自己的"独门绝技"与核心竞争力，让别人难以替代。核心竞争力是累积性的知识（Prahalad and Hamel，1990），每个企业都期盼有核心竞争力，那就应该沿着一个方向长期积累，才可能形成诀窍性的、隐性的、不易模仿的、独特的累积性知识。

正如百度前副总裁李靖（2017）在为《好战略，坏战略》一书所做的推荐序中写到的，要想真正利用有限资源取得成功，就不得不有目的地集聚资源，这就是战略的真正作用，通过调查分析、扬长避短，再配以连贯性行动，你就可以有意识地把有限的资源聚焦于关键的地方，从而真正攻克难关，甚至以弱胜强。

在企业形成"独门绝技"之后，再用自己的"长板"与其他企业的"长板"合作，形成强强联合、优势互补。这也就是所谓的"新木桶理论"的思路，不同企业间用各自的"长板"合作打造一个更大的"桶"，以实现合作共赢。

在互联网时代，信息变得更透明，使企业间合作更便捷，合作成本也越来越低。在此背景下，企业更应坚持"长板思维"，只要在某个方面取得核心竞争力，就能很方便地整合、带动更多资源。也只有具有核心竞争力的企业，别人才可能愿意与之合作，也才有资格去整合、利用别人的核心资源。核心技术在市场上是买不到的，只有用自己的核心技术才可能去交换、利用别人的核心技术。

一般情况下，企业应放弃"木桶理论"补"短板"的思维，"短板"一般是企业不擅长的领域，如果把资源配置到不擅长的领域，其结果必然是产出效率低，而自己擅长的领域还得不到应有的投入强度，最终结果可想而知。

当然，在经营实践中，企业可能存在被别人"卡脖子"的关键"短板"，这时企业是不是要集中资源攻关这块"短板"呢？这时仍需要冷静分析，避免冲动。实际上，越是出现这样的情况，越要把自己关键环节的核心优势扩大，以提升与别人平起平坐的本钱，如果盲目分散资源，不仅这个"短板"难以有起色，还会连累既有"长板"。如果一个企业在某个方面做到了极致，可以向其他领域拓展，但仍是以不影响既有"长板"的发展为前提，拓展的过程中仍要坚持"长板思维"，即聚焦选择最可能建立优势的方向，不能过度分散资源。

另外，要说明的是，所谓被"卡脖子"的情况，在某种程度上是愉快的烦恼，只有在某方面具有了竞争优势的企业，才存在所谓的"短板"，如果没有任何竞争优势的企业，是不存在"短板"之说的，这样的企业更是要坚持"长板思维"，集中资源攻关某一点，以形成局部的优势。

以华为为例，正是坚持"长板思维"，抓住一个问题不放，几十年来"只对准一个墙口冲锋"，才终于在 5G 领域形成领跑之势，客观上在芯片、操作系统存在一定"短板"。设想一下，如果若干年前，华为将更多资源放到这些相对的"短板"上，华为还能在 5G 形成核心竞争优势吗？华为还会是今天我们引以为傲的企业吗？华为还值得美国政府举国家之力打压吗？华为为了不被"卡脖子"，早已向这个领域拓展，并积累下了不少经验，但是以不影响自己最核心领域为前提的，拓展过程本身也是坚持"长板思维"的，资源与注意力是高度集中的。

当然，站在国家层面，芯片等"短板"必须补上，但补短板最需要的不同专业化企业之间的协作，需要众多专业化的企业做出艰巨的努力，各自在所在领域内取得突破，共同维护供应链的稳定，而不是某一家企业的大包大揽。

另外，根据注意力基础观，注意力是企业最核心的战略资源。专业化战略的企业注意力高度集中配置，在市场快速变化、不确定性极高的情况下，有利于准确把握市场的脉搏、看清发展的趋势、跟上时代的步伐。

这一点在乔布斯身上得到很好的体现，他始终保持对电脑科技及其发展趋势的专注，在任何情况下，他都在思考下一步的发展方向、可能改变世界的技术。在公司经营中，他表现出的是"不成熟"与很随意，那是他把几乎所有的注意力都放在新产品的开发上。作为当时苹果的董事长，仍兼做 Mac 电脑项目的负责人，他所有的注意力都在 Mac 上，而不是董事长的职位。他可以不做董事长，但不能不做 Mac 部门负责人，他关心的始终是下一代的电脑应该是什么，关心用新产品改变世界。注意力就是他最核心的资源，正是他的这种专注，才能紧跟技术潮流，不断推出领先市场的产品，尽管有时不被市场接受，他也因此经常遭受失败。

二、专业化战略的精神内涵与价值创造

相对于多元化战略，尽管各有利弊，但专业化战略更有利于从长远、从根本上形成与提升核心竞争力。这对核心竞争力整体还不强的我国企业来说，似乎更应坚定走专业化战略的道路。

然而，专业化战略并不是坦途，而是一条比较艰难的道路。它意味着要将主要资源甚至所有资源放到"一个篮子里"，没有退路；意味着要不走捷径，不投机取巧，专心致志、点滴积累、不断突破；意味着要持续改进、追求极致、打造精品；意味着要坐得住"冷板凳"、耐得住寂寞、抵制得住诱惑。

对专业化战略的认识，应超越战略形式本身。从某种程度上来说，专业化战略已不仅仅是一种战略类型，更是一种精神、一种情怀、一种境界，乃至一种思想。在快速多变的环境下，企业要长期坚持专业化战略，打造核心竞争力，需要很强的战略定力、家国情怀、社会责任、精神境界、思想力量等做支撑。拥有越来越多具有专业化精神的企业是我国不断提升竞争力的微观基础。

基于此，本书将专业化战略从理论与实践层面上升到价值与精神层面，从决断、专注、坚韧、工匠、坚守五个角度剖析其所蕴含的精神内涵，挖掘其思想价值，分析其价值创造机制，为企业战略运行提供精神力量与思想资源。这在中美贸易摩擦、全球供应链调整以及我国期待在更多关键领域取得突破的背景下，具有更加特殊的意义。

（一）勇于取舍的决断精神

战略是企业竞争优势的重要来源，同时也是风险的重要来源，甚至是主要来源。企业战略涉及未来资源配置与发展的方向，一个企业的战略如果出了问题，往往会元气大伤，甚至是灭顶之灾。无论一个企业的市场地位有多高、竞争实力有多强，哪怕是领导型企业，一次关键的战略决策失误，或没有跟得上别人的一次关键战略，都有可能被淘汰。

曾经的空调巨头春兰集团，自从选择多元化的发展战略，从此就走上了衰败的不归路；曾经的胶卷巨头柯达，在"胶卷时代"曾占据全球 2/3 的市场份额，尽管其最早发明了数码相机，但由于担心胶卷销量受影响，一直选择不大力发展数码业务的战略，结果随着数码时代到来，再想奋起直追已无济于事；曾经的手机巨头诺基亚，因在智能手机上的战略失误，直接导致其退出了该市场；等等。

因此，企业在重大决策中往往会犹豫与彷徨，很难下定决心做出抉择。而如果选择专业化战略，可能要面对更大的挑战与纠结。由于企业要选择很小的专注领域，无论什么类型的企业，只要选择了这条道路，意味着要选择更多的放弃，从而必须做出更艰难的取舍。初创型的企业需要决定到底进入哪个具体领域，处于困境的企业需要思考向哪里突围，成熟企业需要决策向什么方向拓展，领导型企业需要思考下一代技术的发展方向，已经多元化的企业需要选择退出哪些领域。

所有这些，都要面临着艰难的权衡，舍谁保谁，重点发展什么，到底将资源放到哪个"篮子里"。专业化战略的难能可贵之处在于，勇于将全部或主要资源放到一个"篮子里"，不像多元化战略那样分散资源与风险，不寻求所谓的"东方不亮西方亮"，不留退路与后路。

正因为专业化战略将全部或主要资源配置到一个方向，在决策中企业需要对外部环境、内部条件、竞争格局、发展趋势等方面进行深入系统的分析与判断，尽可能在多种备选方案中做出科学的选择，这需要企业具有决断的方法、知识、能力与智慧。但无论企业的决策能力多强、采用的方法多么科学，环境的复杂性决定了并不能保证选择的正确性。也许随着环境的变化，放弃掉的方案反而可能是更优的。也正因如此，无论调研多充分、分析多透彻、方法多科学，仍不可避免地会存在一定的犹豫与纠结。对重要决策，存在一定的犹豫与纠结是正常的，在一定程度上也是必要的，问题是不能让这种情绪影响与左右决策。

因此，在强调必要的科学性的基础上，也许更重要的是，企业还需要一往无前的勇气与决断的精神。在高度不确定的互联网环境下，市场机遇稍纵即逝，与其在犹犹豫豫中丧失了宝贵的机遇，还不如当机立断，坚定走一条道路的决心。没有一条路是好走的，从某种程度上来说，任何道路都充满荆棘、艰辛和风险，都有很高的机会成本，只不过敢不敢闯罢了。正如雷军在小米成立十周年演讲中回顾手机业务的发展历程时所讲的，每一个成功背后是无数艰难的抉择，而每个抉择背后都是巨大的风险，没有任何一个成功是不冒风险的，直面风险，豁出去干。

从这个意义上来说，这种取舍的决断还是一种信念。尽管似乎有点"豪赌"或"孤注一掷"的意味，但并不是蛮干与莽撞，也不是毫无依据的"拍脑袋"，而是置之死地而后生的魄力，也表明了企业有在选定的领域内做优做强的信心与决心。

很多优秀的企业，都曾站在涉及方向选择的十字路口上，但正是有了一些关键的取舍与决策，才造就了后来的市场地位与竞争优势。以万科为例，它本是一个做得比较成功的多元化企业，为了抓住房地产大发展的机遇，决定走专业化战略的道路，而在20世纪90年代果断决策退出除房地产外的所有领域。其中有两个决策是需要相当大的魄力与决心的：一个是扬声器厂，其生产的电话机喇叭占国内市场的 40%，其生产的电话和电视机配件，市场占有率亦遥遥领先于竞争对手，并拥有 TCL、康佳这样的大客户；另一个是"怡宝蒸馏水"厂，当时是国内最大的蒸馏水生产厂。这两个企业都已处于市场领先地位，短期盈利较丰厚是看得见的利益，当时果断将其出售转让，放弃重要的盈利点，是多困难的决定。当然，后来万科的发展证明，当时的这个决策在万科历史上是具有里程碑意义的事件，由于所有资源都集中到房地产领域，万科得以在该领域形成核心竞争力，从而成为行业龙头企业。

万科在专业化战略决策后的发展道路还是比较顺利的，有的企业则没有这么幸运，在遭遇各种失败与挫折，历经波折甚至磨难后才修成正果。以苹果为例，乔布斯具有相当强的决断精神，在一些关键时刻，总是勇于取舍。例如，在 Apple Ⅱ 如日中天的时候，他将注意力放到了开发更能代表未来的、功能更强大的新一代电脑上，在先后经历了 Apple Ⅲ、Lisa 的失败之后，终于在 Mac 电脑开发上取得成功。尽管当时 Apple Ⅱ 仍为公司贡献 70% 的利润，但此时的乔布斯心中只有 Mac，他认为 Mac 更能代表苹果的未来，于是准备砍掉 Apple Ⅱ 的生产线，集中资源全力支持 Mac，但公司多数人不能接受乔布斯的意见，他因此而被解除 Mac 部门负责人的职位，尽管他仍是公司董事长，但还是果断选择了离开苹果；在离开苹果期间，乔布斯创立的 NeXT 电脑公司经营相当惨淡，其动画部门皮克斯的状况也越来越差，乔布斯焦头烂额，不断裁员与缩减项目以节省开支，但不管如何困难，他都保证动画部门的运转费用，后来正是这个团队让乔布斯彻底扭转乾坤；在重返苹果后，他通过"四格战略"果断对产品线进行了缩减，退出了包括打印机、服务器、PDA 在内的众多业务，坚决走专业化道路，只保留了四款电脑产品，在短期内扭亏为盈，为后续的 iPhone 传奇打下坚实基础（明道，2013）。乔布斯的决断精神虽没有给其带来一帆风顺，他的很多决策都是失败的，导致了其创业道路一路坎坷、无比艰难，一次次陷入绝境，甚至穷困潦倒，但正是这种精神又让他一次次从绝境中奋起，在逆境中前行，最终创造了苹果传奇。

要强调的是，没有一个战略抉择是不冒风险的，企业进行战略管理的目的并不是为了消除风险，也不是为了一味地回避风险。恰恰相反，企业应通过战略管理提升应对与承担风险的能力，在经营中直面风险、管控风险、降低风险，在能承受的范围内，尽可能利用好风险。风险是收益的代价，收益是风险的补偿，高风险才能高回报。企业要创造一流的业绩与竞争力，必然要敢闯、敢干、敢创，必然要直面与战胜必须面对的风险，这也需要有决断的精神。

要说明的是，本书强调专业化精神，但并不反对多元化战略，只有遵循一定的逻辑与条件，多元化战略才能体现专业化精神。无论是专业化还是多元化，都是重要的战略形式，两者之间不仅不存在必然的矛盾，还有着内在的逻辑关系，下一章将对此专门展开论述。

（二）持之以恒的专注精神

越是在竞争高度激烈的环境里，企业越需要掌握核心技术、经营"诀窍"、品牌等核心资源，不断提升核心竞争力、构建竞争优势。然而，这些核心资源不是天上掉下来的，从市场中也很难买到，而是在市场竞争中专心致志、一心一意、不断试错，一点一滴地积累起来的。在不断试错的过程中，客观上存在着运气好坏，有的一试可能就成功了，有的要尝试多种途径，经历多次失败，才能取得一次成功。运气差的，甚至可能持续失败。但除此之外，没有任何捷径可走，也无机可投，唯有脚踏实地、锲而不舍、全身心地投入。

选择专业化战略的企业，由于将主要甚至全部资源配置到一个领域，意味着选择专心致志、心无旁骛、全身心地持续关注该领域的市场需求与技术发展。根据注意力基础观，企业注意力正成为最重要的战略资源之一。除有形资源外，专业化战略更将注意力这个极其重要的无形资源配置到一个方向，意味着企业的注意力高度集中，沉浸其中。有了这种专注精神，才更可能发现消费者的痛点，哪怕是很小的问题，并认认真真、扎扎实实为消费者解决问题；才更可能把准市场的脉搏，哪怕是细微的变化，进而看清发展的趋势；也才更可能在为满足市场需求，为消费者解决问题的过程中，持之以恒、久久为功、十年磨一剑，在持续的高强度投入中，在不断试错中，逐步突破、点滴积累而成核心技术、累积性的学识，乃至"独门绝技"。

任正非曾很形象地将专注做好做精一件事比喻为"磨豆腐"精神。磨豆腐的就专注于磨好豆腐，不要三心二意，只要把豆腐磨好了就很了不起。其他的事自然有人做，中国有十几亿人，如果大家都专注于自己的领域，都做好一件事，就能汇集起磅礴的力量，就能在众多领域掌握核心技术，形成领先优势。这就是专注的力量，专业化战略的力量。

以格力为例，它本是一个名不见经传的小企业，之所以能从国内巨头林立、外资大规模杀入的竞争血腥的行业中崛起，专注精神功不可没。专注能让其将有限的资源聚焦到一个很小的领域，才能逐步攻克一个个技术难题，从最初的压缩机、控制器靠外部购买，到逐步自己掌握其核心技术，再到掌握电容器的核心技术，延长了外部采购的部件寿命短的问题，以及再后来的变频模块的封装生产，为变频机提供核心部件，等等。

专注精神也让格力持续关注消费者的问题，在为消费者解决问题的过程中不断积累新的技术。时任格力掌门人朱江洪根据格力的经验，指出一切科技创新来源于实践，来源于市场，来源于生活，来源于广大消费者的需求，如果说它难，那是企业对它了解、认识不够，没有掌握它的特点和规律罢了（朱江洪，2017）。

针对经销商反映"格力空调制冷还可以，就是冬天制热有问题，有些用户反映好，有些反映不好，好像不太稳定"，格力经过大量观察、研究，初步分析这与空调的"化霜"有关。空调室外机在冬天吹的是冷风，加上室外温度本来就低，室外机的散热片上很容易结成一层层的霜，必须及时清除，否则容易堵塞通道，降低制热效果。为了解决这个问题，全世界的空调在设计时就考虑采用定时化霜模式，即空调工作一段时间后，就自动化霜一段时间，再进入制热工作，如此循环往复。但由于室外机的工作环境差异巨大，有的湿度大、结霜多，设定的时间内不一定能化完，有的地方结霜少甚至不结霜，但也设定时间化霜，白白浪费了宝贵的时间。针对这些问题，格力有了根据结霜量自动设定化霜时间的设想，拟定了"有霜即化，无霜不化，多霜多化，少霜少化"的自动化模式，经过试验，获得成功，成为全球首个采用自动化霜模式的空调企业，并获得国际大奖。

多年来，格力空调正是从解决消费者的各种问题出发，不断地对产品攻坚克难，持续解决一个又一个技术难题，积累了一个又一个关键技术，才有了今天的市场地位。2018 年，格力销售额近 2000 亿元，净利润达 260 多亿元，而海尔集团在销售额与格力相差无几的情况下，其净利润是格力的 1/3 都不到，足以说明格力核心竞争力带来的盈利能力。

另据朱江洪（2017）的观察，截至 2013 年，全球寿命超过 200 年的企业，日本有 3000 多家，德国有 800 多家，荷兰有 200 多家，法国有近 200 家。它们长寿的秘诀就在于都专注于某一种产品，并将后文即将论述的工匠精神做到精致。这表明，专注的力量具有普遍性。

但值得警惕的是，近年来，随着空调市场占有率到了一个高峰，格力在发展上遇到了瓶颈，在发展战略上似乎比较迷茫，已有盲目多元化的苗头甚至趋势，其主营业务的占比持续走低。现任掌门董明珠广泛涉足手机、新能源汽车、电饭煲、抽油烟机、冰箱、智能装备，甚至芯片等多个领域。2020 年疫情期间，还在医疗领域有了投资。格力的发展前景令人担忧，但愿其不要重蹈春兰的覆辙。

（三）百折不挠的坚韧精神

前文分析表明，专注精神有助于通过不断试错、点滴积累，从而实现从量变到质变，取得核心技术、"累积性学识"等能够带来核心竞争力的关键资源。专注的力量无疑是强大的，但试错的过程不会一帆风顺，有时甚至会遭遇重大挫折，尤其在将主要甚至全部资源投入到一个方向的情况下，会承受巨大的压力。这时企业如要将专业化战略进行下去，需要有一种百折不挠的坚韧精神。无论多么艰难、多大压力、多少失败，都意志坚定、毫不退缩、屡败屡战，正所谓"千磨万击还坚劲，任尔东西南北风"。

乔布斯是企业界的神话，无数粉丝心目中的偶像。但正如前文介绍的，乔布斯的创业道路并不平坦，一次次陷入困境，乃至绝境，正是由于他的坚韧，才一直在逆境中永葆热情、越战越勇、坚定前行，最终实现了梦想。一路走来，他那种勇往直前、百折不挠、永不止步的坚韧精神，留下一段段既难以忘怀又鼓舞人心的传奇故事，给追梦人无穷无尽的精神力量、商业智慧与思想启迪。

乔布斯是一个极度专注的人，专注是他骨子里的东西。他始终保持对电脑科技及其发展趋势的专注，在任何情况下，他都在思考下一步的发展方向、可能改变世界的技术。在公司经营中，他表现出的是"不成熟"，很随意。他根本就没有思考过到底该如何管理，其所有的注意力都在新产品的开发上。在 Apple II 如日中天的时候，他就开始思考开发更先进的电脑，但他的专注点在技术先进性本身，忽视了市场需求，在经历了 Apple III、Lisa 的失败之后，又开始了开发 Mac 新一代电脑，他虽然是苹果的董事长，仍兼做 Mac 电脑项目的负责人，他所有的注意力都在 Mac 上，而不是董事长的职位。他可以不做董事长，但不能不做 Mac 部门负责人，他关心的始终是下一代的电脑应该是什么，关心用新产品改变世界。但在 Mac 上，苹果和他都遭遇了一次重大的挫折，乔布斯因此而被苹果抛弃（明道，2013）。在离开苹果后，乔布斯仍专注于当初的理想，创办了 NeXT 电脑公司，立志开发更先进的、能改变世界的电脑，但又遭遇了惨败。直到重返苹果后，乔布斯的事业才走上正轨，并不断创造新的辉煌。

事后总结来看，尽管乔布斯经历的各种挫折是惨痛的，但这些失败是很有价值的，它为后面的发展积累了宝贵的经验、技术与人才资源。从经验上，至少通过一系列的失败让乔布斯深刻理解了从消费需求出发的重要性；从技术上看，NeXT 是失败了，但其留下的 NEXT STEP 操作系统是比较先进的，后来正是凭借这个系统，乔布斯重返苹果，并以此为基础，将 NEXT STEP 操作系统与苹果的图形界面整合为新一代操作系统 Mac OSX，彻底解决了困扰 Mac 多年的系统不稳定问题；从人才上看，开发 NeXT 的阿维·特凡尼安进入苹果主管软件部门，正是他的努力使苹果重回技术巅峰，更为之后的 iPhone、iPad 使用的 iOS 操作系统奠定了基础，而 NeXT 曾经硬件部门的负责人乔纳森·鲁宾斯进入苹果主管硬件部门，几年后，鲁宾斯带领他的团队，创造出神奇的 iPod，改变了电脑世界和音乐世界（明道，2013）。

但能够让这些教训最终变成经验与财富的，是乔布斯那种让人动容的、百折不挠的坚韧精神。如果没有这种精神，他可能早就垮掉了，根本就没有之后的故事与传奇了，正是这种精神才让他愈挫愈勇，才能持续推出领先市场的产品。尽管有时市场不接受这种产品，从而使他一次次陷入困境乃至绝境，但也因此积累了极其宝贵的核心资源与能力，为后续的东山再起、走向巅峰积累了基础。一旦调整了对市场的思路，他前期积累下来的基础，瞬间释放出巨大的威力。

（四）追求极致的工匠精神

选择专业化战略的企业，由于经营领域聚焦，没有任何退路，在专注精神上只有起点，没有终点，除前文讨论的不断试错、攻坚克难、掌握核心技术等外，还意味着应具有追求极致与完美的工匠精神，通过精雕细琢、不断打磨、打造精品，做得更有亮点和特色，为用户提供极致的体验，乃至赋予产品精神与灵魂，塑造成文化载体、精神寄托，直击消费者的心灵，赋予消费者艺术享受，进而"黏住"消费者。如瑞士钟表，正是上百年来，表匠们持续追求把零部件做得更精密、更精致，最终做成了精品、"爆品"，它的价值与竞争力已远不只计时本身，而是一种精神、一种文化、一种艺术的象征。

朱江洪（2017）在自传中写到，企业应该提倡执着专一的工匠精神，着力把自己熟悉的产品做好，精益求精、精雕细琢，人家就会对你刮目相看，就离不开你。也正是在这种精神的驱动下，格力对产品极致追求也到了相当的境界，对产品上的任何瑕疵都不放过。在一次市场调查中，有消费者反映，格力空调在制冷时，个别产品会出现"咯咯"的声音，尤其在夜声人静的时候，会比较刺耳。很多技术人员都认为这是正常现象，但朱江洪认为这不是小事，无论如何要攻克这一技术问题。在多方努力下，把出风口的几个零件重新设计，改成一个整体零件，消除了它们之间因热胀冷缩不一致而产生的响声。格力的形象，正是在这种精雕细琢中逐步树立起来的；格力的品质，正是在这种精益求精的过程中逐步提升起来的；格力的市场地位，正是在这种追求极致的过程中逐步积累起来的。

要强调的是，在互联网时代更需要这种工匠精神，更需要有精品意识，只有精品才可能成为互联时代的"爆品"。互联网在很大程度上消除了信息不对称问题，消费者足不出户就可以知道各类产品的信息，也可以很方便地分享消费感受，不良企业几乎无所遁形，同样好的消费体验也会受到极大的推崇。由于消费者的选择更加便捷，有时就是换一个 APP 的事，随着各类消费信息通过新媒体的快速传递与共享，口碑的价值更加凸显，追求极致的产品与服务很容易引发共鸣，成为消费者追捧与"迷恋"的对象，从而很自然地成为"爆品"。

追求极致与完美没有止境，在互联时代，企业要有更强的追求极致与完美的意识和精神，不放过任何哪怕是一点点的改进。在产品与服务接近极致的情况下，哪怕一点点细微的差别都可能在新媒体的传播中被放大，形成乘数效应。哪怕是排名第二的企业，都可能因微小的不足而显得黯淡无光。从某种程度上来说，互联网时代的竞争，只有第一，没有第二（赵大伟，2014）。

"果粉"们之所以对苹果产品有一种近乎宗教式的狂热与追求，就是因为其提供了超出预期的消费体验，而这根本上源于乔布斯苛刻的完美与极致主义精神。乔布斯极度关注消费者的体验，在产品研发的过程中，他特别注重全方位的精雕细琢，只要出现一点儿的不足，就会让团队重新来过，连机箱的边角到底该有多圆润才算合适这样的问题他也要花几天时间研究。并且，他的这种精神不仅表现在产品开发方面，而且体现在企业运行的方方面面，连苹果零售店的设计方案，大到整体布局，小到楼梯、柜台、地砖的材料颜色等，他都要过问，同样苛求完美，以提升消费者的购买体验（明道，2013）。

从国家层面看，如果千千万万的企业具有工匠精神，将汇聚成这个民族独特的精神气质、国家形象与制造竞争力。德国仅有 8000 多万人口，但由于具有匠人的精神气质，使其既是制造大国，更是制造强国，德国制造本身就是一个品牌、一张名片，享誉全球。另外，日本超过 1000 人的企业从来没有超过 1000 家（李克，2014）。日本也有很强的工匠精神，一个企业能几代人都做一个产品，甚至部件，做到极致。一个日本的大企业后面有成百上千的小企业做配套，每个小企业做一个部件，正是每个小企业的部件打造成了精品，才保证了整个产品是精品。这两个国家的经验表明，工匠精神的价值具有普遍性。

（五）经得起诱惑的坚守精神

企业在专业化战略的征程中，还要经得住各类诱惑，坚守自己的选择。专业化战略在逻辑上的前景值得期待，但在丰满理想的背后，必须要面对现实的骨感。一个企业长期奋斗在一行一业，本身要忍受漫长的枯燥与寂寞，还可能要承受风险与挫折，同时还不可避免地要面对纷至沓来的诱惑，有的诱惑可能还很令人心动。这对坐在专业化战略"冷板凳"上的企业来说，必须要有很强的坚守精神与战略定力，才可能战胜左顾右盼、游离不定的本能，才可能一心一意、全神贯注地在既定的"航道"上奋斗、追寻与探索下去。

空调产业早已成为典型的红海市场，强手林立、竞争白热化、利润微薄，连当时的业内龙头企业春兰集团都向汽车、摩托车、电视、洗衣机等行业进军，这对实力相对较弱又专业化做空调的格力来说，其诱惑与挑战可想而知。在发展过程中，曾有人劝朱江洪搞汽车，这是一个刚要进入高成长的行业；也有人建议做太阳能，这是一个朝阳产业；还有人建议做笔记本电脑，这是一个高科技产业。但朱江洪认为，这些领域自己不熟悉，况且在空调领域还有很多技术问题尚待解决，还有很多做不完的事情，没有精力和资金开发别的产品（朱江洪，2017）。格力选择了坚守空调领域，这种抵御诱惑、不为所动的坚守精神，实在难能可贵。

春兰当时的掌门人陶建幸是从专业化起家的，是深知专业化重要性的。1985年，陶建幸担任春兰掌门人时，该企业是一个业务横跨农机、制冷、电子元件等领域的多元化企业，正是他一下砍掉了许多业务，集中资源研发、生产当时国内市场供给几乎空白的空调，才取得迅速发展，1989年就做成行业第一。可以说，专业化战略是春兰当年取得成功的根本，但就是这样的一个企业，仍没能抵御住外部的诱惑。这更衬托出格力坚守的艰难与意志。

格力在空调领域的矢志不渝、初心不改、长期坚守，最终通过持续的积累、积淀，掌握了更多的核心技术，有的甚至是独门绝技，从而逐步走上巅峰。在格力坚守的过程中，春兰因横跨多个新的领域，也取得过曾被视为转型成功的短期表面辉煌。但这种投资的盲目多元化，并未取得关键的知识、经验、技术、能力等无形资源，也没有带来竞争力提升（徐礼伯等，2014），反而分散了资源与注意力，最终不仅在新拓展领域未能立足，连空调产业地位都未能保住，已完全被边缘化，甚至有从市场消失的风险。

有一个说法叫"长期主义者的速胜"。有的企业一直默默无闻、名不见经传，但突然之间取得成功了，好像一夜成名，表面上有点"速胜"的味道。但这种成功是建立在坚守于自己的领域，经历长期的聚焦、深耕、积淀，最终只不过是将积蓄的能量迸发与释放出来而已，这就是坚守的力量，也是专业化精神力量与思想价值。

特别要强调的是，一个企业抵制诱惑的精神并不是天生的，它的背后有着很强的做强主业、掌握核心科技的价值追求、使命感和信念做支撑。根据刘朔等（2019）对格力的研究，正是朱江洪将"聚焦主业"看成了对自我、企业和家乡的价值承诺，这成为了格力抵制诱惑的力量来源。而任正非立志成为世界一流设备供应商（田涛、吴春波，2017），正是这个使命让其始终聚焦这个"城墙口"冲锋。从这个意义上来说，专业化战略还代表了一种承诺、一种责任、一种使命，乃至一种气质。中国需要更多像任正非、朱江洪这样的企业家。

中美贸易摩擦更进一步启示我们，为提升产业供应链稳定性与竞争力，避免受制于人，需要更多地补短板、锻长板，需要在更多的领域取得突破，需要掌握更多的核心技术。而无论是补短还是锻长，都需要有一种坚定的信念、坚强的意志、担当的决心，乃至崇高的使命，在一个领域里长期坚守，一心一意、无视诱惑，咬定青山不放松。即使从企业的角度看，坚守也许未必一定就能取得成功，企业也许为此付出了沉重的代价，但站在国家民族的角度看，不以成败论英雄，探索的失败同样可以成为后来者的成功之母，这种"功成不必在我，功成必定有我"的精神境界值得大力弘扬与传颂。

三、互联网时代更加需要专业化思维

前文分析表明，对专业化战略的理解不能停留在一种战略形式本身，更不能从表面分析它的所谓优缺点，要从精神层面加深对其内涵的把握与理解。这对总体上大而不强、缺乏核心技术的中国经济而言，尤其需要专业化思维与精神，植入专业化基因，加快提升企业的竞争力，打好经济发展的微观基础。

在互联网时代，首先，互联网环境为专业化成长提供了土壤。互联网有助于企业突破地域、文化等方面的限制，拓展更大的市场空间，根据长尾理论，即使是非热门产品或小众产品通过互联网也可以获得大的市场空间，"长尾"也可能"甩"起来。按传统经济学的分工理论，市场变大了，有助于促进分工细化，更有利于专业化企业的成长，这表明互联网环境实际上是专业化战略的土壤。

其次，互联网时代是消费者主权时代，企业的战略选择与业务开展要以用户为中心，更加注重用户需求与体验。为此，赵大伟（2014）在《互联网思维——独孤九剑》一书中提出，企业在互联网时代必须坚持用户思维、简约思维、极致思维、迭代思维、流量思维、社会化思维、大数据思维、平台思维与跨界思维9大思维，根据前文对专业化战略的精神内涵的分析，专业战略本身就蕴含着这些思维的相关元素，至少存在着共通或相关之处。

如专业化战略的专注精神，既专注于解决用户的需求与问题，又专注于所在领域的核心竞争力的积累，还专注于特定的定位，体现了用户思维、简约思维；专业化战略重视不断试错、点滴积累、持续改进，体现了迭代思维；专业化战略那种追求极致、精益求精的精神体现了极致思维、迭代思维、流量思维，等等。

可见，专业化战略的内在逻辑是高度契合互联网思维的。从某种程度上来说，坚持了专业化思维就是坚持了互联网思维，在互联网时代，专业化战略具有显著优势，企业更应培养专业化精神。

要说明的是，在互联网环境下，"互联网＋"为各行各业之间的联系与协同提供了可能，越来越多的企业通过跨界打造各类生态体系。从表现形式上来看，互联网似乎促进企业走向了多元化，这给我们带来了不小的困惑。按传统的专业化与多元化的划分标准，跨界经营由于涉及多个领域，一般可能归类为多元化经营，但这种多元化仅仅是形式上的，其本质、内核或思维仍是专业化的。

企业之所以能跨界或者有资格跨界，恰恰是因为在某个领域形成了核心竞争力与竞争优势，跨界的目的是为了放大自己的专业化优势，为其他领域赋能。华为跨界进军电动车领域，但华为多次强调华为并不造车，其实正是将自己的专业化优势扩大或连接到其他领域，这在本质上仍是专业化的思维，多元化仅仅是表面现象。对该问题的理解，还应结合多元化战略进行对比分析，下一章将在介绍多元化战略时深入讨论。

第八章 多元化战略的逻辑

如果所有的事情一起抓，就会在最重要的事情上遭遇失败。

——本·霍洛维茨

从某种程度上来说是专业化诱发了多元化。

——Mahoney & Pandian

多元化战略是指企业横跨多个不同产业领域，经营多个不同业务的战略，它是相对于专业化战略而言的，多元化与专业化是两种重要的战略类型。基于第七章的分析，本书推崇专业化，但并不反对多元化，如果符合一定的条件，遵循一定的逻辑，企业可以适度多元化。目前，学界对专业化与多元化之间关系的认识上存在较大的误区，很大程度将其对立起来了。实际上，两者之间并没有根本的矛盾，甚至还存在一定的内在逻辑关系。

在互联网时代，对专业化与多元化之间关系的认识又有了新的挑战，两者之间的界线变得越来越模糊了，很多企业通过跨界进军新的产业，似乎多元化逐步成为了一种潮流。但如果深入分析就会发现，一些形式上多元化的企业，本质上仍是专业化的，而一些按传统标准看专业化的企业，实质上已是多元化的企业。

一、互联网时代多元化战略的新形式

传统上，一般根据不同业务之间的相关程度，将多元化战略分为不相关多元化与相关多元化。

不相关多元化指企业横跨的多个领域间在技术、经验、市场、渠道、服务等方面没有关联或关联度很低。例如，春兰本是空调产业的领导企业，其进入到汽车、摩托车、洗衣机、新能源等领域，这些领域相互之间，以及与空调之间，在技术上根本不同，在市场、服务等方面的关联度也较低，就属于非相关多元化战略。

相关多元化指虽然企业经营多个不同业务，但不同业务之间在技术、市场等方面具有相同或相似的特点，即存在某种关联性。一般将相关多元化分为技术相关多元化与市场相关多元化两种类型。

技术相关多元化是指不同产业间有着较强技术关联性的多元化，有学者将这样的多元化称为同心多元化。如空调与电冰箱，虽分别属于两个不同的行业，但都用到了制冷技术，存在着技术相关性，如果一个企业同时经营这两个业务就是技术相关多元化。

市场相关多元化是指不同产业间有着较强市场关联性的多元化，有学者将这样的多元化称为水平多元化。如化肥与农药，也分别属于两个不同的行业，所用的技术也完全不同，但这两个行业面对相同的市场，其用户都是农民，存在着市场相关性，如果一个企业同时经营这两个业务就是市场相关多元化。

在互联网时代，"互联网＋"为企业提供了强大的赋能工具，越来越多的企业基于自己的核心业务，通过"互联网＋"，向外拓展业务范围，构建生态圈，打造综合竞争优势。例如，阿里巴巴围绕数据共享、电商基础设施等打造生态圈，其经营领域从最核心的电商业务，拓展到支撑电商体系的金融业务，进而又拓展到物流、生活服务、云计算、健康医疗、游戏、视频、音乐、教育等领域，这些业务分属于不同行业，没有传统意义上的技术与市场相关性，有的产业间看上去几乎是"风马牛不相及"，但它们就是被有机地整合到了一起。

如果深入分析，在阿里巴巴的生态圈里，不同业务之间存在着某种内在的关联性，尽管这种关联性远比技术或市场关联复杂，也更加难以识别，但它是客观存在的。它往往与企业的战略意图有关，使企业不同领域的业务拓展始终围绕着一条主线，使横跨的不同产业成为阿里巴巴商业帝国的有机组成部分，共同形成综合竞争力。本书将这种基于打造生态圈而进行的跨产业经营称为生态相关多元化，这是一种全新的多元化战略类型。

二、理性认识多元化战略的所谓优点

传统上，一般认为多元化战略存在以下主要优点，这也是很多企业热衷于多元化的重要原因。

第一，有助于实现范围经济。随着企业经营范围的扩大，不同业务之间，尤其是相关多元化的不同业务之间可能会共享企业的资源，也可能形成协同作用，从而获得比单一业务更大的经济性。经济学上将这种因经营范围扩大而非规模扩大带来的经济性称为范围经济。

第二，有助于分散经营风险。世界胶卷巨头柯达，尽管自己发明了世界上第一部数码相机，但仍"押宝"传统影像，后因数码技术的应用与发展，颠覆了胶卷产业，由于该企业业务单一，直接导致破产。而同行业的富士胶片，由于寻求多元化的发展，其业务范围涉及影像（传统胶卷、数码相机、数码冲印设备）、信息（印刷系统、医疗系统、液晶材料、记录媒体）、文件处理（复印机、打印机、多功能数码文印中心、耗材等）三大板块，所以当传统胶卷退出市场后，该企业仍能取得较好的发展。手机巨头诺基亚尽管在手机业务惨败，但公司并没有全军覆没，由于它是多元化企业，其在电信设备产业仍取得较好的发展。可见，相对于专业化战略，多元化战略将资源分散配置到不同领域，在一定程度上起到分散风险的作用，达到所谓的"东方不亮西方亮"的效果。

第三，有助于增强综合实力。一个专业化的企业在发展到一定程度后，如向新的领域拓展，可能会更好地发挥在其专业领域内建立起来的核心能力与竞争优势，也有助于拓展生存与发展空间。一个适度多元化的企业，可以形成业务组合，在各类业务间较好形成梯队，企业也可以动用其他业务的收益或资源来重点支持某一关键领域研发、竞争与发展，或重点打造某一方面的能力。前述提到的基于生态圈的相关多元化有助于提升企业的综合竞争能力。

过去，在传统经济时代，在全球化与信息化程度比较低的情况下，专业化企业的市场空间有限，企业比较重视通过多元化战略，在多个领域发展。在一定范围内，多元化战略的确有助于扩大规模，该战略也一度被认为是综合实力强的一种标志，或企业积极开拓进取的一种标志。

要强调的是，以上分析的多元化战略的优点，都有一定的范围或限度，适度的多元化或特定环境下的多元化，在一定程度上的确有助于取得这些优势。但一旦超出了一定的范围或限度，尤其是过度的非相关多元化，不仅这些优点可能会荡然无存，还可能会带来较大的负作用，甚至从根本上伤害企业长远发展。

第一，管理协调难度增大，形成较多内耗。多元化战略由于涉及多个不同业务，不同业务之间会积累不同的知识、经验、诀窍，应用不同的技术，面对不同的市场，尤其是非相关多元化，这些要素之间的差异更大，相互之间的知识、经验等不能共享，不同业务间难以形成合力，也就难以获取范围经济。

如果多元化超过一定的限度，进入较多的领域，不同领域间难以步调一致，跨业务之间的协调往往比较困难，也必然会增加管理协调费用。面对激烈的竞争环境，不同业务之间还可能为了局部利益而争夺资源，从而可能增加内耗，甚至影响公司整体决策。

第二，资源分散配置，不易形成核心竞争力。任何企业的资源都是极其有限的，多元化战略决定了会将有限的资源配置到多个领域，从而有可能使每个领域都得不到足够的资源，进而难以形成核心竞争力。企业这样的教训很多、很深刻，春兰本来是空调产业的领军企业，市场占有率一度达到 30% 以上，也是我国第一个能自主设计制造压缩机的企业，但由于先后进入摩托车、汽车、冰箱、洗衣机、新能源等产业，大量分散了资源配置，不仅未能在这些新进领域形成核心竞争力，连自己的老本行空调产业的竞争地位都不保。

因此，通过多元化"不把鸡蛋放进一个篮子里"以实现"东方不亮西方亮"的逻辑是有条件的。如果不适度多元化，过度分散资源，尽管横跨产业较多，在一定时期内也可能把企业做得较大，但这种"大"是多个不同产业的业务简单拼凑起来的，相互不能协同，规模并不代表竞争力，每个单个业务的规模并不大，在其所在行业的竞争力也不强，在竞争中往往逐步被"各个击破"，"东方不亮西方亮"可能仅仅是难以实现的幻想，"东方不亮西方也不亮"才是大概率结果。

那种认为多元化是积极进取型战略的观点也值得商榷，这个要分情况。如果是符合内在逻辑的多元化，那确实意味着积极进取，这个将在后文专门讨论。如果是不符合内在逻辑的多元化，盲目进入新领域，所谓的拓展发展空间，实质上是不自信。为什么会过于担心所谓的"一旦失败，全军覆没"，说到底是没有在自己的领域内做成领先的决心与自信。多元化战略往往能取得立竿见影的效果，由于涉及领域多，销售额能很快上去，容易给企业一种实力增强的错觉，也容易给企业一种所谓的"万一东方不亮了，西方还亮"的自我安慰。然而，这其实只是一个美好的愿望而已，资源分散，不能形成拳头，缺乏核心竞争力才是企业最大的风险。

第三，注意力不聚焦，影响对市场与技术趋势把握。注意力也是企业的一种资源，但由于该资源的特殊性，尤其在互联时代，更凸显了其战略价值，值得对多元化战略下注意力不聚焦的影响专门分析。在互联时代，环境瞬息万变，必须对所在领域的市场、技术等保持高度专注，才可能准确动态把握其变化趋势。

特别要强调的是，一个多元化的企业，当企业将资源投入到其他产业中时，投出去的不仅是有形的资源，还有看不见的注意力，而且企业注意力的分散是在不知不觉中发生的，当意识到时，往往已形成严重的后果。可以这么说，所有做多元化的企业，目标是为了寻求新的增长点，一定都不想其影响到主业的发展，也都认为不会影响到主业的发展。但企业的精力毕竟是有限的，多元化必然让企业对主业的专注度下降，外部环境瞬息万变，专注度的下降易让企业逐步在环境的变化中难以紧跟发展潮流而逐步衰败。

三、专业化与多元化的相对性

尽管专业化与多元化是两种不同思维的战略，但两种战略的标准并没有明确的界限，边界比较模糊。例如，格力本是一个只造空调的企业，但近年来拓展新的领域，其业务已横跨空调、生活电器、高端装备、通信设备等多个产业，在2020年疫情下还向医疗产业进军，那么格力现在到底是专业化企业还是多元化企业？

从定义上看，专业化战略是指集中公司所有的或主要的资源于自己最擅长的核心业务、领域或环节。这表明，专业化公司的要义在于主业突出，但并不意味着仅经营唯一业务，只要主要资源集中在一个领域即可。那么这个"主要"的标准是什么呢？本书参考 Rumelt（1975）的研究，把70%以上收入来自一个业务，划分为专业化战略。按此标准，格力电器虽横跨多个产业，但目前主要资源仍配置在空调产业，2018年，空调销售额占比近79%，主业比较突出，因此格力仍是专业化战略的公司。

此外,这些统计数据可能是表面现象,尽管从空调销售额占比这个指标上看,格力仍属于专业化的企业,但其战略已向多元化转变,只是体现到业务构成数据上仍需要一个过程。格力从 2016 年提出转型发展,强调在巩固现有空调市场份额的前提下,加速在智能装备、智能家居、模具等领域的产业转型;在 2017 年年报中强调布局多元化战略,在巩固和发展空调产业的同时,不断向智能装备、智能家居、新能源产业延伸;2018 年年报中强调继续向更具竞争力的多元化、科技型的全球工业集团迈进;2019 年年报继续强调打造更具竞争力的多元化、科技型全球工业集团,完善空调、生活电器、高端装备、通信设备为主要支柱的四大业务领域。

可见,尽管格力仍是专业化的"躯体",但其"大脑"已是多元化。从动态的角度看,格力会成为多元化企业。2019 年,格力的主营业务收入的比重下降较快,空调占比比上一年度下降了近 9 个百分点,至 70% 左右,从统计指标上也到了多元化与专业化的边界,且有进一步向多元化演变的趋势。对此,学界已有质疑的声音,担心格力会不会成为春兰第二。

再如华为,从形式上看,它已涉及多个领域,形成三大业务板块,应归类为多元化企业。根据 2020 年财报,华为三大业务销售收入 8914 亿元,其中,消费者业务占比 54.2%、运营商业务占比 34.0%、企业业务占比 11.3%。在三大业务中,没有一块占比超 70%,也就是从数据上看并没有明显的主业。且更不可思议的是,华为真正的主业是运营商业务,华为几十年来的"向一个城墙口冲锋",指的就是这个领域,但营收占比仅占 34.0%。那么,难道华为放弃了专业化战略了吗?它还是一个专业化的企业吗?如果深入分析华为几十年来的艰难历程、发展理念与辉煌成就,就会发现,华为的所谓多元化仅仅是形式上的,也有不得已的成分,如"备胎计划",其在本质上仍是专业化的企业。

另外,随着环境变化,分工持续深化,专业化与多元化的标准其实是动态变化的,更凸显了两者之间的关系是相对的。以汽车为例,在早期汽车就是一个产业,但由于分工不断深化,汽车产业逐步分离出若干产业,如轮胎产业、汽车玻璃产业、汽车灯具产业、发动机产业、设计产业、各类配件产业等,如果今天一个企业既做轮胎,又做玻璃,那这个企业就是一个多元化的企业,但在以前就是专业化的企业。

四、互联网时代专业化与多元化区分标准创新的思考

在互联网时代，网络给了企业强大的整合资源与赋能工具，企业可以通过"互联网＋"，更多元、更便捷、更普遍地跨产业的资源整合，构建基于自身核心竞争力的生态圈，以更好利用、发挥、放大自己的核心能力。在这样的背景下，越来越多的企业在自己核心业务的基础上向外拓展业务。

如苹果，本是 IT 产业的高科技企业，其核心领域是电脑，但却逐步拓展到音乐、视频、游戏、通信、教育等领域；阿里巴巴是做电子商务平台出身，但是却不断地在做加法，广为人知的便有蚂蚁金服、云峰基金、盒马鲜生、菜鸟物流、高德地图、虾米音乐、优酷土豆等，且投资成为苏宁第二大股东，饿了么第一大股东，华谊兄弟第三大股东；腾讯是做信息交流平台出身，目前也涉猎广泛，娱乐业中有腾讯视频和游戏，在线教育有腾讯课堂，杀毒如电脑管家，再有永辉超市、QQ 词典、QQ 旋风、QQ 音乐、腾讯微博等。这些以核心业务为基础，打造起庞大的生态圈，做了一个更大的同心圆，涉及众多领域，它们在表现形式上显然已经是多元化了。

但纵观苹果的发展历程，乔布斯一直是个高度专注的人，骨子里是专业化的精神。他也曾说过，决定不做什么跟决定做什么同样重要，对公司来说是这样，对产品来说也是这样。

这些企业都是凭借专业化思维取得成功的，它们本着专注于做一件事，专心解决用户的一个痛点问题，做到极致，做成爆品。腾讯起步只做一款产品 QQ，解决人与人之间通信的需求，也是痛点，并且免费；阿里巴巴起步就立足于做一个平台，让生意不再难做，但由于支付瓶颈问题，发展很慢，为了解决这个痛点，其做出了一个革命性的爆品——支付宝，同样免费；苹果对产品的打造，在追求体验、简洁、极致等方面更是到了登峰造极的程度。那么，如何理解这些骨子里专业化思维的企业，在表现形式上却是逐步走向多元化呢？它们到底是专业化还是多元化战略？

面对互联时代，在战略分类上出现的一些新情况、新问题，王贵国和张雷（2018）认为，互联网环境下的战略管理与传统战略管理出现了本质区别，专业

化、多元化是基于波特的价值链思维，在互联网时代，价值相关体无限的连接，已经从价值链转型到生态系统了，企业制定战略不能再基于以前的理论。他们的观点可能有点绝对，但传统理论对专业化与多元化的解释力在互联时代确实显得不足，专业化与多元化的区分标准的确需要创新。

前文分析中表明，在高度不确定的环境中，企业必须对市场需求保持高度专注，持续准确把握市场脉搏，才可能紧跟市场节奏。在互联网时代，"大鱼吃小鱼、快鱼吃慢鱼"已成为常态，无论企业的规模多大、市场占有率多高、实力多强，都必须对市场保持高度的敬畏之心，因为只要别人打造一个更契合市场需求的爆品，自己就会瞬间处于不利地位，甚至被市场淘汰。一些被淘汰的大企业，并不是因为实力不强，而是注意力不够聚焦。

根据注意力基础观（Ocasio，1997），注意力是企业一种关键的稀缺资源，企业如何有效地配置注意力对企业决策会产生决定性的影响。在互联网时代，相对于物质资源，企业注意力资源的重要性、价值性凸显，甚至可视为企业最核心的战略资源。因此，企业应高度重视注意力资源的配置，将其配置到最核心的、最影响未来的关键领域。企业实施多元战略可以带来一些优势，但最大威胁在于注意力资源分散配置，只要注意力资源没有分散，不影响对市场的把握，可以适当拓展业务领域。

基于此，本书认为，判断多元化、专业化的标准，不宜仅从涉及的行业数量来判断，更应从注意力的角度来衡量与理解。只要注意力没有分散，本质上就是专业化。企业通过利用自身资源与核心竞争力，通过"互联网＋"与外部资源相连接，与外部资源互利、共生，扩大资源利用效率，提供更多衍生服务，打造生态圈与更大的同心圆，开发更适合的商业模式，可能还会在整体上强化对所在领域的注意力与判断力。企业如沿着这样的路径涉及多个领域，按传统的标准已是相关多元化战略，但按注意力标准，这在本质上仍是专业化的思维。从这个意义上来说，专业化与多元化更是相对的，它完全可以实现形式上的多元化与本质上的专业化的统一。当然，如何衡量注意力的集中与分散程度，还有待通过进一步的研究，开发适当的衡量工具。

要强调的是，这里谈到生态型的战略思维，不能将生态战略泡沫化，不能片面追求生态战略。企业的注意力仍应专注于自身核心竞争力构建上，而不是生态圈打造上。生态圈的打造只是企业现有核心竞争力的放大或延伸，它有助于放大企业核心竞争力，但生态本身并不具备核心竞争力，它仅是企业放大竞争优势的途径。

有的企业通过打造生态，取得了业绩成倍乃至数倍的增长，但仍应透过现象把握生态的本质，生态的放大效应再怎么强，哪怕放大 10 倍，它也只是"0"，而企业原有的核心竞争力才是"1"，有了"1"，后面的"0"才有意义。

一流生态型企业都会聚焦于自身核心竞争力，如乔布斯一直对产品保持高度专注与追求极致，打造出了体验感极佳的一流产品，iOS 生态圈仅是在其基础上的自然延伸。也正因如此，苹果的生态圈才具有强大的生命力。

一个没有自身核心竞争力的企业，如果整天想通过奇思妙想，出奇招、怪招，打造让人看不明白、看不懂、眼花缭乱的所谓生态型商业模式，以获取热捧与炒作，无论其曾获得多高的热度，引来多大的关注，取得过多"辉煌"的业绩，都必然会因违背商业本质而昙花一现，终将土崩瓦解、轰然倒塌。

例如乐视，其创始人贾跃亭在任何领域都没有形成核心竞争力的条件下，试图通过讲故事、造概念，来打造所谓的以用户为中心的"平台＋终端＋内容＋应用"的生态圈，形成包括手机生态、内容生态、超级电视生态、体育生态、超级汽车生态、互联网金融生态、互联网及云生态在内的七大生态体系。由于该模式没有核心内核，尽管其一些理念极具迷惑性，连一些知名教授都对其模式极为推崇，也在短期内取得了轰动效应，但仅仅靠讲故事炫理想终将一地鸡毛（周琳，2020）。

有研究表明，乐视的失败还不仅仅是战略方面的问题，其还通过复杂的关联交易制造持续高增长假象，提高社会公众对公司发展和盈利的预期，从而推升公司股价，大股东却在高位通过质押、减持套现，将风险转嫁给中小股东及其他利益相关者（强国令、孙亚奇，2019）。有理由推断，乐视从讲故事开始，自己都不信其对外宣称的理念与理想，这仅是一个"局"，其目的是推高股价，然后减持跑路。因此，不仅在企业层面要对生态战略有清醒的认识，全社会更要警惕这种生态战略陷阱，监管部门还要完善法律法规，加强监管，保护投资者的合法权益。

要说明的是，这里所讨论的构建生态圈是指企业通过投资将相关领域内部化。实际上，生态圈的打造不一定通过内部化的途径，也可以采用契约合作的形式。如果仅是契约合作，那这样的生态圈则是专业化企业之间的强强联合、优势互补，共同为消费者提供多样化的服务，加入这类生态圈的企业仍是专业化的企业。例如，腾讯天天酷跑与周大福黄金跨界合作，就是通过契约合作形式，构建一个跨行业的新型生态系统，这样的跨界合作，增加了年轻玩家对周大福珠宝的了解，也让天天酷跑的玩家获得了更大的乐趣，增加了品牌黏性。这项合作，不仅改变了合作方的独立性、专业性，还增加了各自产品与服务的丰富性、多样性。

五、多元化与专业化的内在逻辑关系

多元化与专业化是两种重要的战略类型，两种不同的战略思路。它们之间存在着很大的区别，但不应将两者割裂开来、对立起来。多元化与专业化并不一定矛盾，更不意味着冲突，两者之间具有内在的理论逻辑关系，即专业化是多元化的基础，做好专业化是发展多元化的前提和基础。甚至可以这样理解，只有做好专业化的企业才有资格谈多元化。

因此，尽管多元化存在着分散资源尤其是注意力的缺陷，企业选择多元化战略要慎重，但并不反对多元化战略，而是强调无论多元化的动因是什么，在整个多元化的过程中，都要遵循做好专业化这个逻辑前提。其基本内涵是，如果一个企业在某个领域，只有将这个领域做到了极致，才可以分出资源做第二个领域，也只有当第二个领域又做到极致且第一个领域仍处于领先地位，才可能做第三个领域，以此类推。

可见，正是做好了专业化，才可能发展多元化，Mahoney 和 Pandian（1992）甚至指出从某种程度上来说是专业化诱发了多元化，Penrose（1959）认为这之间可以存在着一个良性循环。但企业必须遵循的是，由于做多元化必然要从原来的专业化领域或主业分出部分资源，做多元化前提是以不动摇核心业务的竞争力为原则，是否发展新的产业，取决于分出资源后是否影响原核心领域的发展，是否会动摇其根基，如果是这样，则是绝对不可取的。

以春兰为例，在1994年时市场占有率达到了30%以上，已是行业的领导者，它确实有条件分出部分资源进入新的产业。当时，春兰认为高能电池是具有前途的产业，于是在传统空调产业发展到巅峰的情况下，未雨绸缪，进入新兴产业，这是很符合理论逻辑的开拓性思路，这本无可厚非。但它在短期内进入新能源、汽车、摩托车、洗衣机等多个不相关的产业，没有遵循专业化是多元化的前提与基础的原则，不仅使主业"失血"严重，而且在进入新的产业中，即使本应很有前途的领域由于不能得到充分的资源，也未能形成竞争力，结果整个企业在没有形成新的竞争力情况下，原有空调主业的竞争力也逐步失去了。

要说明的是，本书反对的是春兰不符合逻辑的盲目多元化，而不是多元化战略本身。通用电气、三星等企业的实践表明，多元化战略照样也可以塑造伟大的企业。但应认识到，通用电气是严格遵循其逻辑前提的，它在战略的形式上的确是多元化的，但在战略的精髓上恰恰是专业化的。通用电气尽管横跨多个不同领域，但其目标是要让每个业务领域都能在市场上占据第一名或第二名的位置，任何不能达到该要求的业务都必须整改、出售或关闭（杰克·韦尔奇，2005）。过去的几十年里，通用电气退出了几十个产业，就是因为在这些领域失去了竞争力，通过调整以相对集中资源于适当的领域，以打造核心竞争力。例如，2015年开始缩减金融业务，向工业领域回归；2018年宣布将逐步剥离健康医疗、石油等业务，将专注于飞机发动机、发电厂和可再生能源等业务。

常有学者拿通用电气的例子来说明多元化战略的价值与合理性，但实际上，通用电气之所以有向新领域拓展的动机与本钱，恰恰是因为其将已有领域做到了极致，正如 Mahoney 和 Pandian（1992）指出的，这从某种程度上是专业化诱发了多元化。而且对新进入的领域，一旦进入，同样都表现出很强的专业化精神，立足于构建核心竞争力，追求做到极致。

可见，多元化与专业化之间并不一定是对立的，只要企业抛弃不符合逻辑的盲目多元化，坚持在做好专业化的基础上再适度拓展新领域，那完全可以实现两种战略在本质上的统一。多元化战略的内在逻辑也不应是"东方不亮西方亮"，而是专业化做到极致后的适当拓展。在这个逻辑前提下的多元化也仅是形式上的，其在本质上仍是专业化的思维。在对企业的战略类型进行分析时，要透过现象看本质，不必纠结于战略形式本身，也不应硬套硬归类，而应通过其背后的逻辑判断其战略的本质。

六、专业化与多元化的成长逻辑与风险逻辑比较

无论多元化还是专业化，目标是一致的，都是为了充分使用企业的资源，提升企业的竞争力，既扩大发展空间，又控制可能的风险。但企业必须深刻认识到，当企业将资源投入到其他产业中时，投出去的不仅仅是有形的资源，还有看

不见的注意力，而且企业注意力的分散是在不知不觉中发生的，当意识到时，往往已形成严重的后果。

可以这么说，所有做多元化的企业，目标只是为了寻求新的增长点，一定都不想其影响到主业的发展，也都认为不会影响到主业的发展。但企业的精力毕竟是有限的，多元化必然让企业对主业的专注度下降，外部环境瞬息万变，专注度的下降易让企业逐步在环境的变化中难以紧跟发展潮流而逐步衰败。

春兰在1996年时已经是空调行业的领导品牌，其进军新领域的出发点一定是为了拓展新空间，不可能是为了搞垮自己。但其决策者就是没有充分意识到，即使是这么财大气粗的企业，其财力、精力仍是极其有限的。最终，不仅未能在新发展的领域形成竞争力，连自己的老本行都逐步失去了优势。当朱江洪率领技术人员攻克空调制冷"咯咯"的声音时，春兰的注意力可能早已到了新能源、汽车等方面，反而连自己主业上用户的这些不起眼的"痛点"都可能无法关注到。注意力被分散后的可怕之处就在于，企业往往发现不到问题的存在，当意识到问题严重性的时候，可能新的市场格局已经形成了。

因此，本书虽不反对多元化，但强调在多元化的道路上，一定要注意真正不影响主业为前提和底线，如能做到这一点，就可以适时适当多元化。否则，如果所有的事情一起抓，就会在最重要的事情上遭遇失败（本·霍洛维茨，2015）。近年来，格力空调处于市场龙头地位，几乎做到了极致，这时想拓展新领域也是很正常的，但问题是，拓展新领域的过程是否真正做到了不影响主业的资源尤其是注意力的配置。

有学者认为，富余资源是企业进行多元化的重要原因，将富余的资源用到新的领域可以实现资源的充分利用，对于这一点，只要符合前面讨论的原则，本书并不反对。但要强调的是，企业富余的资源同样可以用到专业化上，以进一步提升自身资源的独特性、异质性与不可替代性，进一步提升核心能力。尽管很多企业觉得自己在所在领域已做到极致，未来的成长空间有限，故试图分出资源拓展新领域，但实际上对大多数企业而言，所在的领域一般都仍有大的发展空间，其广阔程度往往远超想象，互联网更是拓展与放大了这个空间。

大家都羡慕与惊叹于华为的成长与盈利能力，在美国强力打压之下，2020年仍实现了营收增长，销售额达到近9000亿元，其利润是联想、海尔等著名企业的10多倍，仅研发每年就投入1000多亿元。但这些成绩的取得恰恰在于它们几十年来始终"向一个城墙口冲锋"，由于长期连续在一个方向上高强度的研发投入，才拥有了让国人骄傲、美国忌惮的"独门绝技"，其成长的空间也很难想象，这就是向一个领域持续配置资源的力量。

有的企业将多元化看成是一种开拓型战略，这其实是认识上的一个误区。多元化由于进入了新的领域，一般在短期内会增加营收，但这种增长并不一定是成长。这样的所谓开拓，可能反而是不自信的表现，因为没将自己所在领域做成领先的决心与勇气。相反，专业化才是一种精神、自信与开拓，真正的开拓，因为需要有掌握核心技术、经营"诀窍"、"独门绝技"的决心，需要突破各种"瓶颈"，这需要长期高强度的投入与坚持。

当然，企业将所有的资源集中到一个领域或环节也不能确保成功，实践表明，专业化公司失败破产的也比比皆是。专业化体现了专业、本业、专注精神，有助于构建和提升核心能力，但专业化意味着"鸡蛋放进一个篮子里"，一旦决策失误，搞不好会遭受毁灭性的失败，而多元化却可能有着"东方不亮西方亮"的效果，有很多企业走多元化道路，与分散风险的意图有关。

毋庸置疑，专业化战略的这个风险确实是存在的，一旦市场上出现了更先进的技术，或出现了更能抓住消费者痛点的产品，一个专业化的企业肯定会遭到相当大的冲击，甚至可能被市场淘汰。

但正因如此，企业才更应对自己经营的领域保持高度专注，准确把握市场的脉搏与技术演变的趋势，尽可能跟上技术进步的步伐，甚至争取保持领先地位。而专业化战略，几乎倾其所有地围绕一个方向配置资源，专注于解决消费者的问题，聚焦于消费者的需求，紧盯着技术的变化，不断培育与提升核心竞争力，这实际上可最大限度地避免前述风险的出现。

企业必须从战略高度认识到，注意力是极其稀缺的战略资源。在互联网时代，环境不确定性越来越高，唯一不变的就是变，连变本身也在变，使其没有规律可循，难以预测与把握。正因如此，企业才需要更加专注，才可能更好地体会、洞察消费者需要的变化，挖掘、把握隐性与潜在的需求。也只有更加专注，才能打造出精品，掌握更多的经营"诀窍"与"独门绝技"。

当然，任何一种战略都有其利弊，专业化战略也不例外，并不能百分之百地规避单一经营的风险，也不能确保实施专业化战略就一定能取得成功。毕竟连传统胶卷巨头柯达这样的专业化企业，都未能避免数码技术带来的冲击，这类型的案例让许多企业对专业化战略一直心存芥蒂。但从逻辑上看，专业化战略取得成功的可能性还是要大于多元化战略的，尤其是非相关多元化。

七、战略分类创新设想：注意力专注型战略与注意力分散型战略

多元化与专业化的战略分类显然不能客观反映真实的情况，给理论与实践都带来了一定的困惑。从形式上看，春兰与华为都是多元化战略，但两者的本质截然不同，春兰是盲目、过度多元化，不符合内在的逻辑，而华为在本质上仍是专业化。可见，这个多元化的标签并不能准确表示企业战略与经营思路的本质，往往还带来一些误导。有必要创新战略的分类标准与方法。

前文分析表明，企业战略内核的性质取决于注意力配置的状况。因此，本书基于注意力基础观视角，根据注意力配置的分散与集中程度，将战略分为注意力专注型与注意力分散型两种类型。专业化战略显然属于注意力专注型战略，前文分析的专业化思维下的多元化战略也属于注意力专注型战略，不符合逻辑的盲目与过度多元化战略则属于注意力分散型战略。

这样的战略分类直接抓住了战略的本质，企业就再也不必纠结于专业化与多元化，可以很容易地从本质出发对战略进行归类。当然，要推进这个设想的应用，还需要深入研究，如对注意力配置如何进行衡量，专注与分散的边界在哪里等。

第九章　平台战略的逻辑

> 互联网里的平台都不是规划出来的，都是积累起来的，是在为用户服务的过程中形成的，最开始都是从一个点做起。
>
> ——周鸿祎

平台战略是互联网时代形成的一种独特战略形式，是指以平台模式为指导思想、发展理念与成长途径的战略。平台模式指连接两个（或更多）特定群体，为他们提供互动机制，满足所有群体的需要，并巧妙地从中盈利的商业模式（陈威如、余卓轩，2013）。

如起点中文网，它一边连着读者群，一边连着作者群。通过这个平台，作者可以直接刊登自己的创作作品，读者可以自由地选择自己喜爱的作品阅读。读者与作者还可以直接交流，作者可以倾听读者的声音，读者的建议可以丰富创作的视野。读者与读者之间也可以交流，彼此分享阅读的感受。随着读者与作者群体的不断扩大，平台的价值越来越高，通过精心设计"付费方"，以及 VIP、作者调查、作者悬赏、粉丝积分等机制，巧妙实现盈利。

再如世纪佳缘、珍爱网、百合网等，它们一边连着男性群体，一边连着女性群体。通过平台，用户可以免费注册，可以自由浏览对方的信息，平台还为男女双方提供沟通的渠道，并通过相应机制的设计，增加用户对平台的归属感与黏性。随着用户越来越多，平台通过设计控制男女双方沟通渠道等机制，巧妙实现盈利。

由于一个以互联网为基础的平台连接了两个或两个以上的庞大群体，平台成为了企业打造生态圈的重要途径，或者一个平台客观上就是一个生态圈，如阿里巴巴、腾讯、小米、360 等，都以平台为基础形成了各自的生态圈，故也有学者将平台战略称为平台生态战略。

一、平台何以崛起

在互联网诞生之前平台已广泛存在，如城市、集市、人才市场、购物中心等都是某种形式的平台，这些平台为不同的群体提供了交易场所、互动载体与交易规则等，促进了经济社会发展。但由于受到实体边界的限制，传统意义上平台的影响范围极其有限，一个农贸市场的影响半径也就方圆几公里，一个购物中心的作用半径一般不会超出所在的城市，一个城市的作用范围也主要限于所在的城市圈。

不过，尽管平台早就以某种形式广泛存在，但互联网时代才真正形成平台概念、平台思维，并有越来越多的企业构建以平台为基础的商业模式与发展战略。

其根本原因在于，随着互联网的产生与应用，让平台从实体环境搬到了虚拟环境，打破了传统平台在时间与空间上的界限，人们几乎可以不受时间、地域的限制，很方便地接入相关的网络平台，平台连接的各类群体的规模也有了无限放大的可能，平台的能量与价值也获得了指数级的增长。

互联网为平台战略发展提供了前所未有的契机，市场上各类平台如雨后春笋般快速崛起，令人眼花缭乱、瞠目结舌，如社交平台、求职平台、团购平台、电商平台、婚介平台、旅游平台、教育平台等，并以令人难以置信的速度和规模席卷各行各业。正如马化腾在为《认知盈余》一书所做的序中指出的，这将是一个鼓励分享、平台崛起的时代。

如今，无论人们点外卖、网购、支付、看小说或创作小说、听音乐、打车、查资料、社交、发微博等，为消费者提供相关服务的企业都不同程度地运用了平台模式的概念，并有一种革命性的趋势，正不断改变着人们的生活。

二、平台模式的价值与风险

由于互联网的加持，平台模式打破了时空的限制，可以积聚与释放巨大的能量。在一个平台连接的两边或多边群体，都可以在短期内较方便地聚集成千上万乃至上亿的用户规模。

在海量用户的聚积下，平台的网络效应不断得到激发，一个平台既可以成长为一个商业帝国，也可以重塑一个甚至多个行业或产业链。它既可能代替原来产业链的若干环节，也可能是若干价值链的交汇点，还可能跨界整合多个不同的产业链。

平台模式的价值不仅体现在提供信息与中介服务，它还可以降低交易费用，创造多方协同互动机制，让参与各方可以更好地参与社会分工与协作、更专心地聚焦自己的核心业务、更好地整合与嫁接外部资源、更好地放大自身的竞争优势。基于平台打造起来的生态圈，可以为参与各方赋能，带动各方共同发展。

对平台型企业而言，平台战略则更是占据了产业链的关键环节，并积累与掌握大量的数据资源，拥有较高的收益与主动权。因此，无论是平台型企业，还是融入平台的企业，都可能取得很大的发展空间。尤其是平台型企业，则更可能成长为商业帝国，如中国互联网公司具有代表性的三巨头 BAT，都是由平台模式快速发展起来的。

由于平台模式的独特价值，加之资本的推波助澜，平台模式席卷全球，各类平台取得惊人的成长与发展。如瑞幸咖啡，从创办到去纳斯达克上市仅花了 18 个月的时间，上市当日市值达到 42.5 亿美元；再如贝壳找房，从上线到上市，只用了 28 个月，且上市当日的市值达到 422 亿美元。这些创业平台的传奇故事表明，平台模式客观上可以成为一种造富工具，这更提升了平台模式的诱惑力，也在很大程度上助长了浮躁风气。

然而，尽管平台模式如此诱人，但它实际上是一种特别难成功的战略。一方面，需要有海量的用户基础，这从何而来？另一方面，需要平台对用户有一定的黏性，这又如何维系？

从用户的规模来说，除非平台企业能提供解决用户痛点、契合某种强烈需求的产品或服务，很多企业做不到这一点，但为了迅速累积大量用户，不仅提供免费内容与服务，甚至走上了补贴与烧钱大战的"邪路"。其基本的思路与逻辑是，通过免费内容或高额补贴吸引用户，等积累一定用户规模后，再以其他增值服务获取收入，以弥补前期的投入。由于用户规模越大，平台价值越大，提供增值服务的可能与空间也越大，这也成为了加大烧钱力度以迅速累积用户规模的动力来源。

平台之间的烧钱大战往往是非常惨烈的，甚至形成了"老三不死，烧钱不止"的所谓法则。在这场游戏中，一个又一个实力不济、子弹不足的企业把自己"烧"死了，只有少数资本充足的能坚持下来。然而，这种通过烧钱发展起来的平台，对顾客的黏性是不足的。一旦别的平台给予更大的补贴，用户群体立即变得不稳定，对用户来说，就是换一个 APP 的事。

可见，平台模式是一种很难成功的战略，风险极大，平台馅饼往往是陷阱。单纯依靠补贴获取用户的思路，最好不要尝试。有很多平台，在烧钱的过程中，进退两难，如果退，投进去的钱全打了水漂，往往只好硬着头皮继续投，但继续烧的前景大概率是只会损失更多。

三、警惕平台模式陷阱

尽管平台战略是一种很难成功的战略，但由于其巨大的诱惑力，仍有很多企业或创业者不理性尝试。甚至，有的企业或创业者仅将平台作为炒作的工具，违背商业本质、不认真研究需求、不潜心打造产品，而是痴迷于讲故事、炒概念，甚至编造谎言、造假数据，以吸引投资、推高估值，并在谎言被揭露、泡沫破灭之前通过股票减持、高薪酬、关联交易、定向增发、股权质押等各种手段进行变现。我们必须警惕这样的平台冒进与陷阱。

以瑞幸咖啡为例，它是原神舟优车董事、副总经理钱治亚离职后，带领一个团队创办的，这个公司骨子里就有平台基因，创办时就是冲着打造平台去的，咖啡只是一个类似于"车"的抓手或入口。

沈帅波（2020）在《瑞幸闪电战》一书中明确指出平台才是该公司的终极愿景。以构建平台为目标，往往会追求流量快速上升，这就必然会是烧钱模式，而不是慢慢积淀，这本身就容易出问题。况且，一些曾经轰轰烈烈，但最终落得一地鸡毛的平台案例表明，这里面不乏陷阱与"欺骗"。一些创业者，可能根本就没有长期经营的打算，往往通过讲故事，吸引投资者，通过高额补贴引爆，进而上市，再进行套现。

为了能在资本市场高价套现，往往不择手段推高股价，甚至不惜业绩造假。瑞幸咖啡财务造假案，尽管有其个性特征，但总体上也是这个套路，即通过虚构业绩推高股价，为套现创造条件。

当然，瑞幸的财务造假也有其特殊性，它们是在发展势头良好的情况下发生的，不排除是为了方便融资以支撑高速扩张。即便如此，其本质是一样的，都是为了快速提升平台用户规模，推高平台价值，最终都是为了推高股价。

有理由相信，瑞幸所宣称的"做一杯中国人都喝得起的好咖啡"只不过是个幌子，咖啡只是其构建平台的工具。在创业中，它们确实发现了中国消费者对咖啡消费上的痛点、空白点与增长空间，但并没有以解决这些问题为根本出发点，而是将其当作支持其平台冒进的支撑。

瑞幸的故事实在可惜，他们是一群有商业才华的人，对市场的痛点、定位都是把握得比较准确的，如果认真经营下去，通过长期的积淀，应该有比较理想的结果。但由于他们的心浮气躁、追求速成，纵然有满腹才华，还是难以跨越这条路上的陷阱。

四、树立科学的平台思维

在互联网加持的平台崛起时代，企业应树立科学的平台思维。无论什么样的企业，都应重视用好各类平台，顺势而为，学会通过接入或融入相关平台，为自己赋能，依靠平台来打造、提升、利用、放大自己的竞争力。

平台思维并不意味着设计平台模式、实施平台战略，企业只需要以用户为中心，从解决一个具体痛点入手，立足于实实在在解决用户的问题，真解决问题，解决真问题，不好高骛远，不贪快贪大。至于是否有机会做成一个平台，在某种意义上，是可遇不可求的。

只要企业按照正确的方向，发扬专业化精神，打造一流产品与服务，就能吸引、积累、黏住越来越多的用户，最终形成一个平台商业模式往往是水到渠成的事。当然，在这个基础上，可以辅之以一些诸如补贴策略之类的措施，以进一步助力形成平台模式。

（一）以专业化精神为引领

在平台崛起的背景下，跨界经营成为越来越普遍的现象，原来相安无事、所处不同产业的企业之间一下子成为了竞争者。企业的竞争者来自四面八方，真正的颠覆性力量往往来自传统的所在行业之外，企业也变得更加需要眼观六路、耳听八方。平台让越来越多的企业跨界涉足不同的领域，似乎多元化成为新的发展趋势。但这并不意味着聚焦、专注的专业化精神过时了，相反，企业更要坚持这样的精神。

在平台化背景下，产品的口碑传播更快，精益求精、追求极致、打造精品的工匠精神更易在平台上取得成功，也更易形成"爆品"，从而真正拓展发展空间。平台还为不同企业间的分工协作、优势互补提供了机遇，企业可以较方便地嫁接其他企业的产品、服务、品牌等，有助于为自己的顾客提供更多、更好、更多样化的产品与服务，更好地提升用户体验。

这个通过平台嫁接不同领域的过程，本质上并不是多元化，而是通过平台跨界为自己赋能的同时，让自身专业化的力量得到延伸。平台与企业之间的作用是相互的，企业要想从平台得到更多的资源与赋能，就必须形成自己的核心能力进而更好地为平台添砖加瓦。平台是为企业间、企业与顾客间等的各类合作提供了可能，但合作的本质其实是相互"利用"，前提是要参与各方要有被"利用"的价值。因此，对企业来说，为了不被平台时代所淘汰，就更需要有自己的独门绝技，才有资格去整合平台上的资源。

另外，企业主观上抱着对接、用好平台的思路，潜心打造精品、极品，客观上反而可能让产品积累、演变成为实际平台，且这个平台是具有高度黏性的。例如苹果、360，这两个企业都没有平台战略的规划，都致力于解决用户的问题、打造精品，但客观上都形成了重要平台，苹果的 iOS 还成为了一流超级平台。

一个企业如果做成功了平台，成为了平台企业，专门提供平台服务，这本身就是专业化战略，也更应继续坚持专业化精神。平台企业为不同企业提供分工协作的渠道，这本身也有助于提升社会分工协作水平，促进专业化战略的发展。可见，平台思维与专业化思维不仅不矛盾，而且是相互支撑、相互成全的。

（二）以产品思维为根本

互联网时代是产品为王的时代，强调平台思维并不是不重视产品思维，更不是放弃产品思维，相反，更要强调产品思维。由于产品口碑的传播速度飞快，消费者的选择也更便捷，产品之间哪怕一点点的差距在市场上都会被放大，会呈现出强者愈强、弱者愈弱的马太效应。

一个好产品，本身就是一个很好的广告，消费者使用后会一传十，十传百，比企业花大价钱自吹自擂更令人信服（朱江洪，2017）。在互联网时代，产品则更是自带传媒功能，甚至产品本身就是一个自媒体，如果用户达到一定规模，产品也能形成平台的功能。如果一个产品被打造成了精品、爆品，拥有了海量的用户，产品本身就具备了成为强大平台的条件。

企业可以以平台模式为理想，但更应以产品思维为根本，不能为了平台而平台，要以产品思维打造平台。只要企业一心一意打造出了符合市场需求的产品，随着用户规模扩大，自然向着平台方向积累。在某种意义上，平台只是具有核心竞争力产品的副产品。而且，按此逻辑形成的平台有较强的黏性。

靠烧钱烧出来的流量是不可靠的，用户没有忠诚度，一旦别的企业给出更高的补贴，用户很容易流失，平台很容易散。如以产品为基础拓展的平台，用户的黏性高，这样的平台就真正具有了独特性。因此，企业应把资源投到产品上、技术上，打造真正好的产品，解决消费者痛点的产品。

也正因为如此，周鸿祎（2014）甚至提出不要平台化思维，他认为很多企业都是平台战略害死的，消费者不会因为你的战略宏大就选择你，消费者永远关心的问题是，你解决我什么问题？他指出，互联网平台都不是做出来的，都是积累出来的，都是聚焦于用户，最开始都是从一个点做起，落地到产品，逐步积累成海量用户，而这就具备了建立商业模式的条件。

以周鸿祎创建的360公司为例，企业并没有建立一个什么样商业模式的战略规划，而是专注于一步一步脚踏实地解决网民的安全问题，持续开发并不断完善相关产品。先是解决了泛滥的流氓软件问题，得到了5000万用户，接着专注于解决木马问题，得到1亿用户，随后推出在线杀毒，得到了2亿用户。然而，安全问题永无止境，随着用户不断出现新的问题，360也专注于帮用户解决新出现的问题，又相继推出保险箱、软件管家、浏览器等。由于360持之以恒地解决问题，获得用户信任与依赖，不断扩大用户规模，不知不觉间建立了商业模式。

（三）以补贴策略为辅助

笔者强调专业化精神与产品思维，并不否认补贴策略在平台模式形成过程中的作用。上文所述的360商业模式的形成过程中，产品思维的确起到了决定性的作用，但杀毒的免费策略也起到了重要的推动作用。

在平台机制设计中，如何确定付费方、被补贴方、免费方等确实很有学问，对吸引用户，促进平台模式形成具有一定的作用，有时在短期内甚至是决定性的影响，值得研究借鉴。但企业必须认识到，平台战略能否成功的关键并不在于此，该策略只能起辅助作用，或短期的推动作用，对平台的长期可持续发展的影响有限。

企业要理性对待"羊毛出在猪身上"或"羊毛出在狗身上，猪来买单"的逻辑，要确保从付费方获得的收益大于结予补贴方的补贴，即要确保平台的"造血"功能。靠融资为平台"输血"的思路必须摒弃，以这种方式拉来的用户是不可靠的，期待以此为基础在后期的增值服务中获得收益是靠不住的。

理论上，随着平台用户规模的扩大，网络效应的不断激发，后期的增值服务收益肯定是可观的，但并非没有天花板。对这一点，企业一定要有清醒的认识，抑制浮躁心理，通过"烧眼前的钱"来"画未来的饼"的路子要慎之又慎。

以乐视为例，当时创造了一个被很多人认为几乎很完美的模式，即用硬件免费来获取大量用户，再用后期的内容服务来获取收益。但问题在于，内容收益是有天花板的，当它不能弥补前期的投入时，这个商业模式就是不可持续的。

五、一流平台是如何炼成的——以苹果 iOS 生态为例

有不少文章与书籍对苹果手机的 iOS 生态进行了解读，但多数存在着误解。毫无疑问，苹果的商业模式是成功的，但我们跟成功的苹果学习什么呢？学习它成功的样子吗？还是学习其模式的设计是如何的精巧、科学、令人叫绝？

这里套用一下王成（2018）在《战略罗盘》一书中谈到腾讯战略时的论述。即现在谈 iOS 生态有多么成功没有任何意义，唯有回顾过去，看看过往的时空中，它在战略方面到底做了什么。但仅仅如此，还远远不够，因为我们无法复制这些行动！我们需要更深入地探寻，当初的苹果这样做的"战略思维和战略逻辑"是什么？

苹果模式本身就是独一无二的艺术品，既有其内在的精神与灵魂，也有其天时、地利与人和，一定难以模仿。如果把学习停留在模仿其商业模式的层次，并没有掌握其精髓，没有真正的价值。我们只有探寻苹果是如何一路走来的？到底做了什么？其背后的逻辑又是什么？无论如何，我们是无法再造一个苹果的，只能从其背后逻辑的角度吸收养分。

苹果的软件商店并不是事先精心的策划，对向软件开发商开放应用程序这件事乔布斯本是很抵触的，连苹果进军手机产业都没有事先的战略规划，有一定偶然性，甚至是戏剧性。当时乔布斯突然意识到如果手机具备了播放音乐的功能，那自己的 iPod 将会立即陷入困境。软件商店的灵感来自音乐商店，而发布音乐商店也不是苹果的计划，它是苹果解决在线音乐版权问题的产物。那苹果为什么会遇到音乐版权问题呢？因为苹果因一个偶然的机会，受一个外部事件的启发，捕捉到了市场需求，选择了进入在线音乐产业。

特别要注意的是，乔布斯是在苹果风雨飘摇的情况下重返苹果的，当时的苹果巨额亏损，且在 PC 市场上处于下风，对未来其实是很迷茫的。那么，苹果是如何从一脸茫然走向辉煌的，是如何一步步走过来的？从电脑跨界到音乐，再跨界到手机，没有任何的规划与计划，看似还有点偶然，这个跨界的决策是如何做出来的？从音乐商店到软件商店，这两个重要的模式是如何形成的？其本质与精髓是什么？这才是企业需要学习的。

（一）意外的机会牵引，跨界进军音乐产业

乔布斯重返苹果后，通过实施"四格战略"，削减产品线，短期内实现了扭亏为盈，但随即互联网泡沫破灭，IT 大萧条，苹果股价暴跌，又一次到了悬崖边上。苹果的路在何方？该如何突破呢？这时，一个叫 Napster 音乐网站的快速发展与消亡给了乔布斯很大的启发，由于该网站能随便下载音乐，深受网民欢迎，但它侵蚀了传统唱片公司的利润，引起整个唱片行业的起诉，结果法院认定 Napster 侵权成立。通过这个案例，乔布斯洞察到了一个千载难逢的市场机会，这表明通过网络共享音乐深受广大网民欢迎，版权问题的存在并不影响这个需求存在的事实，他意识到音乐将会是未来最具商业潜力的领域之一。

苹果在购买 Soundjam 软件的基础上，不久开发出自己的音乐管理软件 iTunes，并于 2001 年 1 月 9 日发布，进而跨界进入了音乐产业。在 iTunes 引爆音乐领域之后，为了让收听音乐变得更简单，乔布斯又和 PortalPlayer 公司合作设计，整合日本东芝公司的微型硬盘，于 2001 年 10 月 23 日发布了风靡全球的音乐播放器 iPod。

（二）解决麻烦的音乐版权问题，创立 iTunes 音乐商店

iPod 虽深受用户喜爱，但更新 iPod 的音乐仍是一个难题。用户在向 iPod 放

入歌曲时，需要去购买 CD 或从网上下载。而如果从网上下载，就涉及音乐版权的保护问题。很多用户选择了网络下载的方式获取歌曲，这间接鼓励了网络盗版。

虽然放任盗版有助于促进 iPod 销售，但乔布斯一贯反对盗版行为，最终在与唱片公司等版权人共同努力下，苹果创立了 iTunes 音乐商店。所有用户可以直接从音乐商店购买下载歌曲，每首歌只需支付 99 美分，就能完全拥有这首歌曲。音乐商店的问世，不仅解决了用户的歌曲下载问题，也促进了版权保护；不仅带动了 iPod 的销售，还为唱片公司开辟了全新的销售渠道。截止到 2010 年 2 月，iTunes 音乐商店的下载量达到了惊人的 100 亿次。

要说明的是，苹果并没有从音乐商店赚钱，用户每下一首歌曲，苹果只收 1 美分。苹果创立音乐商店的动机是为了带动 iPod 的销售，而不是为了从中赚取利润，它是靠卖 iPod 赚钱。事实上，苹果实现了自己的意图，iPod 在 2001 年的销量是 10 万台，到 2002 年就上升到了 160 万台，到 2007 年 5 月就累计销售达 1 亿台。

（二）神奇的直觉，冉次跨界进军手机产业

iPod 发布以来，在世界上刮起了一股音乐旋风，街上随处可见戴着白色耳机沉浸在音乐世界中的人，苹果独占了半壁江山。然而，即便有了这样的畅销产品，乔布斯仍不能安睡，他总隐约地觉得自己遗漏了什么重要的信息，随时会让其陷入困境。

2004 年，他的好友埃德·赞德任摩托罗拉 CEO，乔布斯打去祝贺电话，赞德说了一些双方以后要加强合作之类的客套话，这让乔布斯如醍醐灌顶，他终于明白了自己一直以来隐隐担忧的是什么，那就是手机，尤其是具有音乐播放功能的手机，它会给 iPod 带来极大的冲击。

为少走弯路，苹果通过与摩托罗拉合作，跨界进入手机产业。在合作中积累经验、接触运营商的基础上，又通过收购 Finger Works 的专利，组织 200 多名工程师、投入 1.5 亿美元，单独研发出具有革命意义的手机 iPhone，并于 2007 年 1 月 7 日正式发布。

（四）苹果高层交锋，乔布斯让步，开放应用程序，iOS 生态成形

苹果刚刚发布 iPhone 时，能够在上面运行的游戏都是由苹果的工程师开发

的。iPhone 并没有对外开放应用软件的开发权的计划，乔布斯对此非常抵触，这与他的理念也不符。他一直秉持软硬件紧密结合成一体化的产品理念，一直坚持系统的封闭性，保证用户体验，不让任何人对其进行干预或修改。在乔布斯看来，如果允许外人为 iPhone 开发应用程序的话，就可能会把 iPhone 搞得面目全非，或是给病毒入侵系统打开方便之门，这是他不能容忍的事情。

但公司其他高管不这么认为，董事会成员亚瑟·莱文森、营销总监菲尔·席勒都强烈主张开放应用程序，他们担心如果其他公司允许的话，苹果会将原有的竞争优势拱手让给别人。为此，公司董事会经过多次激烈的讨论，最终说动了乔布斯，但他要求开发商必须按照苹果的标准进行开发，并接受苹果公司的测试与批准，且只能通过苹果的软件商店出售应用。

乔布斯虽然做出了妥协，但并没有放弃软硬件一体化的理念，按苹果要求，开发商在其软件商店出售的软件也只能下载到 iPhone 上使用，相当于这些应用程序是为 iPhone 量身定做的。乔布斯的这个办法，在开放与封闭之间实现了较好的平衡，不仅通过向软件开发者开放为 iPhone 丰富了应用程序，而且还通过保持 iOS 系统的封闭性实现了端对端的绝对控制。2008 年 7 月，针对 iPhone 手机开发的应用程序商店——App Store 才正式发布。自此，以 iOS 系统为基础的生态圈的雏形才基本形成。

从整个过程来看，自始至终，苹果都没有计划将开放应用程序作为盈利的目标，开放的目的也仅在于改进用户的体验，保持苹果的竞争优势。苹果始终将提供软硬一体化的、体验一流的、简洁且富有艺术气质的产品为自己的目标，在手机业务方面，一直将卖手机作为主要利润来源。从另一个角度来看，软件商店的创立受音乐商店的启发，思路是一样的，音乐商店意在促进 iPod 的销售，软件商店意在促进 iPhone 的销售，而商店本身并不以赚钱为目的。

然而，正所谓"无心插柳柳成荫"。后来，随着越来越多的软件开发商进驻 App Store，苹果通过与开发商三七分成，从 App Store 获取的收益快速增长，其所占公司营收的比重也越来越大，已从 2013 年的 1% 左右上升到 2016 年的 3.4%、2018 年的 6% 左右。App Store 的成功引发了越来越多的关注，业界与学界普遍将其视为重要的商业模式创新，并广为赞誉。麦格理研究公司分析师本·沙赫特（Ben Schachter）在写给投资者的报告中称："App Store 是史上最好的商业模式之一，投资者不需要依靠苹果的所有创新来推动这一模式的发展。如果台北有人在其父母的车库中开发了一款游戏，或者通用电气借助一款应用革新了医疗保健，苹果就会受益。"

但即便如此，把握苹果的模式，仍不能本末倒置，苹果的核心与根本仍不是软件商店。如图9-1所示，不同于安卓系统，iOS并未开放手机终端系统，虽然iOS具有较强的平台功能，它确实连接起了软件开发商与手机用户，但苹果模式的核心并不是为软件开发商与手机用户提供连接的平台，苹果本质上并不是平台型企业，苹果模式也不是平台模式。

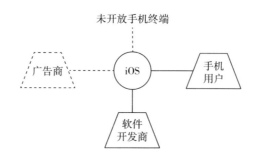

图9-1　苹果iOS系统的生态圈

资料来源：陈威如，余卓轩. 平台战略［M］. 北京：中信出版社，2013.

平台模式主要通过为不同群体提供连接的平台，其主要收入来源是从平台中获得。而苹果的主要收入仍来自手机终端本身的销售额，提升iPhone的使用体验与消费者忠诚度才是苹果的战略重心。

当然，软件开发商为这个目标提供了价值与贡献，它有助于提升用户体验，进而有助于促进iPhone的销售，但仅是一个配角和次要角色。而广告收入占比很低，甚至可以忽略不计，故在图9-1中用虚线表示。

安卓的生态圈与iOS生态圈有本质的不同，如图9-2所示，安卓对手机厂商是高度开放的，谷歌自己不生产手机，安卓系统连接了用户、手机厂商、软件开发商与广告商等多边利益群体，谷歌主要从广告中获取收益，这是典型的平台生态模式。表面上看，安卓的生态圈与iOS生态圈在形式上有点相似，但背后的逻辑根本不同。

纵观整个过程，苹果的iOS生态模式并不是事先运筹帷幄、系统规划与精心设计的结果，而是一步步"摸着石头过河"的产物。苹果并没有所谓平台战略的思维，也没有宏大的构建战略平台的规划，但有很强的产品思维，总是一步步围绕市场需求，精心打造产品。

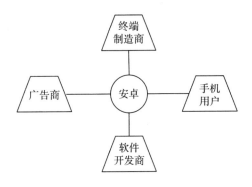

图9－2　谷歌安卓系统的平台生态圈

资料来源：陈威如，余卓轩．平台战略［M］．北京：中信出版社，2013．

乔布斯一直有着很强的工匠精神，在产品上精益求精、追求完美、不断打磨，极度关注用户体验。正因如此，苹果推出的大多数产品都是精品、爆品，也正因如此，苹果的消费者对其也有了"粉丝"般的狂热。苹果虽然是科技型的大公司，iOS也称得上是一流平台，但苹果的做事思路是从不贪大。从乔布斯重返苹果后，总是紧紧围绕需求，从一个小的点切入，做到极致。

苹果iOS生态在表面上看是一个软件平台，实际上是手机硬件。苹果并没有因为软件商店获得了收益进而降低手机硬件的价格，它的模式中有付费方，但没有被补贴方。苹果的逻辑是通过软件商店进一步提升用户体验进而促进手机的销售，而不是通过向开发商收费来补贴手机用户，更不期待通过手机降价来吸引用户，它的思路几乎与平台型企业完全不同。苹果一心打造一流体验的产品，从未追求成为一流平台，结果反而做成了一流超级平台，正所谓"无心插柳柳成荫"。

苹果模式再次说明，任何宏大、精致、完美的商业模式都始于市场需求，形成于为消费者解决问题的过程中，商业模式是价值创造模式，并不仅仅是赚钱模式。商业模式不是设计出来的，而是在诚心诚意、扎扎实实为消费者解决问题的过程中逐步积累起来的。

第十章　蓝军战略的逻辑

会制造噪声的团队，才会磨出美丽的石头。

——乔布斯

一、蓝军的由来

蓝军的概念源于军事领域，主要指模拟、学习敌军或假想中的敌人，学习模仿其训练体系、编制序列与作战模式，体验其理念、思维与特点。有条件的军队还组建蓝军，通过红蓝对抗演习，以拓宽军事视野、把握外军思维与提升打胜能力。

俗话说，商场如战场。军事领域的蓝军思维在商业经营领域不仅得到借鉴和应用，而且进一步，军事领域的红蓝对抗学习，在经营领域已演变上升为实战。经营领域的蓝军，已不仅仅局限于模拟竞争对手。

许多企业组建的蓝军是实实在在的项目团队与经济实体，他们独立运行，其使命已远远超出从竞争对手角度思考问题以及提出一些异质性、创新性的想法与建议，而是真刀真枪地杀入市场，积极进行新思维、新业务、新模式等方面的探索。这种探索可能与现有业务共同发展以进一步拓展成长的空间，也可能是自我反思、自我否定、自我淘汰式的尝试，以发现更好的成长思路、模式与路径，这样就会与自身现有业务之间形成真实的竞争关系。

腾讯的微信就是一个单独运行的蓝军团队，它与QQ之间形成直接的竞争关系，虽然没有完全淘汰 QQ，但其积极的探索，成功颠覆了原有的业务模式并开拓出新的业务空间。正是腾讯这种自我革命的勇气，才最大限度地鼓励创新与内部竞争，也才发现了更好的产品与成长方向。

二、蓝军战略的内涵

学界并没有给出一个明确而统一的蓝军战略的概念。本书认为，蓝军战略指企业将蓝军的应用上升到战略层面，将其作为孕育与探索新思想、新模式、新路径的重要载体，以及自我反思、自我否定、自我革命的重要机制，以寻求打破思维定势、突破发展瓶颈、超越路径依赖、跨越经验能力等陷阱，进而实现可持续发展。理解蓝军战略的内涵应把握好以下五个方面：

第一，蓝军战略的目的不仅在于学习模仿竞争对手，而是要超越自己与竞争对手，从长远与未来的角度进行思考与探索。在互联网时代，从长期来看，企业真正的敌人与颠覆者往往并不是现有的主要竞争对手，它来自四面八方，可能是跨界"杀"入，可能是通过创业"无中生有"，也可能是业内名不见经传但迅速崛起者，这些在事先都难以识别与预测，也很难有显性的预兆。但有一点可以确定的是，它们之所以可以成为颠覆者，一定是发现并采用了比现有企业更好的服务消费者的方式、技术或模式，其创造性往往超出了现有企业的认知。正因如此，商业经营领域的蓝军目标远远超出了军事领域，企业必须跳出现有市场与竞争的框框，思考未来的挑战。

第二，蓝军战略的重心并不是蓝军团队本身的战略，而是如何应用或建立蓝军的决策本身。对企业而言，正是为了更好地应对不确定性，才在战略层面应用与设立蓝军，但对蓝军到底如何去适应环境、如何探索，这并不是决策者考虑的问题。或者，正是决策者无法决策这些问题，才需要建立蓝军去探索。企业高层决策者尽管不要考虑蓝军本身是如何探索的，但要思考如何通过决策为蓝军更好地发挥作用创造条件，这也是比较复杂且有挑战的工作，远远超出设与不设蓝军的决策问题。

企业如何设立，运行蓝军本身就是一项需要摸索的工作，并没有明确的条条框框，处理好相关问题需要一定的艺术，不同行业、不同企业以及企业的不同发展阶段可能还有其特殊性，有许多问题值得探讨。例如，在蓝军上到底投入多少资源？设多大规模、多少建制的蓝军？什么样的条件可以建立蓝军？对蓝军如何考核、约束和激励？对蓝军取得成效的业务、产品或模式等，与原主业之间的关系如何处理？如果明确了新的发展方向，那新旧业务之间又如何过渡？

第三，蓝军战略在本质上是一种思维。这种思维的精髓是主动试错，从错误中学习，形成一种自我反思、自我否定、自我革命的机制，打破思维定势，不断推陈出新与自我颠覆，突破或跨越各类瓶颈与陷阱。在高度不确定的环境下，如何探索是无法计划或规划的，只能通过构建恰当的机制来促进探索，建立蓝军就是这样的思路与机制。

此外，在条件具备的情况下，企业并不一定非要将蓝军实体化。蓝军战略本身就可以以思维的形式存在，贯穿到企业战略思考的方方面面。正如任正非所说："蓝军存在于方方面面，公司的任何方面都有蓝军。在你的思想里面也是红蓝对决的，我认为人的一生中从来都是红蓝对决的。我的一生中反对自己的意愿，大过我自己想做的事情，就是我自己对自己的批判远远比自己的决定还多。我认为蓝军是存在于任何领域、任何流程之中的，任何时间、空间都有红蓝对决。如果有组织出现了反对力量，我比较乐意接受。要团结一切可以团结的人，共同打天下，包括不同意见的人。进来以后就算组成反对联盟都没有关系，他们只要是技术上的反对，只要不是挑拨离间、歪门邪道，要允许技术上的反对。百花齐放，百家争鸣，让人的聪明才智真正发挥出来。允许异见，这就是战略储备。"这种潜在的思维可能比显性的战略更重要。为了让这样的思维在企业萌生、发芽、发展，需要形成允许差异、欣赏差异、尊重人才的氛围、土壤与文化，这本身其实也是一种思维。

第四，蓝军战略也是一种学习机制与决策机制。在互联时代，环境复杂多变，对一些新生事物，看不懂、看不明白的情况越来越普遍，对未来的技术方向、市场趋势也越来越难把握。在这样的背景下，企业的优势源于不断尝试新事物，而非仰仗分析、预测、优化（马丁·里维斯等，2016）。

而通过建立蓝军，自由探索、主动试错，这个过程实际上就是不断尝试新事物的过程，同时也是对环境的一个了解与学习过程，有助于深化对环境的认识。随着蓝军探索的深入，会逐步积累起一定的经验与教训，对未来的发展方向可能会逐步明朗起来，一些探索成功的领域可能确定为重点发展的方向，进而形成一个相对成熟的战略。

可见，蓝军战略实际上是企业发展过程中重要的学习与决策机制。学习学派早就指出，战略形成是一个涌现的过程，它并不是建立在规划基础之上的，越是宏大的战略往往越不能通过一次规划来决定，企业领导者的作用不再是预先构想出深思熟虑的战略，而是管理战略学习的过程。从某种意义上说，蓝军战略正是践行了学习学派的思想，蓝军正是这种学习的载体、抓手与机制，蓝军的探索、试错让企业的"最终战略"自然浮现。

第五，蓝军战略还是一种重要的风险控制机制。战略风险是企业重要甚至主要的风险，一项战略决策的失误足以让企业元气大伤，蓝军战略就是避免企业盲目做出重大决策。成功企业与失败企业的主要差别通常不在于它们的最初战略有多么完美，在初始阶段分析什么是正确的战略并不是取得成功的必要条件，更重要的是保留足够的资源，以便让新业务项目能在第2次或第3次尝试中找到正确的方向（克莱顿·克里斯坦森，2014）。

此外，蓝军战略是不分散高管注意力的一种探索机制，在最大限度地发挥各方主观能动性的同时，还节约稀缺的高管注意力资源。企业可能同时在多个方向展开探索，各路蓝军都是独立自主展开实战，企业高管的注意力仍聚焦于主航道，事先、事中并无重点发展倾向，也不参与具体事宜，等蓝军在实战中见分晓了才进一步决策。

三、蓝军战略的必要性

在互联时代，一切似乎都变得高度不确定，包括曾创造过辉煌的大公司的命运，尽管这类企业的管理体系、创新意识、努力程度一直都是非常值得称道的。对大公司的衰败现象，一开始被视为极其罕见、难以预测、出乎意料的"黑天鹅事件"，然而，随着一个又一个翘楚型的世界级企业黯然失色，许多曾被管理学者们视为标杆的"基业长青"型公司大面积衰败，人们对此似乎已习以为常。

残酷的现实表明，一个企业无论实力多强、市场地位多高、规模多大、曾经取得过多少辉煌，在高度不确定的环境面前，似乎都是极其渺小、微不足道的。尽管其久经市场竞争的洗礼、身经百战、深谙经营之道，但似乎仍越来越难掌控自己未来的命运。

　　一个走在正轨上，发展势头看似很好的企业，乃至领导型企业，在没有任何预兆的情况下，也许已隐藏着危机，甚至是关乎生死存亡的危机。如诺基亚，2003 年，其市值是苹果的 40 多倍，是手机行业的绝对领导者，2007 年，苹果才发布第一款手机 iPhone。但谁能想到，这个手机行业的新秀，竟然成为跨行业的颠覆者。短短几年，诺基亚就通过向微软出售而退出了手机市场。

　　之所以会出现这样的情况，原因是多方面的，但最根本的原因是企业未能跟上互联网时代的节奏，企业在传统经济中所积累起来的知识、经验、能力可能并不适合互联网时代。随着环境的改变，过去成功的经验可能恰恰是未来失败的原因。

　　一方面，企业在长期发展中，都会积累起独特的资源、经验与能力，越是成功的企业，这些积累往往会越丰富，这些都是企业宝贵的财富，是未来发展的基础与支撑。但另一方面，企业在长期的发展过程中，也可能形成思维定势、路径依赖、经验陷阱，甚至核心竞争力陷阱。一个经验、能力很强的企业，往往会强调现有经验与能力应用，而忽视学习与对新知识的探索（孙黎，2018），本书中提及的多个世界级企业，之所以在传统优势领域遭遇惨败，就是因为守着过去成功的经验，但市场的逻辑已发生改变。

　　由于环境"悄悄"发生改变，进而逐步积累成重大改变。具有丰富经验与较强能力的企业往往具有高度自信，强调现有知识、经验与能力的应用，而对新思路、新技术、新路径等所带来的变化是比较容易忽视的，更难做到"先知先觉"。

　　甚至，正因过去的辉煌成就，这些企业往往是自负的、固执的、骄傲的，对外部本来不知不觉发生的变化往往是视而不见。如当苹果推出智能手机时，诺基亚对这个信息几乎是忽视的，一方面，它自己在苹果之前就推出过智能手机，但并不成功；另一方面，其在手机领域处于绝对领先地位。

　　或者，这些企业仍活在过去的荣光之中，对外部的变化感情上不接受，不仅不主动顺应潮流，反而动用资源尝试维护原有的模式与地位。如柯达在传统胶卷行业处于领导地位，当数码技术形成冲击时，它不仅不能主动适应变化，反而贪恋昔日的荣光与垄断地位，结果反应迟缓，当新的产业趋势形成之时，柯达再也无能为力。

　　也许正因如此，越是成功的企业，越像温水里的青蛙，越容易"陶醉"在自己的舒适区里，往往有更强的惯性，可能更容易陷入路径依赖、思维定势、经验陷阱等方面，反而可能陷入一种潜在的危险之中。

可见，在高度不确定的互联时代，所有的领先都不牢靠、任何优势都难以持续保持，随时都有被颠覆、被替代的风险，任何企业都不能懈怠。环境的变化，几乎让所有的企业，尤其是具有领先地位的企业，都处于深深的迷茫、焦虑与不安之中。

领先企业首先会担心被别人"变道超车"，过去成功的经验并不一定能适应新的时代，互联时代的新思维、新模式、新路径、跨界竞争、突破性技术创新等都可能对自己形成致命威胁。领先企业还要遭受突破方向选择的困扰，一个做到极致，走向巅峰的企业，会逐步面对增长的瓶颈，未来该如何突破，向哪里发展？如果是继续在该领域深耕，那下一代的技术研发方向是什么，向什么方向投资？如果是进军新的领域，那么又该投向哪里？

以格力为例，早在2012年销售额就突破了1000亿元，占家用空调的市场份额40%以上，未来成长的空间在哪里？在空调领域，尽管处于领先地位，但美的、奥克斯、海尔等追兵的势头都很旺，要维持这个份额都不易，更不用说再继续提升了。如果向其他领域拓展，那方向又是什么？格力也做了许多尝试，也形成了几大业务板块，但总体并不太顺利，新的有效增长点并未形成。而且，空调产业的优势地位也在不断受到威胁，2020年上半年，美的空调的销售额超过了格力，这个趋势是否会持续下去，受到高度关注。如果在高科技领域，那这样的焦虑可能更大。空调产业几乎没有替代品，被快速颠覆的可能性还比较低，其他产业这方面出现风险的概率可能更高。

综上所述，在高度不确定的互联时代，任何企业的资源、能力、经验都是有限的，其所建立的竞争优势也是很难持续的，在经历一段成长之后都可能进入一个瓶颈期、迷茫期、焦虑期，而且极易被创新创业者的"变道超车"所颠覆。在此背景下，蓝军战略是一条可行、值得尝试的路径，甚至在某种程度上是必然选择。

由于互联时代企业最大的挑战来自环境的非线性变化与难以预测，未来环境的变化可能超出企业的认知范围，这也是企业风险的重要方面，甚至主要方面。显然，企业不宜做宏大的硬性战略规划，这样的所谓战略决策的风险是很高的。这样的规划仍是建立在企业过去经验认知的基础上，并不一定适应新的环境，这本来就是企业重大的风险与困惑所在。这样的决策一旦失误，将形成巨大的资源浪费，同时还会失去抓住环境变化的先机，后果往往是难以承受的。

此时，企业应在维持现有成熟业务稳定运行的同时，形成一个对新环境探索与学习的机制，花较少的资源在不同的方向上进行探索与主动试错，逐步积累经验教训，逐步把握新环境的脉搏，为未来的突破与发展方向探路。这正是蓝军思维与战略的核心与精髓所在，它兼顾了主力军与生力军、现有产业与未来产业、稳定与成长、眼前与长远的关系。

再以格力为例，近几年来，格力在如何突破发展瓶颈上是有些缺乏章法与急功近利的，对未来的发展方向人为的硬性规划偏多。对一些产业的选择毫无逻辑可言，如手机，让人有点匪夷所思。实践证明，格力的多元化拓展是不成功的。而且，拓展越不成功越显得焦急，决策时更是显得"慌不择路"，2020 年疫情期间，格力又选择进入医疗器械产业，又是一个没有任何经验积累的全新产业。也许，格力如果多一点蓝军思维，制定一些蓝军战略，多一些探索与积累，在拓展方向的选择上可能会自然很多，成功率也可能会高很多。

尤其要强调的是，发展不一定是进入新的产业与领域。同一个产业，尤其是高科技产业，其发展的空间往往在技术的更新换代上，而新技术的发展往往存在多个方向与路径，这方向的选择同样也是比较艰难的。这时，打造蓝军也是一个比较可行的选择，甚至可以同时打造几支蓝军，任其生长，甚至与现有业务或部门形成竞争。这样不仅可以跟踪技术前沿，培养人才，在新的主流方向清晰之后，可以迅速跟上，甚至直接已经处于领先地位。

四、蓝军的价值创造机理

"会制造噪声的团队，才会磨出美丽的石头"，1995 年乔布斯在一次电视采访中表示，集合一群才华横溢的伙伴，让他们相互碰撞、争执甚至大吵，这会制造或引起噪声，但他们会让对方变得更棒，也让点子变得更棒。

企业发展到一定程度，都会遇到瓶颈，需要通过转型或二次创业来突破，这个过程需要新思路，需要争论。蓝军的另类思维模式可以帮助企业在进行战略规划时跳出固有的思维框架（孙黎，2018）。蓝军与红军之间、不同蓝军之间的分歧、争论、碰撞、冲突等，犹如相互摩擦的石头，让各自的思路、观点、想法都在这个过程中得到丰富、修正、打磨。有的蓝军也许没有形成实体，本身并不能发展成一个新的产品，但它却有利于红军丰富视野、开拓思路，跨越各类路径依赖与陷阱。

除提不同观点、唱"对台戏"以促进企业反思、拓宽思路外，蓝军还可以成为实体，主动进行探索与试错。试错过程中我们会犯小错误，但却能获得大收益，我们不妨称其为自由探索（塔勒布，2014）。

在互联时代，企业通过变换赛道的新玩法实现"变道超车"的案例越来越多，既有领先企业的潜在危机很大一部分来自这个方面。蓝军通过不断试错可以最大限度地探索外部有哪些可能的赛道存在，以为企业提供防守之策。或者，因发现了更好的赛道而直接变道，从而实现发展路径、方式或动力的转换。

蓝军目前虽不是主力军，但是是生力军，可能是新的增长点，甚至成为未来的主力军。例如，微信就是腾讯公司蓝军团队自主经营、自由探索的成果，如今已成长为公司最核心的业务。如今，越来越多的公司要求蓝军必须是实体，进行实战性的探索与尝试。

第十一章　一体化战略的逻辑

回归核心业务、基于核心业务扩张是企业组织战略体系演变的一个必然趋势。

——**Zook & Allen**

当你集中精力实现较少或较为有限的目标时，就会得到更大的收益。

——*理查德·鲁梅尔特*

一、一体化战略简介

一体化战略是指企业将若干相互联系密切的业务、领域或环节组合在一起，形成一个整体的战略。一体化战略也是企业重要的成长战略，它是企业利用自身在资本、技术、市场、渠道等多方面的优势，使企业的业务不断实现深度和广度上的拓展，提升资源综合利用效率。

（一）纵向一体化

纵向一体化也称为垂直一体化、垂直整合，是指企业在现有业务的基础上，沿着产业链向上下游拓展，将上下游相关环节的业务活动从市场转变为企业内部进行，形成供、产、销中若干环节的一体化，提升对价值链控制能力或程度的成长战略。具体又分为前向一体化与后向一体化两种形式：

1. 前向一体化

是指向下游企业或用户的业务拓展的战略，如原材料企业向制造环节拓展、粗加工企业向精加工方向拓展、制造企业向销售渠道与终端的拓展等。企业向下游拓展业务的原因比较复杂，可能是为了提升附加值，也可能是为了增加对买方的议价能力，还可能是为了防止在渠道上被"卡脖子"。

2. 后向一体化

是指企业向上游企业或供应商的业务拓展的战略，如钢铁企业向矿山业务拓展、乳制品企业向奶牛养殖领域拓展、手机企业向元器件方向拓展。企业向上游拓展业务的原因与动机相对比较简单，主要是为了提升供应链的稳定性，防止在关键原材料或零部件供应上被"卡脖子"。

在手机领域，芯片是核心元器件，华为早就启动了"备胎计划"，走"自主设计、委托代工"的路子，提升了其供应链的稳定性。在美国打压的前半段，华为都扛住了，直到美国打压制造环节时，才真正影响到华为。由于华为在芯片领域后向一体化时，只专注了设计，没有攻关制造环节，尽管华为的芯片设计能力达到了很高水平，但由于找不到代工企业，同样还是被"卡脖子"了。但不能因此认为华为的一体化战略不成功，华为是专业化精神很强的企业，正是因为专注，才在所在领域取得卓越成就的。华为在芯片设计领域形成的竞争力仍极具战略价值，相信我国在芯片制造领域很快会取得突破。

（二）横向一体化

横向一体化也称为水平一体化，指企业收购或兼并同类企业以扩大经营规模、提升市场占有率的成长战略。该种战略是沿着现有业务的横向扩张，其经营范围并不扩大，扩大的仅是现有经营领域内的规模，这在形式上与专业化战略有相似之处，专业化战略的企业在一定发展阶段也可能购并同类企业，但两者之间在本质上还是存在一定的区别。

横向一体化注重规模的扩张，主要通过购并同类企业来减少竞争对手、扩大规模、获取规模经济与提升实力，其成长思路是所谓的"做大做强"，但这样的规模变大并不一定意味着质的提升，通过购并简单拼凑起来的大并不代表强，也未必能做强，更未必能做久。

专业化战略当然也希望做大，但其注重的是质的提升，成长的逻辑是"做优做大"或"做强做大"。前文分析表明，只要有专注精神、工匠精神，把产品打造成精品，在互联时代，更可能成为"爆品"，做大是自然而然的事情。要说明的是，专业化战略并不排斥横向一体化，一个通过专业化战略构建了核心竞争力的企业，为了更好利用自己的核心能力，也可能通过横向一体化整合更多资源以加速发展。

二、客观认识纵向一体化的优劣势

（一）主要优势

1. 有助于供应链稳定与节省交易费用

企业在经营中，无论是向上游购买原材料、零部件，还是向下游寻求销售渠道、用户等，都要在市场中寻找合适的交易对象，都要付出一定的交易费用。一方面，在市场上搜寻交易信息以及后续的谈判、签约、执行、履约等整个过程都要付出相应的费用；另一方面，如果交易对象涉及关键投入资源或销售渠道，如遇对方违约，对企业供应链还会形成巨大冲击，后续的诉讼、寻找替代交易方等也要付出费用与代价。尤其在替代交易方较少的情况下，企业对现有的上下游交易方会形成较高依赖，不仅在交易谈判中需要做出较多让步，付出较高的费用与代价，而且还要面对可能的违约带来的供求不稳定、高风险。企业通过纵向一体化，将供应链上下游的部分环节内部化，显然有助于供应链稳定与节省交易费用。

实际上，节省交易费用是企业选择纵向一体化战略的重要原因。当然，从这个角度看，纵向一体化的范围与程度也不是越大越好，因为随着企业规模的扩大，企业内部容纳的环节越来越多，就需要付出越来越大的管理协调费用，当因纵向一体化引起的管理协调费用的增加额大于其带来的市场交易费用的减小额时，纵向一体化又变得不经济了。

2. 有助于提升差异化能力

在激烈竞争的环境中，企业需要想方设法创造出与众不同的独特性与差异化，使自己的产品与服务区别于竞争对手，以提升消费者忠诚度，构建竞争优势。纵向一体化由于控制了产业链较多的环节，能从更多方面保证产品与服务的品质、特色、亮点、个性等，有助于提升差异化的能力。

如褚时健通过承包荒山，控制种橙的所有环节，在品质上创造差异化，打造出"褚橙"品牌；万科通过后向一体化自建物业管理公司，成为了房地产行业的一大特色，不仅提升了物业管理的品质与居住体验，而且强化了万科产品乃至品牌的差异化，使万科成为与众不同、值得信赖的房地产企业；京东通过自建物流，提升配送速度与质量，改善消费者体验，成为了电商行业的一大亮点，使京东能在电商的红海里杀出重围；等等。

3. 有助于提高进入壁垒

企业实行纵向一体化战略，可能将关键资源、关键技术、关键渠道等掌握在自己手中，不仅可以提高进入壁垒，让觊觎者望而却步，还可以增加潜在进入者进入该领域的难度，而且还可以对行业内现有对手形成新的优势，限制竞争程度。

苹果在发布 iPod 后，为了解决音乐下载及来源的问题，开发了 iTunes 音乐商店，当音乐发行商将音乐商店作为重要的发行渠道之后，相当于苹果控制了音乐资源，使得其在该领域占据独特优势，促进了 iPod 的销售一路上扬，市场占有率一度达到 70% 的垄断状态。尽管戴尔、微软、索尼等公司在数字音乐随身听市场对苹果的挑战前赴后继，都希望分得一杯羹，不让苹果吃独食，但都很快被 iPod 斩落马下。

要说明的是，苹果推出音乐商店客观上形成了后向一体化，还助力 iPod 形成垄断，但主观上苹果的这个决定并不是事前谋划、精心设计的结果，而是为解决音乐版权问题中一个不得已的选择，是在解决问题中一步一步走出来的。

（二）主要不足

1. 注意力分散

在高度不确定的互联时代，注意力是企业最重要的、稀缺的战略资源，应将其配置到最关键的环节。但纵向一体化会从多方面分散、消耗、浪费企业宝贵的注意力：第一，各个环节之间可能存在生产力不平衡、协作不到位的问题，需要花费大量的时间和精力协调、解决；第二，各个环节可能涉及多种不同的技术，企业需要花费大量精力跟踪关注多方面的技术发展；第三，各个环节之间相互牵制，相互关联，体系庞大而繁杂，会耗费大量的精力来应对管理上的复杂性等。企业注意力在这些方面的消耗，会影响到对消费者、关键环节应有的持续高度关注，可能对市场需求变化的信息不再那么敏感。

2. 激励弱化

因纵向一体化，上下游环节之间关系的性质发生了根本变化，本来是市场上的买卖关系，上游企业的产品进入下游企业需要经过市场的竞争，竞争的作用会对上游企业形成压力与激励，现在这种市场交易关系变成了一个企业内部上下工序关系，上道工序的产品自然地交付下道工序，没有了市场上的竞争压力，激励效应必然弱化，从而降低改进产品、优化服务、打造精品、提升效率等方面的动力。

3. 灵活性下降

一个专业化的企业，掌握着核心环节，如遇需求变化，可以迅速做出反应，从整个市场整合资源，及时做出调整，紧紧跟着市场的节奏。但纵向一体化的企业，上下游各环节之间相互关联、相互牵制，面对需求的变化，由于"拖家带口"，往往心有余而力不足，或者顾虑重重，从而导致行动迟缓，错失机遇。这实际上是很大的风险，企业没有那么多的机会可供浪费，在互联时代，错失一次关键的机遇，影响的不仅是发展问题，而往往是存亡问题。

三、互联网时代纵向一体化受到的影响

20 世纪 80 年代之前的很长一段时期里，企业热衷于控制产业链条中包括上游和下游的各个环节，备受推崇的纵向一体化的生产组织形式曾为很多企业带来收益，成为企业扩大规模、积累财富的最主要途径之一（郑方，2010），纵向一体化也一度被视为企业综合实力的象征。

毫无疑问，在那个环境比较稳定、合作渠道不畅、信息欠透明、营商环境欠佳的时期下，纵向一体化对企业建立竞争优势发挥了独特的作用。但随着环境的变化，尤其是全球化与互联网时代的到来，知识经济、信息经济乃至数字经济的兴起，纵向一体化的一些优势被逐步瓦解，而原有的不足不仅没有被弥补，反而被放大。

（一）信息更加透明，交易费用持续下降

前文分析表明，节省交易费用是企业实施纵向一体化的重要原因。在互联时代，信息变得越来越透明，企业间的交易与合作更加便捷，交易效率大幅提升，交易成本也大大降低，也就逐步失去了实施纵向一体化的内在动力。这时，对大多数行业的公司而言，如再走"通吃"价值链上下游各环节的路子，则不符合

互联网的外部环境。

（二）技术日益复杂，企业越来越难"通吃"整个价值链

随着技术的进步，大多数行业的技术含量越来越高，越来越复杂，复杂到一个企业能掌握的技术范围越来越小。技术的复杂性加之企业间合作变得更加便捷，促使了分工越来越细、越深化，以利于每个企业专注于一个细小的领域或环节，以更好地掌握核心技术。

分工的不断深化又促使产业的概念发生变化，产业的范围也越来越小，原来一个产品是一个产业，现在是一个部件或一个环节成为一个产业，如汽车是一个产业，现在越来越多的部件分离出来成为产业，如轮胎产业、玻璃产业等。

信息产业更是如此，如手机中分离出越来越多的部件成为产业，而且有的部件的技术也很复杂，产业链还很长，部件内还形成分工。小小的手机芯片，技术就相当复杂，这个核心部件本身都是一个价值链，半导体设备、材料、设计、制造、封测等环节都由不同的企业形成分工协作，且每个环节都有很高的技术含量，在世界范围内也只有少数长期专注于此的公司能掌握核心技术，至今几乎没有一家企业能单独"通吃"芯片价值链的各个环节，更不用说手机价值链了。在半导体设备方面，制造环节用的光刻机也是科技含量极高的产品，其技术也掌握在极少数几家公司手中。

实践证明，只要真正掌握了哪怕一个小环节的核心技术，就可以占据整个产业的较高地位，拥有较高的话语权、战略影响力乃至掌控力，能调动起产业链上下游的大量资源。在每个价值链上都会有大量专注于某个细节的专家型公司，它们由于掌握了某个环节的核心技术，具有了与上下游合作、互动与博弈的资源与实力，很自然也会形成撬动更多资源的动力。在此背景下，一体化战略在绝大多数行业似乎越来越行不通，企业没有必要，似乎也越来越不太可能通过纵向一体化掌控整个价值链。

（三）环境日益多变，企业越来越需要灵活性

由于环境越来越复杂多变，充满了不确定性，企业必须要保持高度的灵活性，能根据环境变化迅速做出调整。采用纵向一体化战略的企业，其灵活性是下降的。企业只有保持对市场、消费者、用户的高度专注，掌握核心技术，才能在环境变化时，迅速做出反应，并最大限度地通过与外部合作，整合、调动最合适

的资源，以支撑迅速做出满足新需求的调整。一体化战略的企业，是难以适应高度不确定的环境的。

四、一体化战略的演变趋势及机理

企业通过纵向一体化试图控制整个价值链，"通吃"各环节的战略或模式，总体上不再适应互联时代的外部环境，企业通过专注于价值链的关键环节，做专家型公司，更有助于取得核心竞争力与好的竞争效果。因此，越来越多的企业倾向于纵向分离，专注于核心业务（郑方，2010），成为专业化型或专家型企业。

在企业走向专注于核心业务之后，为了最大限度地发挥自身核心能力等方面的优势，各类不同环节上的专业化型企业之间必然寻求合作，以实现强强联手、优势互补。为了寻找到最合适的合作伙伴，企业会从更大范围搜寻市场信息与潜在合作对象，在大量的交往中必然有一部分企业之间通过接触、交流、磨合、互动等，逐步形成一套大家都认可的规范，乃至产生相互信任或共同的价值观，从而支撑形成一种相对稳定的合作关系，甚至是面向长期的比较稳定的战略性合作。

这些规范或价值观尽管不在一个实体内，没有产权隶属、指挥命令的关系，但彼此之间存在着一条相互依赖的无形纽带，成为维系关系的一种强大的隐性力量，使企业间相互支持、相互影响、高效协作。可见，企业通过纵向分离摆脱了原一体化价值链的束缚之后，会走向一个高效的"重整"或"重新组合"过程。分离只是手段，不是目的，分离有助于专注核心业务，更有助于寻求更合适的合作对象，还有助于找到更高效的合作方式。

这些不在一个实体内的企业之间，由于通过市场的竞争与合作，形成的一种高效维系关系的机制或规范，在客观上类似于纵向一体化内的稳定关系。有学者将这种关系称为准纵向一体化、虚拟纵向一体化或虚拟垂直一体化。它们虽不在一个实体内，但它们之间也不是纯粹的市场交易关系，而是介于企业与市场之间的一种"中间状态"，如长期协议、战略联盟、特许经营，等等。可见，纵向一体化有内在的分离趋势，在分离之后，又有内在的"重整"需要，进而再向准纵向一体化的趋势演变。

从更大的范围或视角看，各行各业的价值链基本都会向纵向分离，不同产业的价值链可能会分离出具有相同或相似功能的环节。随着信息时代的来临，电脑、手机、家电、汽车、高铁、电网、医疗仪器、机器人、工业控制等产业链，都具有芯片这个关键环节，都需要应用芯片这个关键部件，由于该部件技术越来越复杂、工艺要求越来越高，这些产业的芯片环节都逐步分离出来，形成一个产业，芯片产业也就成为了这些不同产业间的一个交汇点。

物流也是如此，多数产业都需要物流环节，随着越来越多的企业将物流分离出来交给专业公司后，不同产业的物流环节逐步形成一个单独的产业，在该产业中也逐步培育起若干数量的专业化物流公司，这时物流产业成为连接众多产业的一个交汇点或载体。随着各行各业更多类似物流这样的环节分离，如人力资源管理、财务管理、产品设计、广告等，会出现越来越多新的专门产业，原有不同产业之间会出现较多的交叉点或连接载体。

这样，不同产业间的交叉融合会逐步形成极其庞大的、复杂的、越织越密的价值网络体系。网络体系的每一个节点都代表着一个越来越专业的产业，每一个节点都有若干专业化的公司，整个社会经济系统的组织形态会表现为专业化公司与专业化公司之间的合作，这些分工越来越细的专业化公司之间会根据市场需要，不断进行灵活的"重整"，创造着越来越多的可能，正如郑方（2010）提出的"小分工，大整合"的趋势。在这个过程中，新的产业可能不断出现，不同产业之间的界限越来越模糊，产业也越来越难以清晰界定了。

由于越来越多的企业集中资源于某一个环节，当然是自己最核心、最擅长的环节，从事横跨众多产业的专业化业务，为自己的核心能力拓展发展空间。需要强调的是，企业集中资源于某个环节，并不是压缩了发展空间，而是以更高效的方式拓展更大的空间。企业这种以某个环节横向扩张与发展的趋势，为横向一体化战略拓展了新的空间。

这时，处于多个不同产业链交汇点的关键环节上的企业，就可能凭借自己的核心竞争力，撬动多个产业的资源，对多个产业施加影响，或利用与多个产业的联系，打造跨产业的经营模式，甚至打造基于自己核心能力基础上的生态圈。在形式上，企业似乎走上了横跨不同产业的多元化经营，但在本质上仍是专业化的理念与思想。例如，华为涉足造车领域，华为自己并不造车，而是主攻智能汽车技术解决方案，帮助车企造好车。表面上看，华为好像进入到一个全新的领域，实际上，华为仍聚焦 ICT 技术。

第十二章 创新模式选择的逻辑

创新来自于灵感，灵感来自于对世间事物的细心观察和缜密的思考。

——朱江洪

创新是企业的灵魂，是竞争优势的重要来源。但实践表明，重视创新的企业未必能取得好的效果，"创新者的窘境"还是比较常见的。企业仅有创新的勇气是不够的，还要有创新的智慧，要沿着正确的战略导向，形成科学的创新思路，选择适当的创新模式，以让创新有方向、有章法，形成拳头。

渐进性创新与突破性创新是两种重要的创新模式，两种创新模式各有各的优势，但同样也有各自的不足。选择什么样的创新模式是企业的重要战略决策，企业通常纠结于到底哪种创新模式更有利于企业发展与战略升级，这实际上不知不觉将两种创新模式割裂开来、对立起来了。两者之间虽然存在着较大的差异，但其实更存在着内在的逻辑关联。甚至，两者之间的相互支撑、相互依赖才是两者关系的主要方面，两种创新模式完全可以在同一个企业内整合，以"各司其职、各尽所能"。

一、两种创新模式的优势与局限

（一）渐进性创新

渐进性创新是企业根据环境的变化，通过对技术、管理、市场、商务模式等方面进行逐步、连续的调整与改进，以动态、持续地适应环境的变化。渐进性创新坚持循序渐进，注重对企业积累的独特资源的利用，采用渐进的方式对其进行调整与改进；坚持稳中求进，强调创新行为的稳定性与连续性，防止企业发展的大起大落；坚持量变到质变，追求创新效果的累积性，认为渐进性创新的行动似乎缓慢，但它实质是创新效果累积的过程，是量变到质变的过程，其变化的程度往往要大于一次重大的创新。

可见，在一定范围内，渐进性创新实现了循序渐进、量变到质变、稳中求变的统一，它可以防止"欲速则不达"的困境，推动企业战略逐步地改变，以不断适应变化的环境。但是，渐进性创新虽然可以累积成较大的创新和改变，但总体上毕竟是在原有的战略逻辑或路径下的逐步改进，从某种程度上来说反而会使定势思维得到强化，它实际上使企业在原来的道路上越走越远。

诺基亚，在其成为手机市场的领导者之后，为维持市场地位，时刻不敢懈怠，一直立足于持续创新、持续改进，以更好地满足市场的需求，它在技术开发、产品品质、人性化设计、售后服务等方面几乎做到了极致，为满足不同消费者的需求，仅手机型号就达到1000多个，但由于是在原有战略框架与定位下的渐进性创新，无论其手机本身如何卓越，实际上是在强化原有的战略框架与定位，在市场轨迹出现拐点的情况下，诺基亚没能抓住机会，没能摆脱曾让其取得成功但却已不适应新环境的产品定位、设计理念以及塞班（Symbian）系统，导致诺基亚的市场地位江河日下。诺基亚的失败就在于其坚持单一的渐进性、改良性的创新，思维没能跟上时代，在关键的时候没能实现突破性的定位创新。当苹果给了手机"能通话的移动终端"的新定义时，诺基亚不以为然，仍致力于自己的稳中求进的渐进性创新模式，结果这种曾经让诺基亚取得巨大成功的"法宝"，在新的环境下，却成为其进行战略转型的巨大障碍，而苹果却仅凭少数几个型号就满足众多不同类型消费者的需求，而且达到令消费者喜出望外的效果。

对这种状态，克莱顿·克里斯坦森（2014）将其称为"创新者的窘境"。一些产业内的顶尖企业，它们管理良好、锐意提高竞争力、认真倾听客户意见、积极投资新技术研发，却仍丧失了市场主导地位。出现这种情况的主要原因在于，这些企业延续了过去成功的经验，在既有的轨道上逐步创新技术、改进产品，而一旦市场需求发生大的变化，出现新的更能适应新需求的创新路径或突破性创新，则原有的领先优势就会受到大的冲击。

（二）突破性创新

突破性创新是企业根据环境的变化或对环境认识不断深化的情况下，通过对技术、管理、市场、商务模式等方面进行大幅度、根本性、颠覆式的创新，构建新的战略框架、逻辑、定位，以更好适应环境的需要。突破性创新以一种革命性、开拓性的勇气和决心来消除企业发展的瓶颈，它可能是战略定位、关键技术、定势思维、商务模式等方面的，这些都是企业长期发展积累而成的。

企业在这些方面的长期积累，在适应环境的情况下，它可以成为企业的优良传统，在不适应新环境的情况下，也可能成为企业的积弊，由于是长期形成的，无论好坏，都会形成较大的惯性，一般很难改变。突破性创新以非常规的手段施加外力，有助于企业战略演变轨迹形成拐点。但与此同时，突破性创新由于是一种非常规的创新，企业会因此产生很大的变化，而且这种变化没有经过市场的检验，也没有经验可循，更多依赖企业家的战略判断，甚至仅是企业家个人的战略野心，这种创新自然要冒很大的风险。

突破性创新的一个根本特点就是前景的不确定性，因过于追求突破性创新而导致迅速衰败的例子不胜枚举。吴晓波在《大败局》一书中描写的多数企业，如秦池、爱多等，都有过某些突破性创新的经历，都曾取得过辉煌，但由于战略思想上的"浮躁"，过于追求非常规发展，从而过于追求具有突破性质的举措，忽视整个企业系统的持续渐进性改进与创新，结果让曾经的辉煌"昙花一现"。

二、渐进性创新与突破性创新的内在逻辑关系

如前文所述，无论是渐进性创新还是突破性创新，都有显著的优点，但也都存在着一定的局限性和不足。如果能实现两类创新的组合，不仅可以发挥两类创新各自的优势，还可以弥补各自的不足。那么，渐进性创新与突破性创新之间有没有组合的可能呢？笔者认为，两类创新模式之间不但没有本质的矛盾，而且存在着内在的联系，两者完全可以通过适当的组合以实现优势互补、缺陷回避。

（一）渐进性创新对突破性创新具有基础性的支撑作用

1. 渐进性创新有助于发现突破性创新的机会

未来的环境到底会发生什么样的改变？这种改变到底会对企业造成什么样的影响呢？会带来什么样的战略威胁和战略机会呢？企业的战略到底应往何处去？

企业到底需要什么样的关键性或突破性创新才能支撑未来的发展呢？面对不确定的环境，企业必须对这些问题有深刻的思考，尤其要找准未来可能的突破性创新的方向，这是支撑企业长远发展的关键。

但是，企业的认识能力是有限的，它不可能一次认识到环境变化的所有问题，也很难准确判断环境变化对企业的影响到底如何。企业面对的经营环境的确越来越复杂多变，科技进步的速度在加快，产品的生命周期在缩短，还时常伴随着具有革命性质的技术或商业模式的产生，这往往会改变一个企业甚至一个行业，现在颠覆一个企业乃至一个行业需要的时间越来越短。在过去的几十年中，已出现众多的科技与商业模式颠覆了企业的经营，也改变了人们的生活方式，今天企业提供的许多产品与服务甚至在 3～5 年前都是不可想象的。毫无疑问，未来科技与产业革命的脚步不会停歇，但很难预测下一轮的科技与产业革命将会发生在哪里？在哪个领域与区域？

在这样的情况下，渐进性创新成为把握与跟踪环境变化的有效途径，渐进性创新致力于根据环境的变化进行持续、渐进的决策、试验、调整和创新，以不断适应环境的需要，企业这种动态跟踪环境的行为有利于把握环境演变的趋势。实际上，环境的变化也是渐进发生的，累积到一定的程度发生一次大的变化，任何表面上环境的突变实际上早已出现端倪，对环境的长期跟踪有利于在其发生重大变化的前夕就预先发现突破性创新与战略变革的机会，从而激发出适应环境需要的突破性创新，并从根本上改变企业的竞争地位或行业的状况。

2. 渐进性创新有助于为突破性创新创造条件

突破性创新是颠覆性的、开创性的、根本性的创新，它不是小改小进，当然不易发生。加之它没有先成的规律可循，也很难事先规划。从某种意义上来说，这是可遇不可求的。许多突破性创新，往往都有点意外，事先可能都没想到。

但如果回过头来总结，所有突破性的创新，之所以会发生，都在这之前积累了一定的条件，而在这个过程中，许多突破性创新的灵感正是在渐进性创新道路上激发出来的。正如周鸿祎（2014）指出的，商业历史上的颠覆式革命者是从一个小点开始，大约持续 5～10 年，不会立即发生，所以容易被忽视，甚至连颠覆者本人也未必能意识到自己做的是颠覆式创新。

乔布斯开发 iPhone，重新定义了手机，创造了移动互联，这是一个颠覆性的创新。但如果深入分析这个创新产生的过程，会不难发现，这虽是一种必然，但却有点意外。说是一种必然，因为乔布斯与苹果一直高度重视创新，大多数时候都走在渐进性创新的路上，在这个过程中不断产生新的灵感；说是一种意外，苹果从未有战略规划进军手机领域，这多少有点偶然与意外。关于这个过程，本书的开篇案例及其他多处进行了分析，这里不做赘述。

另外，企业是一个复杂的系统，系统的各个部分必须协调才能让整个企业良好运转。然而，企业系统的不同部分不可能以同等的创新速度向前发展，突破性创新也不可能在所有方面同时产生。它总是在某一个部分或方面先产生突破，然后再带动整个组织的发展。同时，它需要其他方面对其形成支撑，如技术上的突破需要营销系统的支撑、营销的突破需要生产运作系统的支撑等。如果没有整个系统的支撑，突破性创新反而可能会给企业带来失败，因为在这种情况下，企业各部分的配合实际上变得更差。

因此，当某方面的突破性创新发生后，需要其他方面的创新快速跟上，为已产生的突破性创新提供运行系统支撑，这些创新不需要突破性的，但需要加快渐进性创新的节奏，以快速优化整个系统。从某种意义上来说，企业某个方面的突破性创新需要其他方面渐进性创新的"消化"。正如董琳（2009）指出的，突破性创新固然重要，但在全面占领市场过程中离不开渐进性创新；企业突破性创新成功后，要有相当长一段时间从事渐进性创新活动。

（二）突破性创新对渐进性创新具有方向性的引领作用

突破性创新不常发生也不易产生，但企业应有追求突破性创新的精神，再用这种精神去引导扎实做好每一步渐进性创新的工作。渐进性创新并不意味着不思进取、随遇而安、被动适应，如果有突破性创新精神的引领，渐进性创新成为了主动试探、了解、适应环境的途径和方法，有助于为突破性创新创造条件，渐进性创新的累积反而可能会激发出突破性创新的成果，从某种意义上说，渐进性创新成为了突破性创新的组成部分。

相反，如果没有突破性创新精神，则渐进性创新真的可能成为被动适应环境变化的方式，这种创新会使原有的经营模式、战略逻辑、发展路径等得到进一步的强化，表面上看企业在持续进步，但实际上对原有的发展路径形成更大依赖，企业战略刚性会进一步增加，转型的难度也会加大，一旦环境发生大的变化，企业可能会迅速衰败。可见，有无突破性创新精神的驱动，决定了渐进性创新是积极主动型的还是消极被动型的，这两种渐进性创新在表现形式上好像是一样的，但却存在着本质的不同。

三、两种创新模式组合探讨

（一）两种模式组合的优势互补效应

前面的分析表明，渐进性创新与突破性创新之间不仅不存在本质的矛盾，而且具有内在的联系，彼此之间是相互依赖、相互支撑的。两种创新模式之间不仅具有组合起来的可能，更有组合起来的必要，两种创新模式的组合不仅可以实现优势互补，而且可以避免单一创新模式的不足。

渐进性创新有助于促进企业独特资源的积累，这是企业竞争力的重要来源；突破性创新有助于打破企业知识经验积累形成的思维定势与路径依赖，这是企业战略突破的重要支撑。可见，渐进性创新与突破性创新的组合是破解企业独特资源积累与突破矛盾的重要途径。特别要强调的是，创新模式的组合并不是简单地实现一种模式的优势弥补另一种模式的不足，也不是简单的优势相加，两种创新模式的内在相互依赖、相互关联、相互支撑决定了两种创新之间可以产生协同效应，两种创新模式之间的相互支撑可以强化甚至放大各自的优势，使两种创新模式都产生更好的创新效果，而且两者的组合又会实现更好的优势互补效应。

以江苏洋河为例，早在1979年第三届全国评酒会上，洋河大曲因其"甜、绵、软、净、香"的独特口感跻身于中国八大名酒行列，由于其长期采取渐进性创新模式，虽然也取得了不小的发展成就，但由于这种创新模式是在原有战略逻辑下的小改小进，是对原有战略路径的强化，很难实现战略上的根本改变，故洋河一直未能从根本上改变其市场地位。由于行业的激烈竞争，不断挤压洋河的市场占有率，洋河经过认真讨论与思考，实现了创新模式的转变，从单一的渐进性创新模式转向渐进性创新与突破性创新组合模式，成功实施了蓝色战略转型，从根本上提升了企业竞争力，改变了市场地位。1999年，洋河在渐进性创新的基础上，对白酒的分类进行了突破式创新，在传统的酱香、浓香的基础上提出了白酒新定义：绵柔，形成"绵酱浓"的新分类体系，短短10年后，绵柔概念风靡全国，洋河也成功跻身于一线品牌的行列。一直以来，茅台是我国酱香型白酒的代表，五粮液是浓香型白酒的代表，茅台、五粮液是我国白酒行业的双雄，将其他品牌远远甩在身后，而洋河的突破性创新将自己塑造为绵柔型白酒的代表，使得洋河成为与茅台、五粮液并列的一线品牌，自此我国白酒市场一线品牌的格局已由"双雄争霸"演变为"三足鼎立"。洋河的白酒新定义的概念是突破性的创新，但其并不是无中生有的臆想，洋河在长期经营及渐进改进中形成了"甜、绵、软、净、香"的传统风格，"绵柔型"白酒的概念恰恰是对传统风格"甜、绵、软、净、香"中"绵"元素的放大。洋河的成功决不仅仅是依靠一个概念的炒作，在其提出新定义后，在口感测试的基础上，于 2003 年起先后推出洋河蓝色经典的"海之蓝""天之蓝""梦之蓝"系列，在整个蓝色转型中，持续进行工艺改进、营销创新、生产体系建设等一系列渐进性创新对突破性白酒新定义的创新进行消化和支撑。

反之，以同在白酒行业的山东秦池为例，它曾经是突破性创新的"典范"，敢于打破行业常规，提出传媒主导的发展战略，年销售额仅为 1 亿多元的企业，竟然敢投入 6666 万元夺得中央电视台的 1996 年度广告标王，使得秦池迅速成为白酒市场上最为显赫的新贵品种，同年其销售额和利税分别为 9.5 亿元、2.2 亿元，分别为上年的 5 倍、6 倍。1997 年，又投入 3.2 亿元夺得中央电视台的广告标王，可是，在提货车排队、产品供不应求的大好市场形势下，一则关于"秦池白酒是用川酒勾兑"的报道让其陷入了无法自拔的泥潭，秦池的传奇未能续写，一颗白酒行业的新秀也瞬间陨落。从某种意义上说，秦池当年的做法是具有很强的胆识和创新意识的，敢于打破常规，追求走跨越式发展道路。但由于追求概念创新、广告效应，忽视了企业是一个系统的本质，营销上面的突破需要生产运作等其他方面的配合，一次重大的创新和突破需要多方面的渐进性创新或改变来消化和支撑。如果秦池在 1996 年取得成绩的基础上，注重生产体系、工艺流程等的改进，结果可能就大不相同。在很大程度上，秦池的失败就在于割裂了渐进性创新与突破性创新的关系，片面采用了单一的突破性创新模式。

（二）两种创新模式的组合思路

1. 环境不确定性维度的渐进性创新与突破性创新组合

现有研究表明，环境的不确定性程度越高，突破性创新越重要，反之，渐进性创新效果更好。如 Hurmelinna - Laukkanen（2007）等研究发现高度不确定的环境会迫使企业追求新的技术和利润来源，企业会倾向于追求颠覆性创新；薛红志和张玉利（2008）认为随着技术竞争的加快，突破性创新出现的频率越来越高，创新幅度越来越大，对既有企业如何适应突破性创新的理解变得越来越重要；陈锟和于建原（2009）研究发现处于较低环境动荡性的企业，无论规模大小，选择渐进性创新才能获得良好的绩效，而处于较高环境动荡性企业，采用颠覆性创新则是中小企业战胜大企业的一个有效策略；等等。

基于此，本书根据企业所处环境的不确定性程度提出两种创新模式的"组合三分法"（见图 12 - 1），纵轴表示突破性创新或渐进性创新的力度，两者并存但方向相反。横轴表示企业面对环境的不确定性程度，粗略地划分出三个区域，分为 3 种组合方式：组合 I ——高渐进性创新低突破性创新，适用于低不确定性环境，一般为传统产业；组合 II ——渐进性创新与突破性创新并重，适用于中等不确定性环境，一般为处于传统产业与高新技术产业之间的中性产业；组合 III ——高突破性创新低渐进性创新，适用于高不确定性环境，一般为高新技术产业、战略性新兴产业。

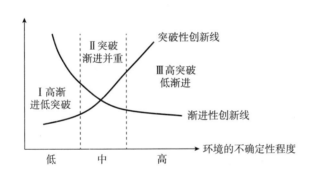

图 12 - 1　环境不确定性维度下的创新模式组合

2. 企业发展阶段维度的渐进性创新与突破性创新组合

现有研究表明，企业的发展时间越长，越倾向于渐进性创新，反之，越倾向于突破性创新。如 Teece（1986）研究表明，尽管现有企业在资源、经验和其他重要因素上具有优势，但新进入企业赢得了多数的技术争夺战；薛红志（2006）认为渐进性创新建立在现有知识和能力之上，既有企业与新进入企业相比，在开发渐进性创新上具有一定优势，但这种优势会大大影响它们开发突破性创新的效率，等等。

基于此，本书根据企业所处发展阶段提出两种创新模式的"组合三分法"（见图 12 - 2），纵轴表示渐进性创新或突破性创新的力度，两者并存但方向相反。横轴表示企业所处发展阶段，粗略地划分出三个区域，分为3种组合方式：组合Ⅰ——高突破性创新低渐进性创新，适用于企业发展初期或投入期；组合Ⅱ——渐进性创新与突破性创新并重，适用于企业发展成长期；组合Ⅲ——高渐进性创新低突破性创新，适用于企业发展成熟期。

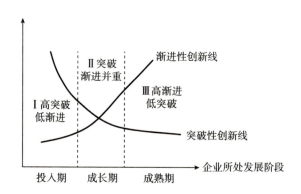

图12-2　企业所处发展阶段维度下的创新模式组合

本书从两个维度将两种创新模式整合到一个框架中，在理念上彻底抛弃两种创新模式"二选一"或"非此即彼"的思想，从方法上落实两种创新模式融合的理念，有助于企业更好地通过创新推动企业发展。要更好地运用本书的模型，应深刻掌握其本质，不能简单机械地死搬硬套。两种组合模型都表明，企业的创新模式组合是动态变化的，创新模式的高低组合仅表示某一时点上通常的组合状态，决不意味着企业仅重视高的那种创新模式，也绝不意味着低的那种创新模式不重要。

以图12-1中的组合Ⅰ——高渐进性创新低突破性创新为例，在稳定的环境中企业较多采用渐进性创新，以不断巩固、强化其市场地位，但长期稳定的市场环境会让企业原有的战略逻辑不断得到强化，一旦环境发生较大变化，这些企业往往难以应对，实际上，这时企业非常需要一次突破性创新来改变原先发展的轨迹，偶尔一次的突破性创新往往决定了企业未来的市场地位与竞争优势，这种组合在表现形式上渐进性创新是主要的创新模式，但突破性创新所起的作用却是十分关键的。洋河身在传统产业，环境相对稳定，渐进性创新是其主要的创新模式，但在蓝色战略转型中，一次关键的突破性创新对改变市场竞争格局所起的作用是不言而喻的。

再以图 12－2 中的组合Ⅲ——高渐进性创新低突破性创新为例，虽然在统计上成熟企业在突破性创新方面不占优势，但并不意味着这些企业尤其是行业内的领导企业不应和不能进行突破性创新，尽管美国通用电气、荷兰飞利浦、日本精工株式会社曾经分别在白炽灯、盒式磁带、机械表领域占据领导地位，但仍积极地率先进行突破式创新，分别发明了荧光灯、CD 播放器、模拟石英手表，改变了产业竞争状况，获得了巨大收益，洋河的例子也同样如此。实际上，越是环境相对稳定性条件下的成熟企业，由于长期注重渐进性创新，其沿原来战略路径改进的空间其实越来越小，也就越需要关键的突破性创新来延续其优势。

因此，企业应有广阔视野和长远的战略眼光，当渐进性创新更适合实际情况时，行动上应推进渐进性创新，但在思想上要时刻注意捕捉突破性创新的机会。相反，当突破性创新更适应实际情况或发现突破性创新的机会时，要果断大胆实施突破性创新，但思想上要时刻关注渐进性创新，尤其当突破性创新取得成功时，要通过渐进性创新不断完善、稳定、巩固突破性创新的成果，用持续的渐进性创新来化解突破性创新可能留下的副作用。

四、创新模式选择中的战略导向

（一）创新模式选择受到战略导向的影响

企业的创新模式选择会充分考虑其内部条件和外部环境，企业的内部条件和外部环境是客观存在的，但企业对这两方面的认识和理解却是主观的，在很大程度上受其战略导向的影响，不同的战略导向会使企业对待内部条件与外部环境时有不同的侧重。战略导向是一种导向性原则，这些原则包括那些潜在的决定企业行为和计划的企业哲学，不同的战略导向决定了企业对所处环境与自身资源的不同理解，也决定了企业战略制定及采取何种方式获取竞争优势。

市场导向企业将外部环境作为企业战略制定的关键因素，认为企业必须适应环境中的支配力量，否则会丧失竞争优势甚至被淘汰；而企业家导向则强调"战略家"在企业战略中的强势地位，将企业的生存和发展看成是主动变化和寻求市场发展机会的结果（孙永风等，2007）。学界普遍认为，市场导向由于强调对环境的适应，因此会倾向于选择与环境同步变化的渐进性创新，即通过持续、渐进的创新逐步适应环境变化的需要；企业家导向由于强调对未来的探索，即使在信息不完备及前景不明确的情况下，仍坚持大胆决策并果断付诸行动，力求通过大幅度的突破性创新以开发不确定的市场机会。也就是说，不同的战略导向影响甚至决定着企业不同的创新模式选择。

现有文献在讨论战略导向时，普遍将市场导向与企业家导向看成是两种根本不同的导向，不知不觉中将两者对立起来了。这种"对立观"非常不利于企业做出正确的创新模式选择。实际上，市场导向与企业家导向非但不矛盾，两者之间也存在着内在的逻辑关系。

（二）市场导向与企业家导向的内在关系

1. 市场导向离不开企业家精神，市场导向在某种意义上也是一种企业家导向

适应市场是企业最基本的生存法则，因此市场导向应是企业最基本的战略导向。市场导向应不仅体现在对环境变化的理性、被动适应上，更应表现为对环境的主动和创造性的利用上。如果没有企业家精神的驱动，市场导向往往表现为被动地根据环境变化采取相应对策，追求短期的财务绩效，而且还错误地认为这种对策是建立在坚实的客观基础之上的，有利于企业的稳定发展。

实际上，这时的企业已几乎完全沿着原有轨迹的惯性往前发展。在缓慢演变的环境下，企业的轨迹与市场的轨迹是基本吻合的，一旦环境发生重大变化，企业的轨迹无法跟上市场拐点，企业这时会遇到重大危机，所谓的稳定发展只不过是特定环境下的阶段性现象而已。

如果有了企业家精神的驱动，市场导向就会表现为对环境的主动和创造性的利用上，企业会积极主动地根据环境的演变深刻分析未来可能的变化，在环境发生重大变化前就系统地准备应对措施，以抓住环境变化带来的机遇，建立新的优势。不仅如此，即使在环境没有发生较大变化的情况下，或者认为未来较长时间内也不会发生较大变化的情况下，企业家精神也会让企业不满足于现状，也会不断进行对环境的研究，努力不断深化对环境的认识，以挖掘稳定环境下的机会，更好地适应市场需求。

以分众传媒为例，当年江南春之所以能创办成功，首先是因为坚持了市场导向，适应市场需求才能有生存的基础，江南春发现的广告市场的确是存在的，但却是隐性存在的，如果没有企业家精神的驱动，没有对市场的深入、细致的分析

和挖掘,就不可能发现这个实际存在但却看不见的隐性市场。江南春认为看广告是很无聊的事情,一个人只有比看广告更无聊的时候才会看广告,那么一个人什么时候会比看广告还无聊呢?经过深入观察和思考,江南春认为上班等电梯时符合这个特点,于是决定将电视广告屏挂到写字楼的电梯间里,这个创意导致了一个优秀企业的诞生和发展。分众传媒的成功并不是因为抓住了环境的重大变化机遇,而是在于对现有环境认识的深化,对"看不见"市场的挖掘,这正是由于企业家精神支撑下市场导向的结果。要更好地践行市场导向,离不开企业家导向,从某种意义上说,市场导向也是一种企业家导向。

2. 企业家导向离不开市场意识,企业家导向在某种意义上也是一种市场导向

企业家导向强调"战略家"在企业战略制定中的强势地位,将企业的生存和发展看作是企业主动变化和寻求市场机会的结果。但无论什么导向,在本质上都是为了适应环境,适应环境可分为被动适应与主动适应,企业家导向更多追求主动出击,创造性地适应环境,它意味着动态、主动预测环境,在环境拐点出现前就预先采取行动,但这种主动的预先行动并不意味着盲目行动,而是建立在对环境的充分、深刻的研究基础之上。从某种意义上说,企业家导向也是一种市场导向,是更多关注未来市场需求甚至引导未来市场需求的导向。

苹果重新定义手机是一种突破性创新,它是"战略家"的举动,它从根本上改变了手机市场的竞争格局。毫无疑问,苹果的成功是企业家导向的成功,但苹果的成功到底是因为创造了市场,还是适应了市场?从表面上看,是其创造了市场,但实质上其实还是因为适应了市场,是创造性地适应了市场需求,适应市场是本质和出发点,创造性仅是适应市场的特点或一种类型。为什么苹果能提出"能通话的移动终端"的概念,根本原因还是因为它对市场的深刻、敏锐观察,从消费者习惯变化的捕捉中发现了机会,新概念的提出实际上是发现了消费者内心深处的需求,这种需求是实实在在存在的,只不过别的企业未能发现这个"看不见"的隐性需求。苹果适时提出这个概念,只不过将消费者真实存在的隐性消费需求激发了出来,让其显性化。试问,如果消费者根本不需要苹果提供的手机新概念,苹果还能取得这样的成功吗?因此,企业家导向实际上是一种不折不扣的市场导向,是对市场更加敬畏、更加细致、更加用心的基础上,提出的具有创造性的战略决策。

(三) 两种战略导向融合是两类创新模式组合的重要支撑

前面的分析表明,虽然企业家导向与市场导向强调的侧重点不同,但它们之

间并不存在矛盾，而且还存在内在的联系，两种战略导向是相互补充、相互支撑、相互依赖的，企业完全可以而且也应该坚持双重战略导向的融合。当企业坚持了双重战略导向的融合，渐进性创新与突破性创新的组合就有了战略思维层面的有力支撑，就会从根源上推动解决两类创新模式的分离问题，实际上也从战略层面解决了企业发展的动力之源问题。

洋河的成功战略转型直接原因表现为较好实现了渐进性创新与突破性创新的组合，而深层次的原因却是坚持了企业家与市场双重战略导向。如果没有市场导向，即使提出所谓的突破性概念创新或差别化，也可能是没有市场基础或不能为消费者带来实际价值的差别化，提出的新定义或新概念根本不可能被市场接受，更谈不上从根本上改变企业的市场地位，总之会缺乏渐进性创新的支撑；如果没有企业家导向，企业可能还沉醉在八大名酒的光环之中，还在总结并继续曾经走过的"成功道路"，不可能在挖掘企业积淀的基础上提出有价值的突破性概念，就不可能有"绵酱浓"的分类体系，表现形式上就是缺乏突破性创新。

而秦池由于过于追求"战略家"在企业战略制定中的强势地位，强调奇迹的创造，但缺乏对市场规律的敬畏和尊重，在创造市场与适应市场的问题上本末倒置，结果虽然频频出现"惊人"的举动，但仍不能持续渐进推出适应市场内在需要的改进或创新，仍不能实现可持续发展，更谈不上战略转型。

（四）市场导向与企业家导向的融合思路

无论是市场导向还是企业家导向对企业发展都具有特定的重要作用，企业对两种导向不应厚此薄彼，应给予同等重要的位置。由于战略导向并不是一项具体的工作，它是具体工作的指导思想，并不一定像创新模式那样会显性地表现出来，有的导向可能很隐性、很深刻地存在于企业的潜意识当中，虽然它不常被提及，但实际上对实际工作产生了很大的影响。正如 Peterson（1989）指出的它包含潜在的决定企业行为和计划的企业哲学。如前面提到的分众传媒，其市场导向相对是显在的，而企业家导向是隐性的，或者说市场导向的背后隐藏着企业家导向；而苹果的企业家导向是相对显在的，而市场导向则是隐性的，或者说企业家导向的背后隐藏着市场导向。这里从环境的不确定性、企业所处的发展阶段两个维度，探讨两种战略导向的融合模式。

1. 环境不确定性维度的市场导向与企业家导向的融合

学者们一般认为稳定的环境下企业应坚持市场导向，而在不确定的环境下应坚持企业家导向。本书的理论分析表明，市场导向的背后离不开企业家导向的支撑，因为越是在稳定的环境下，企业越是在一个既定的轨道上平稳运行，企业的思想越容易"麻痹"，企业更不容易有应对方案，一旦发生较大的环境变化因素，企业可能无法应对，从这个意义上说，稳定的环境对缺少企业家导向的企业来说是最大的危险。

因此，在显性市场导向的背后应有隐性企业家导向做支撑。相反，在不确定的环境下，在显性企业家导向的背后也应有隐性市场导向做支撑。据此本书提出两种战略导向显隐性的"融合三分法"（见图 12 - 3），纵轴表示市场导向或企业家导向的显性或隐性程度，两者并存但方向相反。横轴表示企业面对环境的不确定性程度，粗略地划分出三个区域，分为 3 种融合模式：融合模式 Ⅰ——显性市场导向隐性企业家导向，适用于低不确定性环境，一般为传统产业；融合模式 Ⅱ——两种战略导向显隐性并重，适用于中等不确定性环境，一般为处于传统产业与高新技术产业之间的中性产业；融合模式 Ⅲ——显性企业家导向隐性市场导向，适用于高不确定性环境，一般为高新技术产业、战略性新兴产业。

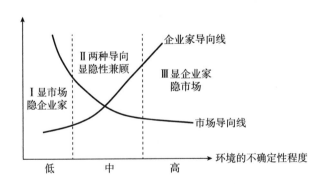

图 12 - 3　环境不确定性维度下的战略导向显隐性融合

2. 企业发展阶段维度的市场导向与企业家导向的融合

学者们一般认为越是成熟的企业越坚持市场导向，越是新创企业越坚持企业家导向。本书的理论分析表明，对成熟企业而言，在显性市场导向的背后应具有隐性企业家导向。相反，对新创企业而言，在显性企业家导向的背后也应具有隐性市场导向。据此本书提出两种战略导向显隐性的"融合三分法"（见图12 - 4），纵轴表示市场导向或企业家导向的显性或隐性程度，两者并存但方向相反。横轴表示企业所处发展阶段，粗略地划分出三个区域，分为 3 种融合模式：融合模式Ⅰ——显性企业家导向隐性市场导向，适用于企业发展初期或投入期；融合模式Ⅱ——两种战略导向显隐性并重，适用于企业发展成长期；融合模式Ⅲ——显性市场导向隐性企业家导向，适用于企业发展成熟期。

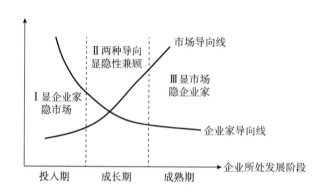

图 12 - 4　企业发展阶段维度下的战略导向显隐性融合

以洋河为例，它是处于相对稳定环境中的企业，同时它又是具有较长发展历史的成熟企业，应采用显市场导向隐企业家导向的叠加模式，洋河在实际运行中也是以显性市场为导向的，并以此引导持续的渐进性创新，但在显性市场导向的背后有隐性企业家导向的强大支撑，否则它不可能在平稳的发展中推出"战略家"的举动。要强调的是，图 12 - 4 中对市场导向与企业家导向进行显隐性融合，为的是更好地发挥两种导向对企业行为的指导作用，隐性导向并不代表是次要导向，实际上隐性导向是更深层次的导向，发挥着对显性导向的支撑作用。企业的差异往往表现在这种隐性战略导向的差异上，企业的长远竞争优势也往往是由隐性战略导向决定的。

第十三章　竞争战略的逻辑

并没有一套放诸四海而皆准的竞争战略。

——迈克尔·波特

竞争战略又称业务单位战略，公司层面战略或总体战略要考虑进入什么领域、发展哪些方面的业务，在确定发展的领域后，就需要考虑如何在选定的领域内提升竞争力、建立竞争优势。因此，又将竞争战略称为业务单位战略。

如何在选定的领域内做得更好，是竞争战略要思考的主要问题。俗话说，"三百六十行，行行出状元"，任何行业，只要做到极致，都能做出了不起的业绩。企业选择进入什么产业固然重要，但一个行业内企业之间业绩的差距是远远大于行业之间业绩的差距的。从这个意义上来说，坚守一个领域，做到极致，远比总体战略选择什么领域本身更重要，当然也更复杂，更困难。可见，竞争战略在整个战略体系中的地位并不亚于总体战略。

一、波特基本竞争战略及内在关系

迈克尔·波特在《竞争战略》中提出了三种著名的基本竞争战略，即差异化战略、成本领先战略、目标集聚战略（见图13-1）。他认为，这三种基本的战略方法有可能使公司成为同行中的佼佼者。

战略优势

		独特性	低成本地位
战略目标	全行业	差异化战略	成本领先战略
	仅部分细分市场	目标集聚战略	

图 13-1 波特的三种基本战略

资料来源：迈克尔·波特. 竞争战略［M］. 陈小悦译. 北京：华夏出版社，1997.

在这三种竞争战略中，目标集聚战略有点特殊，是指主攻某个特定的顾客群、某产品系列的一个细分区段或某一个地区市场。它与差异化、成本领先并不是一个维度上的分类。企业的资源都是有限的，几乎所有企业都要通过市场细分进而选择目标市场，这实际上就是目标集聚。在某种程度上，所有企业的竞争战略都是目标集聚的，只不过程度不同而已。

目标集聚战略通常是与差异化、成本领先战略结合起来使用的，即当企业选择了特定服务对象之后，仍会选择差异化或成本领先的战略。我们可以将这两种情况分为目标集聚差异化战略、目标集聚成本领先战略。由于几乎所有企业都是目标集聚的，只是程度不同而已，所以在大多数的文献中，都是围绕差异化与成本领先两种战略展开讨论的。

差异化与低成本是企业展开竞争的两种基本的战略手段，也是获取竞争优势的两种重要途径。这两种战略的思路存在较大差异，差异化战略的重点在于提升产品与服务的独特性，以更好满足消费者差异化的需求；成本领先战略的重点在于降低总成本，获取成本领先地位。

这两者之间的关系既对立又统一。一般情况下，差异化程度高会提升成本，反之亦然。但产品与服务的独特性是竞争力的重要方面，它是创造价值的重要途径，由于它能提升消费者的满足程度，可以提升销售价格，进而弥补因差异化而增加的投入。产品通过差异化创造的价值，往往远高于因此而增加的投入。此外，低成本战略需要科技创新、管理优化、流程控制、规模增加等支撑，这些方面的强化与投资也有利于提升差异化。事实上，在一定范围内，降低成本与提升差异化是可以同时发生的，波特在著作中也指出两者可以结合起来。

以《蓝海战略》中提到的太阳马戏团为例，它就是将成本领先与差异化结合起来的典范。1984 年一群街头表演者创办的太阳马戏团，在不到 20 年的时间里，其收入水平达到了全球马戏大王——玲玲马戏团通过 100 多年的努力才取得的高度。不可思议的是，如此快速的增长并不是在一个新兴产业中取得的，而是发生在一个日渐衰落的产业之中。其他娱乐形式，如各种城市现场表演、体育比赛、选秀节目、家庭娱乐、游戏机等都对马戏业带来了冲击。那么，太阳马戏团的成就到底是如何产生的呢？

一方面，太阳马戏团成立时，并没有集中力量去与对手看齐。没有通过对传统马戏剧目的小修小补，来扩大自己在已经萎缩市场中的份额；也没有通过努力去挖更多著名的小丑、驯兽师；更没有做这种对马戏娱乐体验没有重大改变但对成本上升却有重大影响的事。这实际上采用了低成本战略的思路。

另一方面，在马戏中引入戏剧表演的元素，为人们同时献上马戏表演的趣味和刺激以及戏剧表演的深奥精妙和丰富的艺术内涵。他们重新定义了马戏，打破了戏剧和马戏的市场界限，着眼于戏剧市场。将传统马戏的帐篷、小丑、杂技表演三个关键元素保留并进行改造扩充，将小丑、杂技表演保留但减少了戏份，将动物表演秀、锯末、硬板凳等元素去除。同时，引进非马戏元素，如贯穿整块演出的故事线索、富有艺术气质的音乐和舞蹈，使整个表演增添了艺术气息和深邃奥妙感而变得高雅。这些改进与创新又实现了与传统马戏企业的差异化。

这个差异化，让它吸引了一群崭新的顾客：成年人与商界人士，他们愿意花高于传统马戏表演门票几倍的价格来享受这项前所未见的娱乐。传统马戏的主要顾客是儿童，太阳马戏团并未在此与玲玲马戏团展开市场份额竞争，而是开拓了崭新的市场空间。同时，这个差异化战略对于传统马戏，还降低了成本。当然，在新冠肺炎疫情中，太阳马戏团遭受重创，但这并不影响我们应从其曾经创造的辉煌中汲取经验与养分。

要强调的是，对差异化与成本领先战略的认识，要把握其背后的东西。差异化本身并不是目的，不能为了差异化而差异化。差异化战略源自差异化的需求，差异化的生命力在于最大限度地满足差异化的需求。企业的出发点应放在把握消费者到底有哪些差异化的需求，而不是为了与竞争者不同而差异化，与竞争者不同未必就能适应市场需求。

成本领先战略背后的本质是如何提升控制成本的能力。沃尔玛是一个低成本战略的公司，它通过该战略确立了在业内的领先地位。但其实低成本只是沃尔玛竞争力的外在表现，其本质是它有较强的控制成本的能力。理解沃尔玛的战略，要从它是如何控制成本、如何与供应商建立关系等入手，而不应简单将其理解成是靠成本领先战略成功的（孙黎，2018）。

二、蓝海战略是否颠覆了竞争战略

《竞争战略》一书已成为战略领域的经典，其提出的三种基本竞争战略，为企业如何在竞争日益激烈的行业中赶超对手、脱颖而出提供了指南与思路。学界在业务单位内如何建立竞争优势的讨论，似乎很难跳出这个"如来的掌心"。该著作也犹如竞争战略领域的"圣经"，直至另一本著作《蓝海战略》的出现。

W. 钱·金和勒妮·莫博涅（2005）在《蓝海战略》中指出，竞争战略让人们对如何在红海中竞争的技巧有了较好的理解，但随着市场空间越来越拥挤，残酷的竞争让红海变得越发鲜血淋漓，企业应放弃试图击败对手以攫取更大市场份额的思路，突破产业边界，去创造新需求，开发具有广阔市场空间与高利润增长机会的蓝海。

不可否认的是，《蓝海战略》的确为企业的发展拓宽了新的思路，但它将经典的竞争战略理论归类为红海范围，是值得商榷的，可能会形成一定的误导。该著作的思路其实仍在竞争战略的框架内，它其实只是竞争战略理论的延伸、拓展与补充，并不是颠覆与替代。

该著作强调开创蓝海，避免在红海中针锋相对的竞争。但如果追问一下，蓝海到底是如何形成的？机理是什么？就会发现，这个贬低竞争的逻辑是站不住脚的。蓝海不是天外之物，也不是创造新需求形成的，而是在红海竞争中脱颖而出的企业，由于更好地满足了需求，尤其是潜在需求，而开创出来的。换句话说，没有红海的洗礼，就没有蓝海的开创。

连 W. 钱·金和勒妮·莫博涅都承认，尽管有些蓝海是在已有产业边界之外创建的，但大多数蓝海则是通过在红海内部扩展已有产业边界而开拓出来的，包括《蓝海战略》中提到的太阳马戏，它正是用差异化战略才拓展了新的发展空间。

一个没有竞争力的企业，是没有资格谈蓝海的。红海与蓝海是相对的，今天的蓝海，很快也会变成红海。如果一个企业没有竞争力，即使真的因为某个机会开创了蓝海，也会因为竞争者的进入而很快败下阵来。笔者在前面章节曾讨论到，一个企业最核心的资源都不是某个核心竞争力本身，而是积累这些资源的经验，因为核心竞争力也是相对的，今天的核心技术明天就可能成为一般技术，只有相关经验才能让企业在不断变化的环境中积累新的核心竞争力。

因此，一个企业必须经历红海竞争的洗礼，在竞争中得到历练，建立竞争优势、积累相关经验、拓展产业边界，这样企业不仅可能拓展新的领域，而且还有能力在这个新的空间里迎接竞争。

竞争是企业生存与发展的基本手段，企业不应惧怕竞争，更不应认为短兵相接的竞争就没有出路。苹果进军手机产业时、华为进军电信设备产业时、格力进军空调产业时，这些产业早已杀得天昏地暗，都是典型的红海，但这些企业硬是闯出了广阔的天地。竞争是残酷的，但竞争的本质并不是你死我活，而是比谁能更好地满足消费者的需求，竞争的结果一定是整个社会获得经济效率的提升。

当我们看到某个企业开创了蓝海，似乎是创造了新的需求，实质是发现了别人没发现的潜在需求，或者是创造了更好满足需求的产品与服务，根本不是《蓝海战略》中所说的创造新需求。企业之所以能发现并满足深层次的潜在需求，说到底是比竞争对手更努力、更用心去观察、研究、体会消费者，这是企业价值最根本的来源，也是竞争战略最基本的出发点。

可以这样理解，在红海中一路往前走，做到极致、脱颖而出，就自然会走出一片新天地，开创一片蓝海。随着新竞争者的加入，蓝海会逐步演变成为红海，红海中有作为的企业又会通过挖掘潜在需求、创新、差异化等途径，再突破边界开创蓝海，如此循环往复。企业的发展，就是这样一个螺旋式上升的过程。竞争战略理论也许在企业迈进蓝海的一瞬间是缺乏指导力的，但无论是从红海中突破之前，还是进入蓝海之后，随着新竞争者的加入，其本质都是一定范围内的竞争。总体上，竞争战略理论的指导价值是贯穿全过程的。

企业应从蓝海的角度审视竞争战略，也应从竞争战略的角度思考蓝海，不应将竞争战略与蓝海战略割裂开来、对立起来。如果想绕开或回避竞争来开创蓝海，那在某种程度上，就是一种投机思维，至少有投机的成分。

三、互联网对竞争战略的影响

互联网对竞争战略的影响是全方位的，它不仅有助于企业降低成本，也是提升差异化的有力武器，还大大拓展了差异化与低成本相结合的空间。

第一，互联网有助于企业降低成本。互联网有利于拓展企业的市场空间，让产品进入到地理位置上更远的市场，有效扩大销售量，实现规模经济；互联网有助于减少中间商环节；互联网可以让企业更加精准了解消费需求，有助于精准设计投放产品、减少浪费，还可以降低库存甚至实现零库存；互联网应用还可以有物流环节实现自动配货，提高效率，等等。

随着互联网的应用，大大降低了运营成本。但应认识到，一方面，随着互联网应用的深入，其边际效用也是递减的，成本下降离极限是越来越近了；另一方面，成本下降是一个相对的概念，它不仅指自身绝对成本的下降，更指相对于竞争对手成本下降的程度。互联网使得信息更加透明，企业降低成本的方法很容易被竞争对手学习与模仿，使企业之间在成本方面的差异可能反而缩小了，成本领先战略的空间反而可能下降了。

杨德明和刘泳文（2018）的实证研究表明，成本领先难以帮助企业获得竞争优势，并指出它仅是获得竞争优势的必要条件，只有兼具成本领先与差异化才能获得竞争优势。

第二，互联网是企业提升差异化的有力武器。在这方面已经发挥巨大的威力，可以预见，这方面仍有相当大的发挥空间。企业的价值在消费者，在于能否准确把握消费者的需求。消费者的需求是复杂的、多样化的、个性化的，也是难以把握的。互联网可以让企业非常方便地掌握各类消费数据，非常深入地了解消费者的个性化、差异化需求。消费者借助网络的每一次浏览、与企业每一次互动与交易中关于自身偏好、产品构想与建议的显示都在"生产"其个性化需求的信息和数据，企业只要在每一次互动中对这些信息和数据加以"记录"与处理（吴义爽等，2016）。

此外，互联网给了企业更多满足差异化需求的手段。企业可以通过互联网将个性化需求的数据与生产无缝对接，实现个性化定制，以最大限度地满足差异化需求。企业还可以通过互联网更方便地整合外部资源，丰富各个模块之间的组合方案，提升服务用户的差异化能力。

第三，互联网为差异化与低成本相融合提供了空间。波特之所以认为全面成本领先和差异化难以兼容，是因为在特定技术约束下，企业无法解决大规模标准化生产和个性化需求之间的"两难"。但是，这一问题在"基于互联网＋的大规模智能定制"中得以解决，利用互联网平台、相关数据和信息技术，企业可以实现个性化定制与标准化生产之间的无缝对接，从而同步实现差异化与成本领先（吴义爽等，2016）。

如传统的家具制造，大批量标准化生产有助于降低成本，从而实现规模经济。但在互联网环境下，企业的制造模式发生变化，小批量生产甚至个性化定制与大规模生产的成本差异并不大，使企业失去了规模经济优势，或者对规模经济性的要求降低。互联网大大提升了企业端的规模经济与消费端的个性化、差异化需求之间的兼容度。这种结合也促使了尚品宅配这样的企业快速崛起。

四、互联网背景下的共生逻辑是否颠覆了竞争战略

在互联网背景下，出现了比较时髦的共生逻辑、生态理论，这些逻辑与理论反映了竞争中出现的新情况、新问题，也确实有一些新思维。但在本质上，它们仍是一种竞争理论，仍是对竞争逻辑的拓展，而不是取代。共生逻辑是互联网时代升级了的竞争逻辑，共生理念下的竞争更激烈、规模更大、层级更高。如果传统的竞争是单兵作战，那共生逻辑则是大兵团、多军种间的混合、立体作战。

生态逻辑下的竞争是跨越产业与企业边界的竞争，是生态圈与生态圈之间的竞争，同一生态圈内的企业之间是合作关系，或看成是多兵种之间的合作关系，但不同生态之间则是更激烈的竞争关系，竞争各方集结的力量可能都是核武器级别的。例如，百度、阿里巴巴、腾讯（BAT）超级生态圈所整合的资源都是海量的，吴晓波（2017）甚至指出 BAT 的势力无远弗届，它们在社交媒体、电商、搜索市场形成垄断性优势，截至 2017 年上半年，中国有 98 家"独角兽"公司，其中八成与 BAT 有关。

这些企业整合资源的视角更多是基于与外部生态圈的竞争，这种共生逻辑在

本质上确实还是竞争逻辑，但相关生态圈的无限或过度扩大带来了新的问题。越来越多的人开始担忧，互联网以无比开放的姿态，正形成绝对的垄断，科技巨头的过度集中将成为经济的最大顽疾（吴晓波，2017）。

所谓的生态思维让资本疯狂地向各行各业涌入，以快速圈定自己的"版图"。无论是传统产业还是新兴产业，只要符合资本眼中所谓的风口，就会因资本的疯狂涌入而在短时间内出现高度集中甚至寡头分割的态势。正如王钺（2020）指出的，在当下和未来的商业环境下，商业机会减少，巨头横行，资本活跃，任何新兴的非集中性市场都在用更快的速度经历"参与者蜂拥而至，竞争爆发，行业洗牌，并购频繁发生，集中度快速上升，出现寡头"这一过程。

第十四章　战略执行的逻辑

如果没有行动，世界仍然只是一个概念。

——乔治·多里奥特

我是一个山沟里出来的秀才，20 年前哪有什么放眼中国、放眼世界？无非是敢于试错，错了从头再来。

——任正非

所谓战略执行就是把战略选择的方案落到实处，把宏伟蓝图变成高楼大厦的过程。战略的生命力在于执行，如果没有高效的执行，再好的战略规划都是空话。表面上看，战略执行似乎是战略管理中比较简单的环节，因为战略蓝图已经绘就，只要按图落实即可。但实际上，这个环节是相当复杂、艰难的环节，会有一系列的挑战、困惑、阻力，很多企业都苦恼于战略得不到有效执行。

一、战略执行难的根源：知易行难还是知难行易

俗话说"知易行难"，相对于战略分析与战略决策这两个"知"的环节，战略执行这个"行"的环节似乎相当困难，很多好的战略构想或规划往往"夭折"于执行这个环节。战略规划某种程度上代表着决策者的理想，理想可能很丰满，但战略执行却要直面现实，现实往往很骨感。

相对于战略分析与战略决策，战略执行会不断受到环境变化的困扰，更要受制于战略共识程度、既得利益者阻碍、组织惰性、人员素质、企业文化等因素，

一项战略决策的落地，的确要面临着很大的不确定性。一项重大的战略决策，往往要企业做出长时间的持续坚持，需要非凡的韧性与意志力，这又增加了最终落地的不确定性。

所有战略执行不成功的企业，当然都能找到各种各样的原因，也就是所谓的"行"方面的困难。但如果对比一下成功的企业，难道它们在战略执行中就没有困难吗？实际上，所有成功的企业在战略执行中都曾碰到过巨大的阻力与困难。我们更应思考的是，为什么它们能排除万难，坚持下去？

本书认为，战略执行看上去是执行力的问题，但本质上实际是战略认识的问题。如果战略认识不到位，就会在困难面前打退堂鼓，并为这种行为找台阶下，强调种种所谓的原因；如果战略认识到位，就会有坚定的战略决心，也就能保持战略定力、顶住各种压力、抵制各种诱惑。

所以，所谓的"知易行难"只是表面现象，实质上是"知难行易"。只要真正做到了"知"，那"行"自然就能做到。打一个不恰当的比方，如果一个高考考生，第一天没有休息好，考试时困得很，他会在考场上睡觉吗？估计肯定不会，因为他知道了这两个小时往往决定他的命运。因为他"知"了，就容易做到"行"。

这个道理在企业战略管理中是一样的，格力曾经为了推进科技创新，做出了提升科技人员待遇、大幅调低销售人员的提成比例的决策。可这一决策在销售人员中炸开了锅，大量销售人员跳槽去了竞争对手公司。空调业内有着"客户随着业务员走"的说法，很多时候，业务员跳槽到了哪里，市场和业务就会跟到哪里。随着很多老业务员的出走，他们凭着熟悉的市场、渠道和人脉关系，使竞争对手更加如虎添翼。

这个决策当时遇到的阻力是空前的，时任董事长朱江洪所承受的压力也是可想而知的，其在执行中其实很容易被放弃，甚至在决策时就可能因阻力过大而胎死腹中，但格力并没有因为出现这种状况而让决策半途而废。应引起我们思考的是，为什么格力能顶着巨大压力、冲破重重阻碍，硬是坚持下来了？为什么在几乎是众叛亲离的情况下，朱江洪仍非要坚持？这个超强执行力的背后是什么？

格力的执行力仅是表面现象，其强有力的"行"，恰恰在于朱江洪的"知"。他从骨子里认为，没有科技创新，就没有消费者所青睐的创新产品，也就没有过硬的产品质量，更没有产品的差异化，只能跟在别人后面，打价格战，搞恶性竞争。尽管销售很重要，但没有企业是靠销售做出来的，产品的质量才是用户购买的最大动力，做好产品才是根本。

正是这个"知"，在巨大压力面前，朱江洪仍坚持自己看准了的方向，他坚信好产品定会有人要，不信跳槽了的业务员能带走业务，仍坚持向科技领域倾斜。他在各级会议上，都强调以科技创新引领企业发展，表示更加重视科技工作，要求更加关心、爱护科技人员。

可见，要推进战略执行，说到底要从战略的高度重视起来。战略执行难的关键在于"知"难而非"行"难，根源在于高层的认识不到位，没有在骨子里、理念中意识到它的真正意义与战略价值。

然而，在实践中，真正做到"知"的企业是比较少的，很多企业的所谓"知"，其实仍停留在很肤浅的了解层面。打个不恰当的比方，大学生似乎都知道上课不能看手机，但总有一些学生在课堂上情不自禁地刷屏。甚至有学生说，我知道上课看手机不好，但就是做不到。看上去，这真是"知易行难"啊。但如果深入剖析，这个所谓的"知"，其实只是很肤浅的了解，他并不知道这件事的真正危害，没有从战略上认识到对他做事、做人以及职业生涯的影响。如果真正认识到了，就能抑制住刷屏的本能。就像前面举的高考的例子一样，由于认识到了考试的两个小时决定命运，就能抑制想睡觉的本能。

企业层面的道理一样，很多企业的所谓"知"，其实也只是停留在很肤浅的了解层面。比如，大家似乎都知道研发投入的重要性，但能长期持续维持较高强度投入的企业少之又少。也有企业做出了长期持续高强度研发投入以从根本上提升核心竞争力的战略决策，但在执行中，因各种利益、困难、压力而挤占研发经费的例子比较普遍，像华为这样始终维持投入强度的企业很少。

企业在经营中，遇到短期的利益诱惑或财务困难的情况很正常，这时往往挤占研发经费，因为一次挤占对解决短期问题是立竿见影的，但对长远的伤害却是不明显的，往往因此被认为是微不足道的。但问题是，有这样想法与做法的企业，往往会一次又一次地挤占研发经费，结果量变到质变，一次次的无关紧要终将汇聚成无法弥补的伤害。当与竞争对手在技术上、核心竞争力上拉开差距时，即使想追也来不及了。

要做到"知"，需要严谨的战略思考与清晰的逻辑，才能形成真正的战略远见，更可能形成某种信念、价值观，乃至信仰，就有了坚持下去的力量。华为正是因为有了这种力量，它从骨子里、血液里、潜意识里认识到核心技术与核心竞争力的真正来源，才能长期坚持这么高强度的研发投入。

二、战略执行中的受制因素本质上也是"知"的问题

战略执行不可避免地要受制于相关因素，如组织惰性、既得利益、员工素质等，这些因素客观上是企业的一些"短板"，表面上看是战略落地的制约，是造成战略难落地的原因。但本质上，导致这些因素形成的仍是"知"的问题。企业今天的状况是过去的战略导致的，企业之所以存在相关制约发展的短板，是过去的战略认识不够。

很多企业家感慨于企业优秀人才不足，觉得员工的素质跟不上自己思考的节奏，常为一些远大的战略构想受制于人才与组织而苦恼。实际上，这些问题的存在本身就是企业家的战略认知问题所导致的。人才与组织是企业最重要、最核心的资源，这个方面之所以存在"短板"，说明过去的战略重心没有着力解决这些问题，而不是现在应该抱怨的问题。

谈到这个问题，很多企业大概都会羡慕华为人才济济、组织完善、充满活力、能打硬仗，但其实更应关心的是华为背后的逻辑，为什么这方面这么强？如果深入剖析，就会发现，这其实并没有什么奥秘，也不是华为运气好，这些都不是天生的，都是将这方面上升到很高的战略高度，花大力气、大代价积累的结果。

华为的组织曾经也有严重的问题，早期的研发具有很大的偶然性、供应链管理"做鞋赶不上脚长"、财务管理就是个"账房先生"、缺乏业务计划和市场预测体系、经常供不上货和发错货（田涛、吴春波，2017），但华为没有让这些成为未来发展的制约，而是花大力气、大代价请老师帮助解决，并将其作为一套重大战略实施。

华为决心向西方企业全面、系统、深入学习管理体系。对于这套体系，任正非到了虔诚当学生的程度，强调必须原原本本、不折不扣地学，强调通过这套体系与流程将华为带向全球化、规范化的轨道。从1997年起，华为引入了IBM的管理体系，请来了美国的管理顾问，进行了一场组织革命，一直坚持了20年。

在这个过程中，遇到不少阻力，先后有百人以上中高级管理人员因抵制或不

适应流程变革而离开公司，或被降职免职。但即便如此，任正非仍坚持不折不扣执行下去。为了原汁原味学到 IBM 管理的精髓，任正非要求严谨认真学习人家的一套体系，做到真正理解，切忌一知半解，强调只有在真正理解的基础上才允许去创新。

在引进管理体系的过程中也出现了许多水土不服的问题，任正非是不允许擅自做所谓的改进的，他将这个权力交给了美国顾问，认为只有他们才有权力调整。他认为，企业只有等运行了 10 年、20 年后，真正懂了人家的精髓了，才有资格改。

对此，任正非还专门提出了"先僵化，后优化，再固化"的操作思路，即在没有全盘搞懂搞通人家模式的精髓之前，只有老老实实地学习，在弄通弄透之后，才可以逐步在此基础上优化，进而把好的优化成果再固化，实际上就是最终把人家经验华为化。

通过 20 年的坚持，华为的研发体系、管理体系、财务体系，乃至全部组织体系都得到了重塑。可见，我们今天看到的华为的活力与战斗力并不是天生的，这本身就是一项重大战略决策的结果，更是企业家战略认知的结果。

有一种说法，所谓组织惰性大于战略惰性，似乎战略调整相对容易，而组织调整却很艰难。这样的说法看上去很有道理，但实质上却是本末倒置。组织调整确实困难，但比这个更难的实际上是能不能在战略上认识到组织建设的重要性，并持之以恒地建设下去，或者将组织调整本身作为要长期坚持的战略。

电视剧《理想之城》中，赢海集团董事长赵显坤为了破除公司严重的组织惰性问题，强行任命苏筱担任集团副总经济师，以为发展输入新鲜血液。但这个任命触动到了各路诸侯的利益，受到了各种抵制，苏筱本人也经历了狂风暴雨。但正是董事长从战略高度认识到公司真正的隐患在于组织体系的"腐烂"，如果没有一场暴风骤雨式的变革，终将慢慢死去。正是有这个战略高度，集团将组织人事的调整本身看成了一场关键之战，尽管过程相当艰难，但硬是挺了过去，重新让组织恢复了活力与战斗力。尽管这是一个影视剧中的故事，但却是许多公司的真实写照。

组织当然是为战略服务的，组织结构应当与战略相适应。但对战略与组织的关系，不能仅强调组织对战略的单向支撑作用，也应看到战略对组织的重塑作用。当一项战略规划确定以后，一般需要对组织做出调整，以更好支撑战略的执行，这本身并没有问题。但企业对组织与人员的调整，着眼点不要仅限于"此时此地",而且要着眼于不确定的未来及战略可能的变化趋势。

另外,从战略决策的角度来看,它本身就是建立在外部环境与内部资源的基础上的,战略决策的质量也主要体现在能否高效配置企业的资源。一个企业的组织、人员、财务等能支撑起什么样的战略,本身就是战略决策要重点考量的,如果某些方面制约了战略执行,说到底还是战略决策方面的问题,即企业为什么没有做出与资源状况相适应的决策。

三、战略执行的内涵

战略执行并不是"按图施工",它的内涵与外延都极其丰富,这项工作也极其复杂与充满挑战性。为了有效推进战略落地,做到全面执行、准确执行、创造性地执行,必须系统、深入地理解这个概念,防止片面、机械、僵化地就执行论执行。

(一)战略执行不是一个孤立的环节

前文分析表明,企业的战略思考水平与战略逻辑清晰程度,决定着战略远见与认识高度,进而也影响甚至决定着战略的执行。但企业做出什么样的战略决策,实际上是由其背后的逻辑决定的。也就是说,决定着后续战略执行的主要问题与工作,实际上在战略决策阶段就完成了。战略决策的水平在很大程度上决定后续的执行,企业的战略能否落地并不是执行一个环节的事,不能就执行论执行,不能孤立地理解战略执行。

战略执行与战略分析、战略决策是整个战略管理的三个重要环节,三者之间虽有各自的功能与相对独立性,但总体上仍是一个有机整体,不应割裂开来。之所以分成战略管理的几个阶段,是为了方便分析、理解问题,但客观上它们之间是相互交织、相互延伸、相互支持、相互依赖的。从系统、整体的角度来理解它们,不仅有助于更好地推进战略执行,也有助于更好地做战略分析与决策。

随着战略执行的深入,对环境的认识会不断加深,有一些在战略分析阶段无法准确把握的问题逐步浮出水面或逐步被准确把握;同样,还有一部分在战略决策中拿不准的问题,也随着战略的运行而逐步明朗。这个过程是一个学习的过程、环境再分析的过程、战略再决策的过程，也是战略动态调整、转型或升级的过程。

越是在不确定的环境中，它们之间越是相互依赖、相互支持的。战略风险是企业最大的风险，不确定的环境让企业很难敲定一个长远的战略，过早做出重大决策的风险可能是企业无法承受的，企业的战略决策可能更需要试探性的执行，以支持深入学习、认识、把握所处的环境，及时做出相应调整，以支持做出重大的战略决策。

可见，战略执行已远不是被动执行具体的决策方案，执行环节已具有越来越多的环境分析与决策功能。在某种程度上，战略执行可以看成是战略决策的组成部分，或战略决策的延伸。换一个角度，战略决策也可以看成是战略执行的组成部分。

总之，越是在不确定的环境中，这三者之间的关系不仅变得越来越模糊，更是相互交融、相互渗透。正如明茨伯格等（2012）指出的，在一个不稳定、复杂的环境当中，有时战略制定与战略执行并没有明确的区别，"战略的制定者"必须执行战略，同时"战略的执行者"也必须制定战略。

（二）战略执行是需要较强辩证思维的创造性工作

为应对高度不确定的环境，战略也变得越来越复杂，它本身已成为一个矛盾的结合体或悖论的整合体，一项战略规划的内涵也因此变得十分丰富。它既有"形"的，也有"魂"的；既是显性的，也是隐性的；既有刚性的一面，也有弹性的一面；既有高度确定，需要严格执行的方面，也有框架式、粗线条、方向性的，需要继续探索的方面。

这就给战略执行带来了重大挑战，也注定了战略执行是一项需要较强辩证思维的创造性工作。战略执行不是简单的"按图施工"，它需要根据实际情况区别对待，既严格坚守，又探索前行，既坚持战略框架与方向，又做到"因地制宜，因时制宜"，以真正做到全面、准确、不折不扣、创造性地推进战略方案。

对已经明确的战略底线必须坚守。如涉及质量、安全、流程等方面的，没有任何弹性与余地。格力为了实施精品战略，特别强调一个"严"字，并通过制定"总经理十二条禁令"来"强制执行"，这十二条"禁令"是高压线，任何人不得触犯，违者不讲理由，也不找借口，立即除名。

华为对有些必须坚持的东西，强调毫不动摇地坚持到底，有些甚至到了机械、僵化、"形而上学"的程度。比如流程，一就是一，二就是二，绝对黑白分明，这样才能保证产品的研发、销售、交付、后续服务等不出差错（田涛、吴春波，2017）。

对一些决策中只给出大方向，但没有具体明确的方面，则鼓励在战略执行中进行验证与继续探索，这方面有较大的创新空间，可能会涉及战略的完善、调整甚至转型，这在某种程度上也是二次决策的过程。

（三）战略执行是定力与权变相统一的挑战性工作

战略执行需要排除各种困难与阻力，还需要抵制各种诱惑，需要比较强的战略定力。对已经认准的、必须严守的底线，如前述格力对精品战略执行的"严"，需要战略定力，才能穿越长期坚持的枯燥乏味。

对需要在执行中继续探索的部分，表面看上去没有严格的条条框框，可以随环境变化随机应变，有发挥与创造的空间，似乎不需要严守什么。但实际上，这里仍有需要长期坚守的东西，仍存在潜在的底线，而且，这种坚守需要更强的战略定力。

战略的核心是规划背后的逻辑与思想，而不是具体的规划本身，有形的战略规划或战略方案只是实现决策者理想与价值追求的载体，战略执行的要义且最具挑战的地方在于落实决策者的本意、思想、理念、价值观，而不是机械、僵化、教条地死抠具体的战略方案。

随着环境的变化，原来决策的具体方案可能不再可行，需要调整，但决策者的梦想、价值追求仍在，可能不仅没有发生变化，甚至变得更强烈。这时需要思考的是如何在变化了的环境中更好地实现梦想与价值，要调整的是实现梦想的路径，而不是梦想本身。在高度不确定的环境下，如果没有非常强的战略定力，可能早就迷失了方向。

（四）战略执行本身也是一个系统工程

战略执行本身是一项庞大的系统工程，它不是决策者一个管理层次的事，更不是战略规划部门一个部门的事，需要企业全员、全过程参与，不同层次、不同部门、不同岗位、不同职能、不同环节都要从方方面面，为了共同的目标协同作战、立体作战、全方位作战。因此，需要通过各项机制将各方面力量、积极性、主观能动性调动起来，尤其要加强战略沟通与建立利益共同体，在更大范围内形成战略共识，让员工理解战略、支持战略，同时让员工"为自己打仗"，有内在动力为落实战略贡献力量。

四、战略领导力与战略执行

何谓战略领导？通俗地说，就是能指明方向、凝聚人心、激发激情的领导，这样的领导不仅有战略智慧，更有人格力量。一个有战斗力的组织，离不开优秀的战略领导者。因为，这样的领导者，能在关键的时候告诉员工往哪里去，消除困惑与迷茫，传递信心与希望，能从内心调动员工的积极性与战斗激情，让各类人才充分发挥自身的主观能动性，有助于推进战略的有效执行。

这里强调战略领导力的作用，并不否认规范、薪酬、考核、纪律、流程等制度层面的作用，这些方面当然是企业经营管理的基础，无可替代。但仅靠这些方面可能只能成为一个合格的、规范的企业，而难以成为一个优秀的、卓越的企业。

制度仅是对员工的最低要求，就像法律只是对公民的一种最基本的要求，一个所谓遵纪守法的"好公民"，完全可能是缺乏道德操守的人渣。如果没有内在动力，仅靠制度，员工完全可能机械地完成工作安排与任务，甚至"磨洋工"，员工的创造力、积极性未必能激发出来。因此，企业仍需要从其他方面全方位地激励与影响员工，领导艺术就是一个重要的方面。

优秀的战略领导者都具有一些共性，如善于思考、有眼光、有思想、有激情、有情怀、有定力等，但每个领导者都是独一无二的，各有所长，也各有不足，甚至可能有比较致命的缺点。何谓优秀的战略领导者，并没有统一、固定的标准。任正非崇尚灰度思维，而乔布斯恰恰相反，某种程度上是非黑即白，但两者都是最优秀的企业家。

尤其是乔布斯，在性格上存在重大缺陷，脾气暴躁、咄咄逼人、不善于沟通、很少鼓励欣赏员工、不懂得妥协，他也曾因此离开苹果十多年，但就是这样的一个人，同样具有强大的战略领导力，能很好带领与凝聚一群优秀的人才，值得深思。

乔布斯虽然会骂人，但从来不针对人，他所有的注意力都在技术、市场、产品上。他的员工，都饱受其"蹂躏"与"折磨"，对他都有一种说不出的"恨"，但更有一种发自内心与本能的爱。在乔布斯治病期间，暂时代理管理的库克确实做得很好，公司所有的事情都按部就班地进行，可是大家总觉得少了些许激情与动力。每个想念乔布斯吼叫声的员工，都会在心里暗骂自己是有受虐症倾向，但是仍又不可抑制地思念那个咆哮声响彻全楼的暴君乔布斯。

奇不奇怪，员工被乔布斯咆哮还习惯了，没人骂了还不行，就少了激情与动力，这难道不是乔布斯独特的战略领导力吗？

库克说："我也常受乔布斯的炮轰，但我认为那是他独特的表达激情的方式而已，我从来不觉得他是在针对我。"正是这份理解，维持他们之间长久的稳定关系。也正是这样的乔布斯，才有许多优秀人才愿意跟随。这就是乔布斯的魅力所在，他有能力为具有共鸣的优秀人才提供一个实现价值的平台。

乔布斯的心思全在改变世界、产品开发上，他对梦想的狂热很少有人能及，他只管理表达自己的思想、愿景与激情，从不研究别人的感受，不思考沟通的技巧。但他的这种不注重沟通的表达有时却成了最高级的沟通，当他劝百事可乐公司总裁斯卡利来苹果工作时，就一句"你是要和我一起改变世界，还是要卖一辈子糖水"愿景式的表达或提问就说服了对方。乔布斯之所以能说服斯卡利，根本原因还是斯卡利有实现某种愿景的内在需求。

朱江洪具有的又是另外一种魅力。他认为，领导的威信不是上级给的，靠的是自己的努力、所作所为、言行举止，是否廉洁奉公，办事是否公道等。他强调领导吃苦在前、享受在后，各级领导和普通员工一样穿工作服，不搞特殊，与员工同甘共苦。

他在百色矿山机械厂从车间工人、质检员、技术员做起，一直到被职工民主选举为该厂厂长。不可思议的是，他先后在三个企业做到一把手，而原来的一把手都成了他的副手，在这样的人事安排下，如何团结、调动相关人员的积极性是很大的挑战。

但朱江洪每次都将关系处理得很好，他身上有强大的人格力量。他能做到摆正位置、彼此尊重，既尊重对方正确的意见，也尊重他们的性格与合理的习惯。他将单位的专车安排接送原厂长上下班，有一次与原厂长出差，仍安排其住单间，朱江洪自己住双人间。

第十五章　战略转型的路径依赖超越

观念是变革的最大敌人。

——田涛、吴春波

转型在任何成长型企业发展过程中都是一个永恒的主题。

——埃里克·莱斯

企业的竞争力源于战略，与环境相适应的是战略的生命力。一个既定的战略不可能持续适应不断变化的环境，在复杂动态的环境下，企业需要持续根据环境的变化对战略做出适当的调整，在环境发生重大变化或者在对环境认识不断深化的情况下，还需要对战略进行变革性调整，也就是战略转型，以保持或提升竞争力。

在互联网时代，无论是企业的竞争环境，还是企业对环境的认识，都发生着越来越深刻的变化，企业必须通过战略调整跟上时代的步伐，维持与提升竞争力，实现可持续发展。然而，由于企业在长期发展过程中往往形成路径依赖，相对僵化的思维可能跟不上环境的变化，制约了路径依赖的超越，有必要实现思维的转变甚至突破。

一、路径依赖与企业战略转型困境

企业战略转型中的路径依赖（Path–Dependence）是指企业战略的演进或变迁类似于物理学中的惯性，即一旦进入某一路径就可能对这种路径产生依赖，一旦企业做了某种选择，就好比走上了一条不归之路，惯性的力量会使这一选择不断自我强化，并让企业轻易走不出去。路径依赖的存在让企业在实施战略转型的过程中，面对着一对似乎很难调和的"矛盾"，使许多企业陷入了战略转型困境。

一方面，企业需要借助转型培养并提升核心竞争力，建立别人难以模仿的竞争优势，在发展的过程中就必须注重知识、经验、能力的积累，尤其是难以传递与模仿的"诀窍"性的隐性知识，它是企业竞争力的重要来源，企业的可持续发展对此有较强的依赖；但另一方面，前述诸要素的积累会形成路径依赖（陈传明，2002），已有的经验在构成企业宝贵财富的同时也可能形成思维定势，会阻碍战略的转型。企业的可持续发展必须要依赖原有的知识、经验和能力，但又可能受"制"于这些知识、经验与能力。

实践中许多企业由于不能处理好这对"矛盾"，导致了转型失败。例如，本书多次提到的春兰，曾经在空调行业占绝对领先地位，因试图转型进入高能电池、摩托车、电动车、中型卡车等产业，结果不仅新的竞争优势没有形成，原有的优势也一点点失去，连在空调行业的市场地位都被边缘化了。

这些企业正是"回避"了客观存在的那对"矛盾"，割裂了现有能力与期望能力之间的关系，想绕过路径依赖，进入与现有主业不相关的领域，试图"凭空"形成一套新的体系，才导致了转型失败。实践证明，路径依赖是客观存在的规律，超越而不是"回避"路径依赖才是战略成功转型的关键。

学者们围绕企业战略转型问题进行了大量研究，在理论上不断取得创新和进步。但现有的研究主要集中在战略转型的能力、战略转型的影响因素、战略转型的类型与模式等方面，只有少数学者关注到战略调整的路径依赖超越的问题。可喜的是，虽然理论研究关注很少，但实践却走在了前面，部分企业通过开拓创新实现了路径依赖的超越，取得了战略转型的成功，为我们的研究提供了实践基础。那么，到底是什么原因导致了战略转型路径依赖超越难呢？根源是什么呢？如何才能有效实现路径依赖超越呢？对这些问题进行深入思考、准确把握是解决问题的关键，对其进行深入研究理应得到管理学界的重视。

二、思维僵化：战略转型路径依赖超越难的深层根源

造成战略转型路径依赖超越难的原因是多方面的，但根源在于思维的僵化。很多企业战略转型的思维远滞后于市场竞争环境，僵化的思维带来了一系列的问题，制约了对战略转型本质的认识、战略转型理论的创新及企业能力的提升。

（一）僵化的思维制约对战略转型本质的认识

企业为什么要进行战略转型？根本目的是为了适应不断变化的环境，在动态的环境中能不断提升竞争力，因此，竞争力提升是战略转型的本质，成功的战略转型都应围绕如何提升竞争力来进行。企业要进行战略转型的原因在于原有的知识、经验与能力不能适应环境变化的需要，因此部分企业就急于摆脱这些方面的束缚，许多企业试图通过对新产业的投资来实现所谓的战略转型，误认为进入新领域就可以"空降"新的知识和能力，但实际上在新领域的投资形成的主要是生产能力，而不是竞争力。

思维的僵化导致企业对战略转型本质的认识存在误区，造成了许多企业仍在盲目坚持多元化模式。许多企业在没有任何技术积累的前提下就进入不相关的产业，脱离自己现有的知识、经验与能力，进行所谓的战略转型——盲目多元化，试图分散投资风险，拓展所谓的发展空间，误认为"东方不亮西方亮"，追求所谓的综合优势，结果却是"东方不亮，西方也没亮"，所有产业被各个击"破"，甚至包括本来具有优势的领域。

随着竞争的加剧，许多行业的平均利润率水平呈现下降的趋势，故很多企业都想进入有前景的、高技术含量的、高利润率的行业，把进入这些行业作为企业未来发展的方向与增长点，以实现所谓的战略转型。我国企业普遍认识到自己技术水平的不足，也都意识到这些制约了企业盈利能力的提高，故比较注重转入技术水平相对更高的行业，这本是符合逻辑的思维，但却盲目进入到自己没有任何基础与知识经验积累的领域，在新的产业不仅很难形成竞争优势，反而分散了资源，使自己的优势项目失去优势。

从逻辑上看，在自己熟悉且有经验的领域内进行升级，提升核心竞争力，远

比在没有任何基础的新行业内建立优势要可行，那些多元化尤其不相关多元化的转行行为无异于建一座"空中楼阁"，自然很难取得转型的成功。

企业之所以通过战略转型实现其战略逻辑的转变，是因为新的战略逻辑能更好地适应环境，更好地为消费者服务，笔者并不反对企业考虑进入新的产业，但要思考企业是否做了进入新产业的准备与积累，是否具备进入的条件，是否保持注意力相对集中，这些才是转型能否成功的关键。

要强调的是，一个企业的竞争力、盈利能力与所在产业没有必然的联系，而与所在产业链的环节有关。餐饮、零售、服装、饮料等几乎所有传统产业，虽没有了不得的高科技，且是竞争相当激烈的红海，但所有产业里都有世界级的品牌，都保持了较高的附加值与竞争力。相反，我国一些在光伏太阳能、电脑、手机产业的所谓高科技产业的企业，由于没有核心技术，仅处于代工或组装地位，只占了高科技的名，并没有高科技的实。某电脑巨头一年的销售额几千亿元，但净利润才几十亿元，净利润率才一个多百分点。

实际上，不转行同样可以实现战略转型，从某种意义上说，在原有行业进行的提升才是真正意义上的转型，战略转型是战略思维、框架、逻辑、模式的转变，并不仅是行业的转变。世界上有很多优秀的企业，长期以来一直抵挡住外部的诱惑坚守本业，多数企业认为饮料不好做，却有可口可乐、百事可乐；多数企业认为餐饮不好做，却有肯德基、麦当劳；多数企业认为保健品不好做，却有安利，这些企业一直坚守本业，紧扣战略转型的本质，围绕行业本质进行竞争力要素投资，虽身在传统产业，但却实现了一次次成功的战略转型，并且成为所在行业的代表。

事实上，真正优秀的企业绝大多数都是专业化企业，或具有专业化精神的企业，或注意力专注型的企业。战略转型的本质是提升竞争力，并不是转行。所以，对绝大多数企业而言，不要动不动就想进军新的产业。Rumelt（1991）指出同行业内盈利水平差异性比行业间大，表明企业特殊因素是重要的，而行业效应是次要的。笔者通过对深沪交易所的上市公司研究也表明，同一行业内不同企业之间利润的差距远远大于不同行业之间的差距。这表明，企业的竞争力与盈利能力与所处的行业是没有必然关系的，企业对进军新的产业应慎之又慎。

（二）僵化的思维制约理论创新

理论创新的不足是造成理论滞后于实践的重要原因，但理论创新不足的根源在于思维的僵化，僵化的思维导致在战略转型的理论研究中存在"盲区"或"误区"。现有的研究普遍重视探索影响成功转型的因素，普遍认为能力是一个重要因素，但研究仅仅停留在强调能力的重要性上，而对于如何提升能力，如何在现有资源与能力的约束下实现成功转型则很少涉及。

处理好知识、经验、能力等方面的积累与突破的关系，是实现路径依赖超越的关键。但现有的理论未能有效将原有战略逻辑与新的战略逻辑、原有的知识与新的知识、原有的经验与新的经验、原有的思路与新的思路等融合在一个框架内，从而在实践中也将它们之间相互割裂开来。

在表现形式上看，企业要么困守在价值链的低端，长期处于代工地位，积累了很多代工经验但不能突破，从而制约了向产业链中上游延伸；要么盲目进入所谓的高新技术产业或战略性新兴产业，表面上看着眼点很高，但并不具备进入这些领域的基础与条件，并不能带来竞争力的根本提升，如当欧美对我国光伏产品进行"双反"调查时，我国光伏产业似乎一夜进入寒冬，从而大呼政府救市，启动国内市场。

可见，企业实践中的关键问题就是不能在原有知识、经验等积累的基础上进行突破，要么有了积累但困守其中，要么过于强调新的战略或思路但脱离原有积累，而不能有效将积淀的传承与发展结合起来。

（三）僵化的思维制约能力的配置与提升

企业战略转型失败是因为现有的能力弱吗？现有不少研究专注于转型能力的研究，提出能力是战略成功转型的重要因素。毫无疑问，现有能力是影响战略转型的重要因素，但不是主要因素，更不是决定因素。任何企业在长期的经营过程中都会积累起自己特定的知识并形成独特的能力，在任何条件下，这种能力都是有价值的，关键看怎么运用。

企业的能力是相对的，让一个造空调的企业去造手机，它的能力肯定是不足的，但绝不能因此就否定现有造空调的能力。部分企业过分强调从低利润的产业转到高利润的产业以实现战略转型，但实际上任何行业都有很成功的企业，也都有不成功的企业，同一行业内企业之间盈利能力的差距远大于行业间利润水平的差距，在高利润行业不一定能取得高利润。在这种思维模式下，企业能力的提升没有经历一个从量变到质变的过程，自然不能胜任战略转型的需要，这能说是因企业的能力不够造成转型的失败吗？

笔者不否认有很多优秀的企业，在长时间的发展中多次经历主营业务的变换，但要强调的是，我们不能光看到其进入新产业的一面，更应看到其进入新产业前的积累、拟进入新产业与原产业关系的处理等方面。实际上，这些企业在进入新产业前都有一个与之相关的准备过程，既要考虑进入新产业的积累，又要考虑原产业的低成本退出，还要考虑原产业相关利益者利益的平衡，绝不是简单的高歌猛进或者运动式的进入，甚至还要考虑尽到原产业的社会责任。

因此，企业关键是要把现有的能力用对，做与能力相称的事，在将擅长的事做专、做精、做优的过程中再产生、发展新的能力，在此基础上对业务或经营模式进行调整，以使其再与现有的能力相适应，如此循环往复，企业的业务会不断得到优化，竞争力也会不断提升。

可见，战略转型的起点，并不是提升了的能力，而是现有的能力。但僵化的思维阻碍了对这个过程的认识，将能力用到不恰当的地方，致使期望的能力始终难以形成。其实，任何企业的现有能力相对于战略目标而言都是有"缺口"的，但这个"缺口"应在对能力的正确使用中逐步缩小。正确使用能力的过程，是提升能力的过程，也是战略转型持续实施的过程。

以华为为例，20世纪80年代，相对于几乎完全垄断电信设备市场的跨国公司而言，华为的资源与能力是相当有限的，但其以自主研发和市场营销为重点，从不为跨国公司所重视的农村市场起步，历经多次战略转型，成长为一个世界级的企业。相反，20世纪90年代的春兰是空调行业的领军企业，应该说在空调行业具有相当强的竞争力，但由于不当使用已有能力，反而造成现在的窘境。

可见，企业的能力不是天生的，现有能力的不足不是转型不成功的理由，关键是如何通过转型逐步提高能力。随着环境的变化，企业的能力需要不断提升，已形成的路径依赖也会在一定程度上制约企业能力的提升。但同时更要看到，超越路径依赖的前提是要准确分析、认识、把握路径依赖，企业无论如何发展都离不开已形成的知识、经验与能力，绝不可能凭空"跳跃式"产生某种新的能力，企业学习新知识的速度可以快一点，超越的速度也可以快一点，但一定是在现有基础上的积累、提升与突破。

三、思维突破的方向及对路径依赖超越的作用机理

前文的分析表明，思维僵化是造成企业战略转型路径依赖超越难的根本原因，它全面制约了理论创新与实践探索。可见，转变思维是超越战略转型路径依赖的关键。企业要成功实现战略转型，必须实现思维的突破性转变。那么企业的思维应向什么方向突破？应实现哪些转变？其对战略转型路径依赖超越的作用机理又是什么？

（一）从强调现有知识经验的制约性转向注重其支撑性

企业战略转型既要依赖于现有知识经验的积累，又会受制这些积累。传统思维更多看到的是前期积累的制约性，总是"回避"制约方面的问题，表现为偏重另起"炉灶"，通过对有形资源的投资直接进入新的产业，以摆脱过去的知识与经验形成的制约与"阴影"，这实际上是一种消极的思维模式，不敢直面问题就不可能有效解决问题。而新思维则更多看到前期积累对未来发展的支撑性，或未来发展对过去积累的依赖性，它敢于直面问题又有信心和决心解决和超越问题，是一种动态积极的思维模式。

企业的战略转型必须建立在现有知识、经验、能力等无形资源积淀的基础上，这是战略转型的起点与保证。尽管这种积淀会在一定程度上形成固有思维，但正是这种积淀增加了企业的个性与内涵，才使企业的竞争力有了独特性，也使企业的战略转型与可持续发展有了根。如果抛弃宝贵的积淀，战略转型一定会成为"无源之水、无本之木"。超越路径依赖与突破思维定势的有效途径是在尊重企业发展历史的基础上客观分析战略变化与演变过程，不断学习，不断进行新的知识积累，用新的积累来审视原有积累，从而使得对企业战略的认识不断深化（张雪平、吴应宇，2013）。

强调依赖无形资源的积淀与强调创新是不矛盾的，战略转型成功一定要建立在创新的基础上，尤其是自主创新，但创新的基础是创新资源的积累，尤其是知识的积累，这也是我们强调依赖积淀的原因。现在转型中突出的问题并不是创新意愿不足，企业都想创新，但对创新依赖无形资源积淀的前提认识不足，打通两

者之间的关系是当务之急。

需要强调的是，无形资源本来是依附于有形资源而存在的，但在知识经济条件下，无形资源在企业的竞争中发挥着越来越重要的作用，甚至是决定要素。无形资源主要是依靠长期经营中积累而来的，在互联网时代，有了无形资源很容易整合到有形资源，而仅对有形资源的投资并不能保证获得无形资源。许多企业通过大规模投资进入新的领域，但却成了拥有无形资源的其他企业整合的对象，结果仅成为了别人的生产工具。

实践证明，僵化的思维导致了投资的盲目多元化，但并没有取得关键的知识、经验、技术、能力等无形资源，并没有带来竞争力的提升。我国大多数企业处于传统产业价值链的中低端，需要进行转型升级，但不应简单以抛弃现有传统或低端业务的方式进行所谓的升级，传统产业或低端产业内的企业完全可以也应该通过依赖积淀转型向中高端延伸。

1969 年三星电子进入家电与电子行业，从低端的 12 英寸的黑白电视机做起，将坚持"一步一个脚印"与做高端的愿景相结合，注重通过恰当的途径进行技术的积累，在积累的基础上开发，再积累，再开发，坚持持续转型、渐进转型、主动转型，坚持自主创新，逐步从复制者到模仿者到跟随者直至现在的领先者。低端企业应从三星的战略转型实践中获得启示与信心，这些企业完全可以成为优秀甚至一流企业。从低端做起是没有更好选择的最好选择，没有低端的积累，想做高端是好高骛远（李金龙，2006）。

综上所述，任何转型都不可能凭空产生，它必须建立在扎实的积累基础上，尤其是"诀窍"型的隐性知识，企业越是长时间专注地积累这些知识，就越有可能建立别人难以模仿的竞争优势，任何一个具有标志性"独门绝技"的企业都有长期积累的过程。

（二）从注重战略的跨越式调整转向注重渐进式调整

战略转型意味着战略的重大调整或战略逻辑的重大改变，但这种改变并不是一步实现的，而是渐进调整、逐步实现的过程。首先，企业的未来发展到底往何处去，决策者应该有清晰的方向，但决策者的认识能力是有限的，他不可能一次看清未来环境变化的所有问题，也很难准确判断环境变化对企业的影响到底如何，所以企业对环境的认识、分析与决策需要一个过程，在这个过程中可能需要连续分析、多次选择、多次试验并逐步修正判断。

其次，即使企业可以一次对战略转型的方向与目标做出正确的判断与决策，决策方案的实施也需要一个过程，企业系统的演变会呈现出渐进性的特征，企业的战略逻辑不可能一夜之间就发生根本改变，企业的思维、习惯、文化、规则等都是缓慢向前演变的。即使企业的战略管理者意识到自己的思维必须转变，也知道应该转变成什么思维，由于惯性的存在，思维的真正转变也需要一个过程（张雪平、吴应宇，2013）。

因此，企业应将战略目标上的长远性与实施上的渐进性结合起来，充分尊重和利用战略演变的规律，注重持续地进行无形资源的积累，不断通过新的积累实现对原有知识经验的超越。实际上，原有知识经验的积累与新知识、新经验的关系是相对的、辩证统一的，突破原有知识经验的束缚在于不断吸取新的知识，而新知识的吸收随时又变成了已有知识，突破企业经验与能力限制正是在这种积累的过程中不断实现自我否定与超越的渐进过程，是传承与创新的统一。

从长期看，战略转型是为了实现根本性的战略转变，但企业是一个复杂的系统，战略一方面牵引着这个系统向前发展演变，另一方面又依靠这个系统以支撑管理者的战略意图和抱负，系统内不同部分的平衡协调是稳定运行的前提，系统内的不平衡是促进系统向前演变的推动力，任何一个系统的发展都是从平衡到打破平衡，再到高一级的平衡，再到不平衡，再到更高水平平衡的循环往复的过程。在这个过程中，每次打破平衡的程度应有一定的限制，如果程度过大，会使系统的机能损坏，失去恢复平衡的能力，具体表现就是企业的大起大落，这是非常不利于企业的可持续发展的。

因此，过于追求跨越式转型是十分有害的，它往往试图通过投资获得核心无形资源的"空降"。如前文所述，在这种思维下企业的改变在本质上已不是战略转型了，它没有围绕核心能力的提升做文章，也就很难取得预期效果。虽然无形资源积累需要时间，但渐进转型并不意味着慢速转型，企业做好能力积累的基础，到了一定程度会从量变到质变，反而可能会实现跨越式的转变，但这个转变恰恰是渐进式转型思维的结果。

在互联网时代，由于环境快速多变，企业应对的最好思路可能就是放弃下一盘大棋的想法，而是从帮助消费者解决一个具体的问题入手，并根据用户的意见持续改进、小步快跑、快速迭代，这个过程其实就是沿着大方向不断试错、点滴积累的过程。正是这种"跬步"的积累，才更可能实现产品与技术的更多突破，不断掌握核心技术、提升核心能力，最终达到"至千里"的效果。

实践证明，核心的无形资源是很难通过市场转让获得的，企业的投资方向应该不言自明。实际上，任何高端技术、高端产业都是建立在坚实的基础之上的，都离不开长期知识的积累，没有这个基础，自主创新就不可能产生，核心竞争力也无法形成。一个国家的技术发达是靠扎实的基础研究做支撑的，同样，一个企业的技术领先也离不开基础知识的积累。那些创业型的高科技公司，看上去是"无中生有"的，好像直接进入了某些产业的高端，实际上这些公司的起点是建立在创业者自己的自主知识产权基础之上的，它们是靠技术知识而不是资金进入这些产业的，而这些自主技术的产生，也是它们持续探索和积累的产物，是长期的知识积累促进了"突破性"创新的产生。

因此，强调转型的渐进性与不思进取、随遇而安、目光短浅、墨守成规等是毫无关联的，坚持渐进转型的战略管理者更不是"温水里的青蛙"。相反，这是主动了解、适应环境的一种方法，是一种主动适应事物演变规律的战略智慧，企业逐步试探性地了解与适应环境的过程，表面上看每一步都是被动性的，但实际上是在主动试探环境的情况下再做决策，如果没有这个过程就盲目决策，贸然行动，其结果可想而知。

（三）从注重单轮性转型转向注重持续性转型

战略转型是渐进的，是由许多小的调整累积而成的，故企业的战略转型应该在坚持渐进转变的基础上持续进行。一轮战略转型的成功，只能说明适应了当下变化的环境，但环境的改变是不会停止的，一轮成功的战略转型又是下一轮成功战略转型的开始，企业就是在不断总结过去成功经验与教训，并在不断展望未来的过程中不断实现升华。

如前文所述，即使在稳定的环境下，随着各种内部条件的改变，企业对环境的认识也是一个不断深化的过程，认识的深化同样也是战略转型的开始。在许多环境相对稳定的产业中，不同企业的竞争地位也是在不断改变的，这就与企业对环境的认识不断深化有关（张雪平、吴应宇，2013）。

反过来看，当行业内企业都不断深化对环境的认识，都在现有环境的基础上进行战略转型，用更好的竞争模式参与竞争，企业这种行为的累积实际上又构成了环境的因素，推动了环境的变化。可见企业对环境的适应与影响是相互作用的，这种相互作用增加了环境的复杂性与把握的难度，更使得企业必须持续关注战略与环境的适应性，持续推进战略转型。

要说明的是，这里谈的单轮性战略转型并不教条地指转型只发生一次，而是指企业在传统思维下的眼光相对比较短浅，一般只思考企业的一轮发展或转型，它较多地强调战略逻辑改变的结果，即强调一轮转型中新战略逻辑与原战略逻辑的不同，但对旧逻辑是如何转变为新逻辑的过程则思考较少。更重要的是，它只看到某一轮转型或发展，对一轮转型可能达到效果后的再转型与长远发展问题则考虑较少，这实际上是一种静态的思维，不能适应动态的环境。

（四）从被动适应性转型转向主动创造性转型

被动适应性转型一般在环境发生较大变化后才采取行动，应对相对仓促，采取的措施也以短期应付为主；而主动创造性转型强调未雨绸缪，它在环境变化前就进行超前性谋划①，一般会在环境发生较大变化前就会提前采取行动，而且立足于从根本上提升企业的竞争力。在主动创造性转型思维的驱动下，会比较注重对环境的跟踪和研究，注重对环境细小变化的捕捉，并根据这种变化研判可能演变的趋势。量变到质变，环境的重大变化一般也是由许多细小变化累积而成的，故对环境细小变化的捕捉实际上就是对可能发生重大变化的预测而进行数据的收集，这是科学判断的重要前提。即使在环境没有发生变化的情况下，主动创造性转型思维的企业也会注重对环境的研究，从而使对环境的认识不断深化，有利于不断发现新的机会。

被动适应性转型思维比较注重回避危机，注重采取短期应对措施处置危机，注重短期利益尤其是经济利益的回报，不能立足于长远考虑竞争力提升的问题。例如，我国一些轿车企业在竞争的压力下，纷纷与外资企业合资，在短期内都取得了很好的经济回报，但却没有形成自主研发的能力，甚至还丧失了本来具有的研发能力，结果对外方技术形成长期依赖。

主动创造性转型思维比较注重直面危机，它反对疲于应付"危"，而是强调创造性地抓住"机"，在这种思维下，危机不仅是危险，更是机会。作为民营企业的吉利从低端起步，在非常恶劣的环境下，始终立足于长远竞争力提升，坚持自主创新，从造"老百姓买得起的好车"到"最安全、最环保、最节能的好车"，从"价格优势"到"技术吉利"，再到下一步追求的"品质吉利"，一路走

---

① 当然，由于认识与预测环境的难度很高，即使在主动创造性转型的思维下，也不排除可能发生不能预见环境变化的情况，这时会与被动适应性转型一样在环境变化后才采取措施应对，但根本不同的是，它在思维上仍立足于从长远角度根本改善竞争力或建立竞争优势。

来，在几乎没有任何国家支持的情况下，在夹缝中生存，却成为中国汽车产业的希望。可见，被动适应性转型结果往往是丧失长远发展的能力，而主动创造性转型的要义正在于立足长远竞争力的提升。

（五）从注重成本降低转向注重价值创造

由于我国企业的技术水平总体上还不高，低成本战略一直是企业竞争力的重要来源，企业也一直重视成本管理，成本水平呈现持续下降趋势。但随着市场竞争愈演愈烈，传统的成本管理在指导企业实践方面捉襟见肘，成本的进一步下降遇到"瓶颈"（李海舰、孙凤娥，2013）。另外，互联网应用，不仅更将企业的成本水平降到了极限，也将企业的价格水平降到了极限。

笔者不否认成本领先仍是一种重要的战略类型，也仍是企业获取竞争优势的手段之一。但应认识到，随着收入水平提高，消费持续升级，消费者对个性化的需求越来越高，通过差异化战略为企业提供高品质、高体验、高附加值的产品与服务才是未来企业竞争优势的主要来源方向。

因此，企业必须转变战略思维，从注重成本降低向注重价值创造转变，要通过创新提高产品的附加值，发展创新型经济。发展创新型经济必须改变对低成本战略的认识，在创新型经济中应减少物质资源的投入，但要增加创新环节和要素的投入，尤其是人力资本的投入，低价位的薪酬只能吸引低素质劳动力，只有高价位的薪酬才能吸引高端人才（洪银兴，2011）。

可见，企业要改变的是投资的结构，而不是减少投入的数量，通过对创新要素的大力度投入获得高附加值。只有高附加值才能承受高成本，故企业应从根本上追求价值创造，让价值创造的幅度大大跑过成本增加的幅度，从而使相对成本降低。前文强调应注重无形资源的投入与积累，强调依靠积淀并进行超越以提升竞争力，实际上就是追求价值创造的体现。

四、渐进决策理论：思维突破的理论依据

前文论述了战略转型思维突破的五个方面及其对战略转型路径依赖超越的作用机理，即思维突破是如何对路径依赖产生作用的。那么，必须要进一步思考或论证的是，为什么提出思维突破的这五个方面？为什么不提其他方面？这是头脑

风暴的结果，还是经过较严密的理论分析推论出的？这五个方面的提出有没有成熟的理论背景做依据？这影响到思维转变研究的科学性。

战略转型思维突破的理论依据是行政学领域的渐进决策理论，是在其核心思想的基础上并结合企业经营环境的新变化做出的拓展。该理论由美国经济学家和政治学家林德布洛姆（Charles E. Lindblom）建立，它一直被视为西方国家行政决策的基本模式（丁煌，1999）。它的核心观点是决策应建立在原有政策的基础上，对其进行修改使之适应新的社会状况，从而在保证社会稳定的前提下逐渐实现政策目标（胡仙丹，2011）。

企业战略转型的过程实际上就是一系列战略决策的过程，企业必然要根据环境的变化在原有战略的基础上，对其重新进行调整以适应新的环境，在保证企业稳定发展的情况下实现战略提升。可见，企业转型中的战略决策与渐进决策理论是"隔行不隔理"的（张雪平、吴应宇，2013）。渐进决策理论为本书提出思维转变提供了启示与依据，其三个主要原则支撑了本书提出的思维突破的五个方面，从而使本书的基础扎实可靠。

在Lindblom看来，渐进决策必须遵循三个原则，而这三个原则恰恰是企业战略转型必须坚持的，也是传统战略转型理论没有解决好的。第一，循序渐进原则，Lindblom认为政策的制定应在过去经验的基础上，采取渐进的方式对现行政策进行修改；第二，量变到质变原则，Lindblom认为渐进决策过程行动似乎缓慢，但它实质是决策效果累积的过程，是量变到质变的过程，其变化的速度往往要大于一次重大的变革；第三，稳中求变原则，Lindblom强调决策的稳定性和连续性，欲速则不达，应避免政策的大起大落，防止引起社会的不稳定。

笔者提出的前三个思维转变是这三个原则的直接体现，对于主动创造性转型思维与注重价值创造思维，表面上看渐进决策理论似乎并不支撑这两个思维，实际上该理论与两个思维之间存在着内在的联系，这两个思维是对渐进决策理论的拓展。首先，渐进决策理论中隐含着主动创造性转型的思维，循序渐进是认识事物以及事物演变的规律，它的目的是为了主动、动态、科学、准确地认识环境，这是创造性地利用环境变化的重要前提；稳中求变并不是裹足不前，更不是思想僵化，而是为了防止企业大起大落，给战略转型提供更好的支撑条件，是为了更好地创造。其次，渐进决策理论中隐含着注重价值创造的思维，依赖过去经验是为了更好积累价值创造的条件，量变到质变并不是强调量变，量变是手段，质变才是目的，科学的手段才能更好达到价值创造的目的。

【案例1】 品乔布斯传奇，悟战略精髓^①

2011年10月5日，史蒂夫·乔布斯带着他改变世界的梦想离开了世界。

乔布斯，一个传奇的名字，他创办了苹果，重新定义了手机，带来了移动互联，从根本上改变了企业赖以生存的外部环境，给企业的经营理念、思维模式、战略思想带来了颠覆性的影响。实际上，乔布斯创造的传奇以及留下的遗产，远不止 iPhone 本身。

他创立苹果时，一无所有，且创业道路一路坎坷，无比艰难，一次次陷入绝境，又一次次从绝境中奋起，在逆境中前行。一路走来，他那种勇往直前、百折不挠、永不止步的追求完美与创新精神，留下了一段段既难以忘怀又鼓舞人心的传奇故事，给追梦人无穷无尽的精神力量、商业智慧与思想启迪，也给重新认识与思考企业战略提供了新的视角与宝贵实践。

要强调的是，乔布斯及苹果的故事、战略、思想等引起了极高关注与讨论，形成了许多有价值的成果，但也不乏一些误解甚至误导性的解释。在一些原则性、根本性、哲学性的问题上，值得进一步深入思考与厘清，可能更有利于把握互联时代企业战略的本质与精髓。

一、出身与成长

1955年2月24日，乔布斯出生，但命运对他不公平，他是私生子，还没来

---

① 资料来源：《乔布斯传：神一样的男人》。

到这个世界上时，已注定要被遗弃。本来收养他的是一对律师夫妇，但由于他们想要一个女孩，临时放弃了。当时的生产医院又帮助找到了一对夫妇——保罗·乔布斯和克拉克·哈戈皮安·乔布斯，这对夫妇家庭条件一般，都没上过大学，和律师夫妇没法比，后来这对夫妇保证给孩子上大学，孩子的生母才勉强同意。在办完领养手续后，这对夫妇抱着胖乎乎的小家伙，给他起名史蒂夫·乔布斯。自此，这个小男孩开始了他以"乔布斯"的名字改变世界的传奇人生。

"我觉得被抛弃这件事，只会让我更加独立"，对于被遗弃这件事，乔布斯曾这样说。幸运的是，尽管他的养父母条件不好，但对乔布斯却付出了所有的爱，不仅努力为他创造好的物质生活，也尽可能尊重他的想法。乔布斯是个"问题孩子"，所有这些养父母表现出了极大的宽容。上小学时，乔布斯不好好学习，多次被老师送回家，养父不仅不责备他，反而找学校说，学校没能调动孩子学习的积极性，而责怪孩子是不对的；上中学时，乔布斯要求换学校，养父母无条件搬家，从克里滕登中学转到了蒂诺中学；上大学时，他坚决不肯上斯坦福大学，坚决要上私立且学费很贵的里德学院，养父母仍积极满足，但乔布斯只读了一年，就选择了退学。

乔布斯从小就骨子里蔑视权威，总想反抗权威，但又敏感而脆弱，爱哭的个性伴随了他一生，同时还表现出容易受人影响的一面。例如，他养父说："真正好的木匠会把柜子背面和正面做得一样好。"这成了乔布斯的座右铭，后来他多次用这句话教育员工，也正是这种苛刻地追求完美的精神最后成就了他；他在中学搬家转学后，和邻居学习如何种植有机作物中，养成他终身未变的只吃素食的习惯，以及对完美主义的追求；他从大学退学后，在第一份工作中，从雅达利公司的游戏中意识到简洁的重要性，他后来在产品设计中一直坚持这条原则。

他很难相处，但又有一种包容的力量。乔布斯是一个很难相处的人，他对人简单粗暴，不擅沟通，在雅达利时没有员工愿意和他一起工作，无奈之下老板让他上夜班，以避免相处，这也是他在苹果被抛弃的重要原因。但他又有很包容的一面，在雅达利时，他和罗恩·韦恩就处得很好，韦恩是同性恋，没有朋友，但乔布斯欣赏他。后来，韦恩还成了苹果的三个创始者之一。

在个人喜爱上，乔布斯迷恋电子、文学和音乐，这些爱好都成为他日后事业发展的有力推手。乔布斯10多岁时从养父修理的汽车上接触到了电子设备，养父给他讲基本原理，他觉得很有趣，从此就开始关注与电子设备相关的各种东西。上中学时，他还常在周末到一家商店做零工，为了接触更多的电子元件。在蒂诺中学时，还加入了学校的电子兴趣班，跟着老师和一帮电子迷们做了许多电路实验，学到了不少电子学基础知识。

二、苹果创立

在电子兴趣班上，乔布斯认识了一位电子迷——比尔·费尔南德斯，他和苹果的另一位创始人沃兹是邻居。沃兹也是一位电子迷，而且极具天赋，他早就能设计制作收音机、计算器、游戏机、通信装置等，沃兹对技术到了痴迷的程度，他对赚钱、管理、权力等没有兴趣。沃兹在上大三时，因找到了自己真正想做的工作——惠普的工程师，而选择了退学。不知什么原因，费尔南德斯本能地觉得乔布斯和沃兹应该认识，在他的介绍下，1971 年的某一天，苹果公司的两位创始人乔布斯和沃兹在费尔南德斯家的车库里有了第一次见面。

沃兹与乔布斯之所以能在一起合作，除了有共同的爱好，如都喜欢电子，很大程度上还与两人的性格和能力互补有关。沃兹能够制造出复杂的电路，但却不擅长把自己的设计明明白白讲给别人听，而乔布斯似乎天生就是一个销售家，只要弄懂了原理，就能深入浅出地把这个设计讲出来；沃兹从父亲那里学到了对于工程学的痴迷与专注，而乔布斯则受父亲的影响懂得如何讨价还价来赚取更多的利润；沃兹只痴迷于技术钻研与交流，而乔布斯更关注一项新技术或发明对人们生活将产生怎样的影响。

由于参加一个叫家酿的计算机俱乐部，沃兹获得灵感，于 1975 年 6 月 29 日成功研制出第一台拥有实时输入输出功能的个人电脑，尽管这不是世界上的第一台个人电脑，但它极大地简化了个人电脑的操作，有了更便捷的人机交互方式，而不用再为那些二进制开关和红色指示灯的操作而烦恼了，这具有里程碑式的意义。

沃兹本想把这个发明拿到家酿计算机俱乐部与大家分享，但乔布斯觉得这个发明定会改变整个世界，他想好好把握其中所蕴含的巨大商机。乔布斯就劝说沃兹不要免费分享，可以把电路板卖给他们，最终乔布斯说服了沃兹，并准备创办一个公司。为了凑齐办公司的启动资金，沃兹忍痛以 500 美元卖掉了自己的 HP65 计算器，最后只拿到 250 美元，乔布斯则卖掉了自己的大众汽车，筹到了

1100 美元。

资金凑齐后，又想着为公司起一个名字。有一天，乔布斯去一个大学时经常聚会的苹果农场，在返回时，沃兹开车去机场接他，在回去的路上，两人为公司名字陷入沉思，乔布斯觉得就叫苹果电脑公司，他觉得苹果听上去有意思，而且显得有活力，而且在电话号码簿上，排在雅达利公司之前。

1976 年 4 月 1 日，在韦恩的家中，三人签订了合作文书，乔布斯和沃兹各占苹果公司 45% 的股份，韦恩占 10%，苹果公司正式成立，并将沃兹发明电脑的第一代产品命名为"Apple I"。11 天后，韦恩因害怕失败选择退出了公司，但乔布斯仍充满信心，觉得苹果公司定能震惊全世界，开创一个全新的电子时代。到 1976 年底，一共卖出近 200 台 Apple I，赚取了近 5 万美元利润，这让沃兹下定决心离开惠普，专心打造下一代真正意义上的个人电脑——Apple II。

三、Apple II 风暴

Apple II 设计无论在外形上还是在技术上都力求完美。Apple II 的芯片能运行出彩色，实现了沃兹的一个设想，一改 Apple I 只有单色显示的情况，并且能将其连接到彩色投影仪和彩色电视机上。此外，还内置了 BASIC 语言解释器，大大简化了人机交互方式。

为了给 Apple II 设计漂亮的外观，乔布斯找来了之前的合伙人韦恩，但韦恩设计的样品乔布斯觉得笨重。后来一家百货公司内的一台食品加工机的塑料外壳给他带来了灵感，他在参加家酿计算机俱乐部的聚会时，花 1500 美元请杰里·马诺克为他设计制造一个外表光滑且又轻便的模制塑料制成的机箱，后来他做出了一个用流线型设计的塑料机箱，造型虽然简单，但看上去整齐、简洁，乔布斯很满意。

在解决了机箱问题后，乔布斯又将目光转向了 Apple II 的风扇上，他觉得计算机上安装风扇会发出噪声让人分散精力。他这时想到了雅达利公司的首席工程师奥尔康，后者在了解情况后，向他推荐了罗德·霍尔特，霍尔特对电源进行了改进，并放弃了传统的线性电源设计方案，而是设计了新型电源，重量轻、体积小，最重要的是容易冷却，大大缩小了占据机箱空间的要求，并满足不装风扇的要求。后来，霍尔特成为了苹果的员工。

在 Apple Ⅱ 研发接近尾声时，乔布斯意识到要将其推向市场，仅依靠自己和沃兹两人是不行的，于是想找一些可靠的投资者扩大公司规模。由于生产 Apple Ⅱ 也需要大量的资金投入，此时乔布斯想把苹果公司的股权出售给更大的公司。为此他先后找了雅达利的总裁乔·南基、康懋电脑公司的查克·佩德尔、雅达利的创始人诺兰·布什内尔、美国半导体公司营销经理后创办红杉资本的唐·瓦伦丁，这些人总体上都没有看上苹果，但瓦伦丁推荐了迈克·马库拉。马库拉是个谨慎又聪明的人，英特尔正是在他的努力下上市的，马库拉看好 Apple Ⅱ 的前景，同意加入苹果。公司对股份重新做了划分，乔布斯、沃兹、马库拉各占 26%，设计电源的霍尔特占 10%，剩余股份用于吸引未来投资者，马库拉除了提供 9 万美元入伙费外，还提供 25 万美元信用贷款。加入苹果后，马库拉为公司制订了一套完整的公司战略与经营计划方案，他在计划书中指出，乔布斯和沃兹不能将市场停留在那些业余爱好者身上，只有将苹果带进寻常百姓家，才能让苹果谋取到最大的利益，这与乔布斯的想法不谋而合。

1977 年 4 月，Apple Ⅱ 以完美性的设计和革命性的创新，开始发售，在整个计算机界刮起一场风暴。Apple Ⅱ 创下多项纪录，第一次使用塑料外壳，第一次使用不需要风扇散热的电源装置，第一次显示彩色，第一次内置了扬声器界面，第一次实现 CPU 与主板共享内存等。在 Apple Ⅱ 发售后，根据用户意见，在 1977 年底时，又为其开发了软驱。

为了进一步提升其办公能力，Apple Ⅱ 发售后，乔布斯仍想方设法寻求更好的办公软件。后来，Apple Ⅱ 的两个狂热崇拜者——丹·布里克林和鲍勃·弗兰克斯顿，他们在 1979 年专门为其写了一套 Visi Calc 的办公软件，能处理电子表格，苹果公司买下了其使用权，使 Apple Ⅱ 的办公效率提升到前所未有的高度。

Apple Ⅱ 自发布后，销量一直很好，尤其是安装了 Visi Calc 软件后，销量更是直线上升，从 1978 年的每月几千台直接上升到每月万余台。1980 年 12 月 12 日，苹果成功上市，乔布斯当时只有 25 岁，成为当时最年轻的靠白手起家的亿万富翁。到 1983 年时，Apple Ⅱ 总销量达到了 100 多万台，苹果也变成了《财富》排行榜上 500 强的大企业。在之后的 10 年，Apple Ⅱ 又卖出近 500 万台。

四、失败的 Apple Ⅲ

在 Apple Ⅱ 如日中天的时候，乔布斯并没有满足，他认为 Apple Ⅱ 的功能即便再强大，也不可能长盛不衰。刚开始的时候，他将希望寄托在 Apple Ⅲ 上，有着更大的内存，屏幕上可显示的字符从 40 个提升到 80 个，而且还可以区分大小写字母。乔布斯对 Apple Ⅲ 的设计陷入狂热地步，不但严格限制机箱的形状与尺寸，还让工程师往电路板上增加不少部件。结果，1980 年 11 月底，Apple Ⅲ 制造出来后，这些部件因与主板的连接不稳而经常出故障，这也直接导致了其销量的惨淡。1983 年底，其销量只有 7.5 万台，而 Apple Ⅱ 是 130 万台，到 1984 年 4 月停止生产。

五、惨淡的 Lisa

在看到 Apple Ⅲ 惨淡的销量后，乔布斯很快就疏远了这个项目，并急不可耐地要创造出下一个更加与众不同的机器，要让下一个他自己参与设计的电脑超过之前所有的电脑，并取名 Lisa。

在研发 Lisa 时，用到了图形用户界面和鼠标，但这并不是苹果发明的，而是施乐公司位于帕洛奥图的研究中心发明的，这个中心有一个叫艾伦·凯的科学家，是他提出了小型个人电脑的概念，并认为要实现这个想法，不能再使用距人千里之外的命令行和 DOS 提示符了，必须开发全新的图形用户界面（GUI），他们终于在施乐另一项"位图显示"技术基础上开发成功，此外，还发明了鼠标，并以此为基础设计了一款 Alto 电脑。

当乔布斯参观了 Alto 电脑后，认定 GUI 这么棒的东西绝对可以引起一场革命。在乔布斯看来，施乐公司本可以称霸整个计算机产业的，但由于其没有认识到个人电脑这一新兴产业所蕴含的巨大潜力。苹果在参观施乐后，获取了其灵感，但也曾一度被形容为工业史上最严重的"抢劫事件"之一。不仅如此，苹果还挖了施乐团队的鲍勃·贝尔维尔、拉里·特斯勒。

乔布斯对未来有很强的洞察力，但他的一些想法常不被人理解，加之他并不善于管理与沟通，常产生一些难以调和的矛盾。在开发 Lisa 的过程中，乔布斯与该项目的负责人约翰·库奇的思路差异较大，乔布斯一般直接插手项目，这使库奇的意见很大。库奇虽是下属，但他是一个工程师，不愿任人摆布，与公司摊牌，提出不允许乔布斯再插手项目。马库拉与时任总裁斯科特觉得这个问题如果不解决，可能会毁了苹果，于是联手对公司进行重组，由库奇负责该项目，乔布斯只担任没有实权的董事会非执行主席，这让乔布斯备受打击。

后来，虽然 Lisa 是全球首款采用图形用户界面和鼠标的个人电脑，但 1983 年 1 月面世时，定价过高，达 9985 美元，加之缺少软件开发商的支持，不少企业用户将目光投向价格相对低廉的 IBMPC 机，最终，Lisa 以惨淡收场。该项目还使苹果公司在 1983 年第四季度出现亏损，公司股票从 63 美元跌到 21 美元。1984 年就停止了这款产品的生产，到 1989 年时销毁仓库中 2700 台存货。

六、划时代的 Mac

这本是杰夫·拉斯金提出并负责的项目。拉斯金本是一名精通电脑技术的报社记者，1976 年，他到乔布斯的车库采访沃兹和乔布斯，由于三人都对电脑有研究，他们很快就有了共同话题。随着交流深入，采访竟变成了"招聘会"，拉斯金在乔、沃二人的诚邀下，来到了苹果，担任研发部的总经理。1978 年，拉斯金带着 4 名工程师，专攻个人 PC 的研究，他尝试研发一款新电脑，既有与 Lisa 类似的图形用户界面，而且价格便宜，让普通人能消费得起。

在乔布斯被赶出 Lisa 团队之后，他很快盯上这个项目，并略施手段，1981 年成为 Mac 项目领导人，并对其寄予厚望、重点打造。拉斯金也因此离开了苹果，去了佳能公司，并按自己的想法开发出了 Canon Cat 电脑，结果无人问津，与 Mac 形成巨大反差。

乔布斯领导 Mac 后，迅速从 Apple Ⅱ、Lisa 团队调来精兵强将，如安迪·赫茨菲尔德、罗德·霍尔特、杰里·马诺克等。乔布斯对 Mac 寄予厚望，认为只有 Mac 才是苹果公司的未来。在整个开发的过程中，乔布斯仍表现出了对完美的严苛追求。

在外观设计上，乔布斯与苹果设计总监詹姆斯·费里斯讨论了好久，乔布斯认为 Mac 的外形应该是清新脱俗的，他准备沿用 Apple Ⅱ 式的外观设计，但费里斯提出了不同意见。他觉得 Mac 既然是一款全新的电脑，那就应该有极其独特的外观，让用户看后能产生赏心悦目的感觉。乔布斯认为要设计出一个经典外形，让它像大众的甲壳虫汽车一样，永不过时。费里斯认为应像法拉利那样性感、诱人。乔布斯认为应该更像保时捷。最后，决定设计一款像保时捷 928 一般经典的 Mac 电脑。

接着，乔布斯让 Apple Ⅱ 外壳的设计者杰里·马诺克以及大山·特里负责具体的设计工作。一周后，特里做了一个设计方案，并制作了一个石膏模型，乔布斯毫不留情地说："这种造型太过方正了，一点儿曲线美的感觉都没有，难道你就不能将第一个倒角的半径再放大一点儿，还有就是斜角的尺寸我也不喜欢。"之后的一段时间，每隔一个月，马诺克和特里都会拿一个方案供乔布斯挑刺儿，并按照意见改进，到了第四个的时候，已经跟第一个完全不同了。但是，乔布斯仍不满意，并很肯定地说，他喜欢或讨厌某个细节，而他所说的东西是别人不能理解的。

为了寻找设计上的灵感，乔布斯先是买了一盏查理·萨珀设计的台灯——这是他欣赏的一个作品、伊姆斯夫妇设计的一套家具，接着又买了迪特尔·拉姆斯设计的几款博朗产品。这些都是极简风格的作品，非常符合乔布斯的审美观与设计理念。有一次，乔布斯还跑去电器专用店，还真的有了新的想法，并要求按一台厨艺公司的电器轮廓、曲线和斜角等，对 Mac 电脑的外壳进行重新设计。

最后，他们设计出了一款非常友好的外壳。特里对此回忆道，这个造型的设计图纸虽然不是乔布斯亲手画出来的，但正是他的思想和灵感才有了这个设计，还有就是，在乔布斯没有告诉我们之前，我们根本不知道电脑的"友好"指什么。

在解决完 Mac 的外壳之后，乔布斯很快又将矛头指向了主板。他认为，主板即使在机箱里，但还是希望它尽可能美观一些，这就好比一个木匠，永远都不会以别人看不到为借口，而用劣质的木料做橱柜。

乔布斯不仅关心电脑的外壳是否优美，他还在意 Mac 的操作系统及用户界面是否友好。除此之外，他还关注界面图标要绝对漂亮。如他对界面的字体设计都很痴迷，这引起许多人的不理解。马库拉经常对乔布斯说的就是，难道我们除了字体之外，就没有其他重要的事情做了吗？当 Mac 电脑上各种漂亮的字体，结合强大的图形功能和激光打印技术出现在人们面前的时候，所有人都吃惊了。因为他们体验到了之前只有印刷工人、编辑才能体会得到的，由字体带给他们的巧妙快感。乔布斯的这一坚持，不仅在不久的将来推动了桌面出版产业的诞生，同时这也成为了苹果公司新的盈利点之一。

乔布斯认为一台完美的电脑，其硬件与软件应该是一体的，所有的软件都是为这台电脑的硬件而量身定做的，而这台电脑的硬件也是专门为这些软件定制的。如果非要让研制出的电脑兼容其他电脑上的一些软件，那其自身就要牺牲一些功能，而这是乔布斯不能容忍的。这与微软和安卓等操作系统相比，显得极为特立独行。他的这个理念，也让后来的 iPod、iPhone、iPad 等产品从诸多竞争者中脱颖而出。这种一体化理念，不仅有效控制住了用户的体验，还迫使苹果以外的软件开发商，专门为苹果的系统编写程序，而不像其他人一样，只编写一个通用程序后，就可以在不同的电脑上使用。这样一来，苹果电脑上应用软件的开发、操作系统及硬件设备间的垂直整合也变得简单起来。

在历经 2 年多时间，吸收各种有价值的思想及失败教训之后，终于取得了成功。1984 年 1 月 24 日，Mac 电脑发布，仅 75 天就卖出了 5 万多台，超过 IBM PC 之前 7.5 个月创造的纪录。

七、惨遭苹果遗弃

Mac 电脑发布后，火爆了一阵，但好景不长。随着 IBM 推出个人电脑，凭借其强大的品牌效应，逐步得到市场认可，在与苹果的竞争中逐步处于上风。不仅 Mac，对 Apple Ⅱ 也形成冲击，1982 年，IBM 销量 24 万台，接近 Apple Ⅱ 的 27.9 万台，到了 1983 年，IBM 总销量达 130 万台，占据近 1/4 的个人电脑市场份额，而 Apple Ⅱ 的销售仅 42 万台。

Mac 的情况就更差了，到 1984 年底时，月销量已不足 1 万台。在继 Lisa 和 Apple Ⅲ 失败后，苹果把希望寄托在 Mac 上，但同样又失败了，但这次失败公司内部普遍认为是乔布斯的偏执与专断造成的。

Mac 内存不足，制约了在上面软件开发，Mac 与 IBM PC 不兼容，与办公相对应的软件也很少，也不支持其他扩展设备。IBMPC 界面虽是呆板的命令行，电脑屏上显示的每个字符只占用半个字节，128K 内存就够用了。但 Mac 因采用了图形用户界面，且内置了优雅的字体，这使得每个字符占用的内存达到了 10～15 字节，128K 内存的 Mac 电脑运行相当缓慢。另外，Mac 没有内置硬盘驱动，为防止噪声也没有安装风扇。结果，没有风扇散热导致故障频发，为此还得了一个"米黄色烤面包机"的绰号。

同时，1985 年初，苹果公司发生了一系列的人事离职，尤其是创始人之一的沃兹，对公司造成不小冲击。1985 年 3 月，Mac 销量仍令人大失所望，不足之前预测的 1/10。

此时，乔布斯又醉心于一种新的技术，即平板显示技术，一个叫史蒂夫·基钦的工程师研发出来的，还有一项触摸屏技术。他无暇顾及其他，还萌生了开发"Mac 书"的计划，那是一种无须鼠标，只需手指轻轻触碰就能实现控制的一种设备。他准备成立一个实验室专门研制这种设备，时任总裁斯卡利支持这个想法。

可由于乔布斯不肯放弃 Mac 电脑部门的总经理职位，引起了董事会对决，结果多数董事都站在斯卡利这边，1985 年 5 月底乔布斯被免了 Mac 电脑部门的总经理职位，只任董事长这一虚职，不能再插手公司的经营事务。

在这之后，乔布斯觉得自己的价值无法体现，觉得没有必要再待在苹果了。他先后抛售了苹果公司的所有股票，获得了 1 亿多美元。到了 1985 年 9 月初，万念俱灰的乔布斯向苹果递交了辞呈。

八、NeXT——再次走麦城

在乔布斯权力被架空之后，他可以说是无所事事。1985 年 8 月中旬，他参加了一次宴会，在宴会上结识了生物学家保罗·伯格，他对这位生物学家提到的基因重组这一科学技术产生浓厚兴趣。在后来的交往中，乔布斯了解到，一次大型的实验，短则数周，长则数年，才能得到结果。乔布斯觉得，可以尝试用计算机模拟实验，那样可以节省很多时间。伯格告诉乔布斯，大学中所用电脑大多性能低下，不仅内存小，运行速度慢，图像分辨率也低，根本无法准确模拟出 DNA

分子的结构及其变化。乔布斯这时对伯格说，他正在筹划创立一家新公司，第一个目标就是研发一台足以支持这种实验模拟的高性能电脑。伯格听了很高兴，提出这台电脑最好有 3 个 M，即内存要达到 100 万字节，显示器达到 100 万像素，运算能力达到 100 万次每秒。乔布斯听了很激动，他那重新创造新事物的激情又被重新点燃了。很快，他就下定决心，准备离开苹果，另起炉灶，全身心投入到这种新机器的研发中。随后，他从苹果挖走 5 名员工（这 5 人都不想在苹果干了），辞去苹果董事长，便迅速组建了自己的公司 NeXT，寓意所打造的下一代电脑，将超过目前所有的产品。

在 NeXT 的研制过程中，他的领导风格和以前一模一样，依然我行我素，对细节和完美的追求更加疯狂，一开始就想让 NeXT 成为一个划时代的产物，对机箱外壳的颜色、式样，到内部线路板如何设计，每一个细节都力求完美。外观设计，费了很大周折找到青蛙设计公司的哈特穆特·艾斯凌格。此外，对 NeXT 计算机的软件开发也极为重视，尤其操作系统，他不打算用别人的，为此从卡内基·梅隆大学挖来了操作系统开发高手阿维·特凡尼安（注意，是外部整合的资源），他领导开发出了 NEXT STEP 操作系统。为了销售，还专门招聘了一名有丰富经验的计算机销售人员托德·鲁伦·米勒。另外，还请莲花软件公司专门为其开发好一部电子词典，还力排众议，为 NeXT 安装了光驱。

1988 年 10 月 12 日，NeXT 电脑召开发布会。大家对电脑的新功能与先进性都很感兴趣，但都觉得价格太贵。1989 年第二季度，电脑正式投放市场，由于有着极为先进的技术，引起了媒体的关注，但由于一些缺陷，尤其价格昂贵，销量很差，至 1989 年底，月销量只有 400 台，远低于预测的 10000 台。到 1993 年初，总计销售仅 50000 台，经营相当惨淡。

尽管 NeXT 电脑销售不好，但由于 NEXTSTEP 操作系统比较先进，引起了市场的兴趣。乔布斯于 1992 年宣布其他电脑公司可以用该系统，该系统的授权费用以及以此为基础开发的软件产品，让公司获得不少盈利。但在软件上的盈利无法弥补在硬件的亏损，乔布斯认识到了在硬件市场上的失败，忍痛放弃硬件生产，专心于 NEXTSTEP 操作系统的销售和升级，原本注册的 NeXT 电脑公司，也更名为 NeXT 软件公司。但由于 NEXTSTEP 操作系统与 Windows 相比，尽管技术先进，但市场名气很小，在微软的阻击下，NEXTSTEP 操作系统还是在竞争中落败。尽管在 1993 年，乔布斯又分别推出了 NEXTSTEP3.1 和 NEXTSTEP3.2 两个版本，但都无济于事。

后来，由于 NEXTSTEP 系统的先进，NeXT 被苹果收购。开发 NeXT 的阿维·特凡尼安进入苹果主管软件部门，主持了将 NEXT 操作系统与苹果的图形用户界面整合为新一代操作系统 Mac OSX 的工作，最终彻底解决了困扰 Mac 多年的操作系统不稳定的问题。正是特凡尼的努力，使苹果重回技术巅峰，更为之后的 iPhone、iPad 使用的 iOS 操作系统奠定了基础。NeXT 曾经硬件部门的负责人乔纳森·鲁宾斯进入苹果主管硬件部门，几年后，鲁宾斯带领他的团队，创造出神奇的 iPod，改变了电脑世界和音乐世界。

九、皮克斯——意外的收获

皮克斯本是卢卡斯影业的图形工作组，因影业巨头卢卡斯和太太离婚，婚后财产必须平分，他为保住其视若珍宝的公司，必须卖一部分产业以得到急需的资金，经过权衡决定将电脑部门的图形工作组卖掉，其主要业务是研发未来电脑动画技术，目标将最先进的图形图像技术同电影艺术结合起来，彻底颠覆以往动画电影的制作方式。该组拥有埃德·卡特穆尔、阿尔维·雷·史密斯、约翰·拉塞特等具有梦想、雄心壮志的天才。但在一般人看来，他们的梦想是不可思议的，卢卡斯也认为，要实现他们的梦想，至少需要十几年的时间和数亿美元的投入，时间不等人，对急需资金的卢卡斯而言，还是决定将其出售。

埃德·卡特穆尔和苹果的计算机科学家艾伦·凯是大学同学，艾伦·凯得到了这个图形工作组要出售的消息，他知道这里聚集着电脑技术天才，他们或许未来能够发光发热，震撼世界。他觉得乔布斯可能对其感兴趣，于是告诉了乔布斯。乔布斯得知后，去参观，感到极震撼。他相信，他们将在未来给动画和逼真的 3D 图形带来巨大进步，引领世界潮流。乔布斯积极游说斯卡利，希望苹果能够买，但斯卡利不感兴趣。当年 9 月，乔布斯正式离开苹果，他卖掉了几乎所有的股票，获得 1.5 亿美元，创立了 NeXT 之外，又拿部分来收购图形组，经过谈判，1986 年 2 月正式入主，并命名为皮克斯。乔布斯占 70% 股份，其余由创始人阿尔维·雷·史密斯、约翰·拉塞特和其他 38 名员工分配。

最初，乔布斯为皮克斯制定的发展方向是，研发和销售图形计算机及其软件，而数字动画只是副业，其主要目的是对外展示自己的硬件和软件，宣传产品的优异性能。动画团队的负责人是约翰·拉塞特，一个和乔布斯一样追求艺术和完美的人，他也开始和乔布斯分享彼此对于图形设计的激情，还惊喜地发现乔布斯才是自己的伯乐。两人在创作理念、对电脑图形的痴迷上惊人的一致。

尽管皮克斯设计的电脑融合了很多高科技、新技术，能够存储数量庞大的电脑图像，堪称独一无二，但由于价格高得离谱（13.5万美元每台），加之其主要顾客不是大众，而是动画师和平面设计师，所以销量很差，到1988年，总销售不到100台，连续亏损。在软件方面，皮克斯也遭遇重挫，虽然皮克斯开发出了一些强大的软件，但消费者并不买账，他们更青睐于廉价、便宜、适用的产品，而不在于其是否先进。其开发的Showplace、RenderMan等软件，可能由于技术太超前了，都未能成功。放弃和乔布斯合作的Adobe的CEO说："我放弃合作是因为史蒂夫走得太快了，他超越了时代的步伐，在当时来说，三维动画技术太复杂了，不要说普通人了，就连真正的艺术家都不知如何使用它。"

对于乔布斯来说，如何渡过眼前的难关似乎是最重要的，NeXT已经焦头烂额了，皮克斯更像一个无底洞，要把他吸下去、陷进去。皮克斯每个月的资金流出达到了惊人的100万美元，更让乔布斯不安的是，根本不知道这条深渊中的小舟，将把自己带往何处，何时是尽头？

皮克斯的经营状况越来越差，硬件显然是经营不下去了。乔布斯果断裁掉了硬件部门，只剩下卡特穆尔的技术研发团队和拉塞特的动画小组。拉塞特和他的动画小组同样承受着压力，公司资金紧张，乔布斯一心想裁员砍项目，作为副业的动画小组，只有5个人，因为不赚钱，乔布斯多次威胁要解散这个小组。其实，只这是乔布斯的策略，对他来说，三维动画简直就像是有魔力的艺术品，他愿意培养它，他是想通过敲打激发其创造力。

在一次会议上，气氛非常压抑，公司陷入困境，不得不再裁一些员工，但这些员工却都是优秀的、对公司忠诚的。当会议快要结束的时候，乔布斯凝视着众人，问大家还有什么要说的，然后，他要准备离开了。拉塞特非常紧张，他原本请求乔布斯投入一笔钱拍一部短片，但显然时机不好。尽管拉塞特内心已经有了一个更宏大的计划、更奇妙的构思，但公司的经营状况已经糟得不能再糟了，又如何向乔布斯开口呢。

最终，拉塞特还是壮着胆子提出了这个尴尬的问题。所有人的眼光都盯在乔布斯的脸上，屏住呼吸等待他的答案。这时候，就算乔布斯有多么粗暴的举动，他们都有心理准备。

出人意料的是，乔布斯没有发火，只是静静地坐在那里，陷入了沉思……"有故事梗概图吗？"乔布斯问。机会总是留给有准备的人，乔布斯深深被这个故事感染了。他说："好吧，让我搜搜口袋，看能不能找出一点钱来，我欣赏拉塞特创作的东西，那是我们都关注的东西——艺术。"他最终拿出 30 万美元，给予动画制作组，完成这部名为《锡铁小兵》的动画片。这个决定或许是乔布斯所做决定中最微不足道的一个了，但正是这个小小的决定，改变了他的命运，将他从悬崖边上挽救了回来。

最终，《锡铁小兵》获得了 1988 年奥斯卡最佳动画短片奖，凭此皮克斯在动画方面的价值逐渐显现出来，也因此，皮克斯获得了与迪士尼合作的机会，由皮克斯制作、迪士尼发行的动画电影《玩具总动员》在 1995 年火爆上映，掀起了观影热潮，打败了《永远的蝙蝠侠》《阿波罗 13 号》，创造了当年的票房冠军。凭借此声势，皮克斯公司上市，乔布斯的身价达到 12 亿美元。

后来，皮克斯又制作了多部经典的、引起轰动的动画电影，1998 年 11 月《虫虫特工队》、1999 年 11 月《玩具总动员 2》、2001 年 11 月《怪物公司》、2003 年夏季《海底总动员》、2004 年《超人特工队》，以及《汽车总动员》《料理鼠王》《机器人总动员》《飞屋环球记》《玩具总动员 3》等。

十、重返苹果——苹果真神归位

在乔布斯被逐出苹果之后，苹果曾取得短暂的辉煌，但进入 20 世纪 90 年代后，市场份额和收入持续下降。时任 CEO 斯卡利想通过开发新产品消除乔布斯的烙印，同时扭转不利局面，在 1992 年发布了个人数字助理（PDA），并对其寄予厚望，但效果不理想。到 1995 年开始亏损，仅第三季度亏损就达 6900 万美元。公司先后大幅裁员，苹果陷入风雨飘摇之中。

尽管此时的乔布斯已在皮克斯上取得重大成功，但他仍惦记着自己创办的苹果，他发现苹果已渗透到自己的骨子里了，他对苹果的现状感到很愤怒，无法无动于衷。他创办的 NeXT 虽然失败了，但 NEXTSTEP 操作系统是个先进的系统，可用它来改变 Mac 系统不稳定的问题。几经周折，与苹果达成了收购协议。1996 年 12 月，苹果收购 NeXT，乔布斯拿到 3.77 亿美元现金和 3700 万美元苹果股票，同时任苹果董事会主席顾问。此时乔布斯实际上已开始执掌苹果，可能存在某些顾虑，他不愿做 CEO，后来又经过 iCEO（interim CEO）的过渡，直到 2000 年 1 月，乔布斯才正式任苹果 CEO。

乔布斯重返苹果后，进行了一次调研，发现了苹果的问题：苹果一味地追求新型电脑的开发，却忽略了消费者的感受，迎合消费者才是王道，闭门造车必然会出现种种问题。根据调研，他对产品线进行了缩减，实施了"四格战略"，在短期内扭亏为盈。并先后发布 iMac（1998）、iBook（1999）、Mac OSX 操作系统（2000），总体取得不俗的业绩。

这期间还有一项重要的成果，那就是 1998 年乔布斯遇到了一个他心目中的天才——蒂姆·库克，并将他从康柏公司招入苹果，担任副总裁。乔布斯经常有很多奇思妙想，却很少得到别人的认可，但库克却常常能响应乔布斯，并在很多方面，他的观点和乔布斯出奇的一致。库克是工程师出身，对工作非常执着，要求苛刻，也是工作狂，但性格比较沉稳、说话温和，不像乔布斯脾气暴躁、咄咄逼人。库克说："我也常受乔布斯的炮轰，但我认为那是他独特的表达激情的方式而已，我从来不觉得他是在针对我"，正是这份理解，维持他们之间长久的稳定关系。正是这样的库克，后来成为苹果的掌门人。

2000 年 7 月，苹果发布 Power Mac G4 Cube，但由于过于追求完美，定价过高，销售业绩不佳。因互联网泡沫破灭，IT 大萧条，苹果股价下跌，2001 年 3 月，苹果股价达 150 美元，到 9 月降到了 28 美元，同年 12 月，又跌到了 14.3 美元。在这个关键时候，人们迷茫着，个人计算机是不是走到了穷途末路？乔布斯认为不仅不会成为无足轻重的产品，还会成为一个整合各种数字设备的中心枢纽，个人计算机的功能将会被放大很多倍，你可以用个人计算机连接、管理你的音乐、图片、视频、信息以及其他的方方面面。这个设想不仅改变了苹果公司的定位，更影响到整个技术产业的发展方向。

十一、iTunes 与 iPod——音乐数字革命

2000 年，全球 IT 大萧条，苹果又到了悬崖边上。乔布斯积极地寻找其他能够支撑起苹果，取得突破性进展的研发项目，他将目光放在了音乐领域上。随着

互联网普及，在线音乐蓬勃发展。因为互联网上充斥着各种盗版音乐和电影，这些免费电影音乐吸引了成千上万的用户。其中一个著名的 Napster 音乐共享软件发展迅速，但也陷入了麻烦之中，由于该网站能随便下载音乐，等于剥夺了唱片公司及相关行业的利润。1999 年，包括华纳、BMG、百代、索尼、环宇五大唱片公司在内的美国唱片业协会起诉了 Napster，结果法院认定 Napster 侵权成立，这样该公司就对网民失去了吸引力，后来被 Best Buy 收购。这件事给了乔布斯很大的触发，他分析并得出两点结论：一是网络共享这种便捷方式极受广大网民欢迎，二是网民不会因为版权问题拒绝使用网络下载音乐。想清楚这两点，他意识到音乐将会是未来最具商业潜力的领域之一。

但是，苹果缺乏这样一个软件载体，也没有足够时间开发一款相当有竞争力的软件产品。乔布斯把目光放在了外界流行的各类音乐软件上，最终，他选择了 C&G 公司的 SoundJam MP 软件，其设计者是杰夫·罗宾，通过谈判，苹果买下了这款软件的专利权，并挖来了罗宾。在吸收乔布斯的简约、美观理念之后，对软件进行了一系列的修改，不久，苹果开发出自己的音乐管理软件 iTunes。在 2001 年 1 月 9 日的发布会上，乔布斯隆重推出了"数字化中枢"的概念。这个概念意味着苹果的转型，以前，经营电脑是主业，在提出这个概念之后，会将产品从个人电脑扩展到其他数字领域。

所有苹果用户在使用 iTunes 时，可以轻易将 CD 盘上的音乐复制到自己的电脑上，也可以从互联网上下载 MP3 歌曲，还可以通过 iTunes 音乐商店下载歌曲到 MP3 播放器里。乔布斯凭借着 iTunes 在线音乐带领苹果走入了音乐变革时代。

在 iTunes 引爆音乐领域之后，乔布斯就考虑设计一个和 iTunes 配套的设备，让收听音乐变得简单。但是，该从何处着手呢？乔布斯也没有一个清晰的概念。巧的是，有一天一位在高科技领域作巡回咨询的咨询师来到了苹果，他向苹果展示了一款还处于研发阶段的"手拿"式播放器，乔布斯一眼就看出了它的价值。

在研发阶段，苹果也借助了外部的力量，吸收外部优秀的创造成果，在设计上和 PortalPlayer 公司合作。在硬件方面，微型硬盘驱动器使用的是日本东芝公司的微型硬盘，5G 大小，可存 1000 首歌曲。2001 年 10 月 23 日发布 iPod，2 年销量突破 1000 万台，到 2007 年 5 月，累计销售 1 亿部。

另外，2003 年 4 月，苹果 iTunes 音乐商店上线，所有 iTunes 用户可以直接从音乐商店购买歌曲，每首歌 99 美分，苹果只赚 1 分钱。到 2010 年 2 月，iTunes 音乐的下载量达到了 100 亿次，iTunes 音乐商店的问世，不仅直接带动了

iPod 的销售，也为唱片公司开辟了全新的销售渠道。

十二、改写历史的 iPhone

iPod 发布以来，在世界上刮起了一股音乐旋风，街上随处可见戴着白色耳机沉浸在音乐世界中的人，苹果独占了半壁江山。然而，即便有了这样的畅销产品，乔布斯仍不能安睡，他总隐约地觉得自己遗漏了什么重要的信息，随时会让其陷入困境。

2004 年，他的好友埃德·赞德任摩托罗拉 CEO，乔布斯打去祝贺电话，赞德说了一些双方以后要加强合作之类的客套话，这让乔布斯如醍醐灌顶，他终于明白自己一直以来隐隐担忧的是什么了，那就是手机，尤其是具有音乐播放功能的手机，它会给 iPod 带来极大的冲击。

但由于隔行如隔山，苹果从未涉足手机领域，如果自己单干的话，一定会走很多弯路。于是选择了与摩托罗拉合作，合作的目的与其说是为了研发出一款功能强大的手机，不如说是为了积累手机行业的经验，为今后单独进军手机市场做准备。

后来，苹果发现了一家名为 Finger Works 的小公司，研发出了多点触控功能的平板电脑，乔布斯通过收购获得了所有专利。自 2005 年秋开始，先后有 200 多名工程师、投入 1.5 亿美元研发手机。在外观上，设计团队做出了数百个不同的模型，有的采用不同的材质，有的采用不同的搭配。

2007 年 1 月 7 日发布 iPhone，乔布斯说："1984 年苹果发布的 Mac 电脑改变了计算机产业，2001 年发布的 iPod 改变了音乐产业；今天我们将发布 3 件具有这一份量的产品，第一件是触摸式宽屏的 iPod，第二件是一款具有革命意义的手机，第三件是一款史无前例的互联网通信工具，但是，我要告诉大家的是，这不是三件产品，而是一件产品，我们将它称为 iPhone。今天，我们重新发明了手机。"《时代》杂志对此报道："苹果发布的这款名为 iPhone 的手机，没有发明很多新东西，而只是让手机的很多功能更好用了。但是，这很重要，当一件工具不方便时，人们往往会怀疑是不是自己太笨了，而当一件工具好用时，人们会觉得自己也变得完美了。"

2007 年 11 月，《时代》周刊评选了当年最佳发明，仅上市 5 个月的 iPhone 跻身其中，《时代》给出的理由是："它从外观、手感和功能等多个方面，改变了我们对于移动媒体的看法。苹果没有发明触摸屏，但它却用这种技术改变了过去的图形用户界面，创造了一个全新的界面。"

十三、与病魔做斗争

在 iPod 后，2003 年 10 月，乔布斯查出胰腺癌，但他拒绝手术治疗，一直到 9 个月后，CAT 扫描显示肿瘤已经扩大并可能扩散，他才同意做手术。在乔布斯治病期间，暂时代理管理的库克确实做得很好，公司所有的事情都按部就班地进行，但人们总觉得少了些许激情与动力。每个想念乔布斯吼叫声的员工，都会在心里暗骂自己是有受虐症倾向，但是仍又不可抑制地思念那个咆哮声响彻全楼的"暴君"乔布斯。

手术后经过约半年时间的恢复，他就投入了工作。也正是他和病魔斗争的过程中，有了进军手机产业的思考与决策，并组织领导了 iPhone 的开发。在 iPhone 发布后一年多，2008 年 7 月，又发布 iTunes 应用程序商店。

在 iPhone 取得划时代成功的情况下，他还是没有安心养病、调理身体，仍坚持创新不止步。2010 年 1 月，苹果又发布了 iPad，掀起了平板狂潮。然而，同年 11 月，癌症再次袭来，他不能正常进食，体重快速下降，经过一系列痛苦的治疗，情况始终未见好转。到 2011 年 7 月，一方面苹果发布了 iCloud，大大方便了苹果用户在桌面电脑、iPhone、iPad 之间数据与应用程序的更新；另一方面癌细胞已扩散到骨骼和其他部分，已无药可治了。

随着身体状况不断恶化，2011 年 8 月 24 日晚上，乔布斯坐着轮椅来到董事会会议室，宣布自己无法继续履行 CEO 的职责了，建议由库克接替自己。那晚，乔布斯离开时，董事会所有成员都和他拥抱告别。

2 个月后，苹果发布 iPhone4s，乔布斯在床上观看了整个发布会。第二天，也就是 2011 年 10 月 5 日，在家人的陪伴下，乔布斯平静地离开了这个世界，享年 56 岁。

【案例2】 朱江洪的战略思想与格力 电器成长之道[①]

    2012 年 5 月 25 日，是朱江洪退休的日子，他最后一次主持完股东大会后，与平常一样在公司吃了工作餐，一个人静悄悄地"溜"出了格力电器，离开了他为之奋斗了二十四年零五个月的"战场"，为自己缔造"空调王国"的传奇职业生涯画上了一个圆满的句号。

    朱江洪，在制冷空调行业作出卓越贡献的企业家，被业界尊称为"格力之父"。他将一个濒临破产的"三无工厂"，一步步从无到有、从小到大、从弱到强，进而打造成"让世界爱上中国造"的行业龙头。

    格力成立时，空调产业已经完全是一个红海市场，巨头林立，且没有超车的弯道。正是朱江洪带领大家励精图治、坚定价值取向、专注专业、锲而不舍、打造精品、点滴积累，才逐步掌握核心技术，最终脱颖而出、创造辉煌。朱江洪留给社会的不仅是一个千亿级的"银色巨舰"，他的经营思想与管理之道，亦是富贵的财富，值得学习与借鉴。

一、基层历练与思想种子

    1970 年 8 月，从华南理工学院（现华南理工大学）毕业的朱江洪，踏上了人生工作的第一站，来到广西百色县的一个工厂。朱江洪是广东珠海人，但由于

[①] 资料来源：《朱江洪自传——我执掌格力的 24 年》。

父亲在"文革"中被打成"反革命",在毕业分配中的去向自己没有选择权,只能去人家不愿意去的地方。

到单位的第二天,就被安排到一个班组与工人一起干活,但他一点也不觉得委屈。他们那代人,除了战争的苦没吃过,几乎什么苦都尝过,最大的特点是能吃苦,干活勤快,从不挑肥拣瘦。朱江洪觉得,在这里工作,饭能吃饱,又有工作服穿,还有工资,这样的好事,到哪里找啊?于是,干活特别卖力,加班加点是家常便饭。

两年后,由于他干活卖力,又有头脑,又有技术,被提拔为车间质检员。这一职位的变动,使他平生第一次接触到什么是"产品质量"。当时,车间上下质量意识非常淡薄,工作态度比较随意,有章不循、无章可循的现象比比皆是。由于车间只有朱江洪一个质检员,他白天工作,晚上就整理和制定有关质量的规章制度、质量标准以及相关的工艺要求,还把车间的质量状况、影响原因以及整改措施写成材料上报厂部,得到重视与支持。

随后,便开始大胆工作,严格要求,不合格的零件坚决报废,谁讲情也没用,因此得罪了不少人,但工人也慢慢适应了严格的检验,产品质量得到了显著提升。朱江洪在严格要求的同时,也时常和工人一起研究如何改进质量,从机床性能选配、加工方法、加工工艺、操作技术、看图识图等,这恰恰是工人们比较缺乏的。由于真心付出,逐步得到工人们的好评。

在检验岗大约一年半时间,由于表现突出,他又被调升到轴承车间当技术员。一般情况下,工科大学生一报到就是技术员,但朱江洪却花了近4年的时间才到这个岗位上。然而,正是这段宝贵的经历,让他学到了很多在学校学不到的实际知识与操作技能,这些知识在后来的产品设计、技术革新和企业管理中发挥了重要的作用。

在技术员的岗位上,他同样保持了之前的工作作风,与工人一起钻研、摸索技术问题,观察、探讨生产难题,还与工人一起研究、自制了"扩孔机"、专用磨床等专用生产设备,尤其是离心式自动松紧夹这一创新成果,还在当时国家机械部的刊物刊登过,产生了很大反响。

后来,由于工作需要,他先后做了车间副主任、生产科副科长、质检科副科长、技术科副科长等职务。粉碎"四人帮"后,改革春风吹遍神州大地,为企业带来了生机。1982年,上级在该厂推行民主选举厂长试点,朱江洪几乎以全票当了厂长,并开始转产矿山机械,工厂也改名为矿山机械厂。

二、坚守本色与崭露头角

一个外乡人，没有任何背景，用了大概 12 年时间，从一线工人，到被选举为正县级的厂长，跨越式地走上领导岗位，连朱江洪自己也没有想到。由于他是从一线成长起来的，担任过多个中层管理岗位，不仅具有较丰富的基层管理经验，更重要的是形成了与工人打成一片的习惯和以质量为本的思想，有力支撑了其做好厂长的工作。

第一，保持本色。在朱江洪担任厂长后，他发现原来关系密切的同事，对他的态度悄然发生改变，说话变得谨慎了。他觉得这个不能怪员工，提醒要注意自己的言行举止，不能脱离群众，以防止产生隔阂。于是，他一有空就往车间跑，和工人、技术人员一起研究如何改进技术、工艺和产品质量问题。还经常与工人一起劳动，粗活、重活都干，并立下规定，科室干部每周必须要有一天参加劳动。员工认识到厂长还是以前的那个朱江洪，本色不变，都愿意与他交流，他的威信在员工中逐步树立起来了。后来，他这个跑车间、跑基层的习惯一直保持到退休。

第二，狠抓产品质量。做质检员的经历，让他形成了质量的意识，也有了如何抓质量的思路。他认为，产品质量是企业生存的根本，广告与销售只有在这个基础上才能扮演重要角色，否则，如果大吹大擂，强制推销，即使暂时打开销售渠道，结果也会事与愿违，短期无论多红火，最终仍会被市场抛弃。为了提升产品质量，企业狠抓了纪律建设、产品的整改与开发、建立健全质量保证体系等方面的工作。

由于各项工作做得扎扎实实，企业进入快速发展期，销售额以 50% 的幅度增长，利税在当地名列前茅，1985 年被评为"广西先进企业"，并获得"广西名牌产品"称号。时任全国人大常委会副委员长朱学范来访，挥笔写下了"边陲一枝花"的题字。

三、打回老家与从头开始

尽管事业红红火火，但随着时间的推移，家中的父母渐渐老去，朱江洪的内心焦灼感与日俱增，故选择了一个令所有人都震惊的决定——放弃这里的一切，离开广西，回珠海老家。几经周折，广西才同意放人，珠海也同意接受，并将其安排在珠海经济特区工业发展总公司（格力集团前身）。

1988年春节一过，朱江洪就去公司报到，但到5月份才安排具体工作——去下属的冠雄塑胶厂任总经理，原总经理任副经理。这个厂自1985年建厂以来就一直亏损，需要尽快扭亏为盈。就这样，他又进入了一个全新的行业，开始了全新的考验与挑战。

上任后，第一件事是调研，在调研中了解到，这个工厂，刚成立时有过短暂的红火期，生产很饱满，但好景不长，由于管理混乱，质量、服务都跟不上而得罪了客户。现在，由于长时间没活干，员工养成了懒散的习惯，一些头脑灵活的工人，上班报到后就到拱北口岸倒卖香烟。

对员工纪律差的现状，朱江洪认为与当时在百色矿山机械厂遇到的情况有所不同，百矿是有活没人干，属于"有章不循"，所以当时狠抓了纪律建设，而冠雄是有人没活干，属于"无章可循"，就算把员工一个个拉回来，强制其在工厂里，又干什么呢？经过交谈，员工们到特区来，都想干一番事业，都希望有所作为。之所以造成这样的局面，主要是领导的责任。

当务之急是"找米下锅"、寻求业务，把设备动起来。朱江洪带队登门拜访曾经的大客户——金海电视机厂，向对方赔礼道歉，恳请对方再给一次机会。对方被新老总的诚意打动，同意拿回一副模具试试，并指出这个零件要得急，希望尽快拿出来。

第二天下午快下班时，接到金海送来的模具，朱江洪立即组织人加班试模，并亲自一直守候在注型机旁，到晚上8点多打出零件，他又骑上自行车亲自将零件送往金海，9点左右到金海，正好对方老总与工程师也在场，经检验，没有任何缺陷，对方很满意。朱江洪又连夜组织生产，第二天下午就交出了第一批货。正是由于为客户着想，急客户所急的精神，有求必应的服务态度，改变了冠雄的形象。很快，冠雄百分之八十的注塑机就开动起来了。

在冠雄，朱江洪仍保持了本色，强调领导必须吃苦在前，享受在后，与员工同甘共苦，并要求全厂上下，不分职务，人人穿一样的工作服，只要有突击任务，不管粗活、累活，科室干部都要积极参与。

尽管冠雄很快打开了局面，但毕竟只是一个配件厂，没有自己的产品，企业经营完全依赖、受制于人，很难有大的作为。经过走访珠三角多个市县，发现有一种塑料电风扇很畅销，这个产品除了电机、电容、电源线外，全是塑料件。朱江洪当时就决定，就做这个——为风扇厂做成套的塑料件，这是他们的拿手好戏，虽然还不是最终成品，但毕竟是自己的产品。

紧接着，经过调研，选了几款风扇样板进行开发，设计、制造模具。员工们都很兴奋，个个干劲十足，不分白天黑夜，累了就在办公室打个盹，饿了吃包方便面。很快，企业就有了自己的产品——风扇塑料件，并迅速打开了市场，当年就减亏了 100 多万元，到了第二年即 1989 年，历史性地赚了 77 万元，员工们信心也大受鼓舞。

接下来，他们的"野心"也越来越大，决定买回电机、电容等，自己制造电风扇，并组建了简易的生产线，很快第一批电风扇产品应运而生，销售也不错。1991 年，利润达到 400 多万元，人均盈利达 2 万多元。

有了风扇这个完整的产品，就得有个名字，当时也不知谁提议叫"海乐"，英文名叫 HERO，由于时间紧，连注册商标都未来得及注，直接把名字往产品上贴。过了几个月去注册时才发现，这个商标早就被别人注册了，必须停用。紧接着，又商议了几个名字，结果都被注册了。后来，时任经营部长陈建民从英文字典找到"GLEE"这个词，读音"格力"，英文是快乐的意思。朱江洪一看就满意，"格力"寓意格外有力？还是高尚的风格，永恒的魅力？拿去注册，很快就注册上了。"格力"这个名字终于诞生了，从此，它就像一个勇敢的骑士，驰骋市场，越战越勇。后来由于种种原因，L 被改成 R，就是今天耳熟能详的"GREE"商标。

四、初涉空调与格力电器成立

在不懈努力下，冠雄不断拓展业务，还争取到了为当时空调双雄之一的华宝空调开发了一整套的分体空调的塑料模具，并承诺将其放在冠雄注塑。华宝每年有几十万套的空调产量，每套注塑件纯利有 100 元，算下来每年的盈利数额巨大，大家都乐开了怀。但好景不长，由于华宝的集团公司与顺德市领导的干预，要求华宝空调将注塑业务给集团下属的注塑厂。

尽管打击很大，但朱江洪对华宝空调表示理解，导致时任华宝空调厂长黎钢在谈判时眼中都充满了泪水。后来，两家企业关系一直很好，即使格力上马了空调，成为了竞争对手，但仍相互交流、互通有无、相互帮助。再后来，因华宝改制失败，使格力失去了一个好的对手和朋友，朱江洪对此一直感到很可惜。

虽然与华宝的合作没有继续下去，但掌握了空调模具的制作经验，也学习了一些空调生产的知识。冠雄决定以此为基础，到香港调研，选中一款流线型的空调样机，回来按此设计开发模具，计划以此生产造型时尚的空调注塑件，相信会有市场。不过，此过程并不顺利，总公司下的海利空调器厂告状到总公司，说冠雄将塑料件卖给别人，是帮别人打自己人。好在华裔泰国商人古煌秀先生来访，看中了我们的设计，否则总公司已勒令下马。后来才知道，海利自己也开发了一套分体式模具，花了几百万元，但款式老旧，加之其他原因，最后报废了。

1991 年初，正当朱江洪准备带领冠雄在注塑件上大干一场的时候，总公司突然决定，要他兼任海利空调厂总经理，原总经理担任副经理。后经朱江洪建议，于 1991 年 11 月 18 日冠雄与海利正式合并，并改名为"珠海格力电器股份有限公司"。至此，格力电器横空出世。这一年，朱江洪已 46 岁，按常理这已不是一个有冲劲的年纪了，但没想到这仅是一个创造传奇的起点。

五、更换商标与质量整顿

格力电器成立时，空调行业已初显蓬勃发展的势头，但市场竞争也日趋激烈。春兰、华宝等领先者已经裂土为王、割据天下；三菱、松下、三洋、东芝、日立、夏普、开利等外资品牌也纷纷抢滩；还有海尔、美的、科龙、海信等大量本土新老品牌也纷纷发力。当时，全国的空调企业已有数百家，仅春兰的产量就超过了100万台，已是典型的红海市场。

而格力电器从海利继承而来的厂房面积不到3000平方米，仅有一条年产能2万台窗式空调的二手生产线，还不具备分体式空调的生产能力，是一个无设备、无核心技术、无配套能力的"三无工厂"。空调除了塑料壳、钣金壳是自己做的以外，其他零部件全靠外购。由于设备、管理都很欠缺，空调的质量很不稳定，普遍存在噪声大、冷量小等问题，市场形象很不好。

面对严峻的形势，朱江洪做了两个重要的决策：一是将"海利"商标换成"格力"商标，以重新打造，脱胎换骨；二是下决心停产整顿，以切实提高产品质量。质量是企业的生命，必须从基础做起。在整顿期间，广泛发动群众，要求把历年的质量问题一条一条地挖出来，一共挖出大大小小的质量问题400多个，在此基础上，召开"诸葛亮会议"，对所有问题进行研究分析，哪些属于技术问题，哪些属于设计问题，哪些属于工艺问题，哪些属于操作问题，哪些属于检测问题，哪些属于管理问题，等等。然后，列出整改清单，责任到人，立军令状，限期解决。对一些一时解决不了的问题，也列出来，以积极创造条件解决。

为了整个整改不走过场，公司成立了"质量监督小组"，由朱江洪亲自任组长，监督整改过程。通过整改，提升了员工的质量意识，也逐步建立起各类规章制度，尤其是质量保证体系。经过整顿，企业面貌与产品质量都大为改观，逐步得到市场认可与信任。

六、技改扩产与精品战略

1992 年，空调产业进入了一个大发展时期，但格力由于产能的限制，只能打肉搏战。那一年大年初三工厂就上班了，中间没有节假日、没有星期天、24 小时三班倒，人机不停。所有人员随叫随到，只要生产需要，哪怕半夜也要赶往车间处理问题。就这样，在公司上下员工的奋力拼搏下，硬是在 2 万台的生产线上，生产出 12 万台的空调，抢占了市场份额。也得益于前期的整顿，企业的质量、技术、生产等管理都上了一个台阶，为后续发展打下良好的基础。

依靠员工们的拼搏奉献，虽然取得了一场战役的胜利，但广阔市场空间与产能不足的矛盾变得更加突出。因此，格力决定要乘胜追击，勒紧裤腰带，搞技改、扩产能、上规模。1992 年底，格力进行了股份制改革（非上市股），筹集到 2 亿多元的资金，加上其他所凑到的资金，共 4 亿多元，全部投入到第一期的技术改造中去。经过征地 12 万平方米，建起了 4 万平方米的厂房，从美国采购两套两器生产设备。1994 年 11 月 18 日，第一期技改项目落成典礼，格力已形成 100 万台空调的生产能力。与此同时，在生产线之外，还增添了一些急需设备，初步建立起科研、产品试验、质量测试体系。紧接着，又进行了第二期、第三期的扩建改造，初步形成一个建筑面积达 12 万平方米，功能齐全的"格力空调城"。1996 年 11 月，格力在深交所上市。后来，自 2001 年起，格力又进行了第四期，第五期，直至第九期的扩建改造。

格力在抓技改与扩建的同时，更加注重以质量为本，早在 1994 年就提出了"精品战略"的构想，并一直坚持不懈、脚踏实地、一丝不苟、精益求精，终将产品质量塑造成格力最显著的特征。

1994 年，朱江洪一次带几名同事走访意大利客户，有客户反映空调很不好，声音像拖拉机。他很重视这个细节，让客户带着去现场查看，结果噪声确实很大。打开外壳，发现有一条细长的海绵粘贴不牢，一头掉了下来，正好碰到高速旋转的贯流风叶上，发出了刺耳的声音，把海绵重新贴好，噪声便消失了。

这件事给朱江洪很大的启示，质量管理无小事，一些看似"小事"，对消费者可能带来很大的麻烦，做产品必须"吹毛求疵"，从小事做起。对待一些客户的"鸡蛋里挑骨头"，他也要求改变观念，应欢迎并感谢这样的客户，这可以挑出企业自身发现不了的问题，有助于把产品做得更好。

这件事也促使格力对产品质量又进行了深入而全面的整顿，对生产制造过程中，包括设计、工艺、制造、采购、培训、检验、仓储运输等各个环节进行彻底梳理，特别是容易忽视、习以为常的"小节"，如打螺丝的力度随意性大、零件装配不够紧密等。实际上，格力通过前期的整顿，规章制度已是应有尽有，质量体系也很健全，但现实表明，光有制度是不够的，关键在执行。如果没有好的执行，再多再好的规定也等于零。

为了让规定落到实处，格力采用了"严"的办法，培养、教育、约束员工树立一种"从严要求，没有借口"的工作作风，在生产制造过程中，不管遇到什么情况，都必须按规章制度办事，按工艺规定操作。质量问题是生死攸关的问题，任何情况下都不能为质量问题找借口。为此专门制定了"总经理禁令十二条"，任何人一旦触犯，不找借口，立即除名。正所谓"军无法不立，法无严不威"。由于对违反禁令的行为保持高压态势，员工都打起十二分的精神，几乎不近人情的"禁令"发挥了强大作用，时间一长，大家慢慢就习惯了。

当然，要把产品做好，光严还是不够的，员工还得练就一身过硬的本领。公司组织各类的学习与培训，号召一线员工苦练基本功，勉励发扬工匠精神，把自己生产的产品看成是一件艺术品，精雕细刻。为此，公司还开展了各类技术竞赛活动，给予技术能手精神与物质奖励，成为大家学习的榜样。

由于公司有大量零件是外协厂家供应的，即使自己的零件做得再好，外购零件一旦出了问题，同样会影响产品质量。1995年就曾因外购零件问题出现了大面积的"死机"现象，空调开动不久就突然停止工作，需要重新启动，工作一会又重复原来的故障。消费者纷纷投诉，售后部门应接不暇，焦头烂额，还造成了极其恶劣的影响。为了控制采购零件的质量，公司成立了一个300多人的"筛选分厂"，它不生产零件，也不装配产品，专门把外购重要零件逐一检验筛选，不合格的退回，并按合同给予经济处罚，迫使协作厂家重视质量。

经过努力，1994年格力率先成为国内首批通过美国UL、德国GS、日本JLS、欧盟CE等产品质量论证的企业，1995年获得ISO9000质量体系论证，1996年获国内质量评比第一名，1997年获欧洲企业家协会颁发的"国际最佳品牌奖"等。

七、科技创新与品牌建设

格力从一个不知名的小企业成长为行业龙头、知名品牌，一个很重要的原因是高度重视研发、科技创新以及质量的不断改进。朱江洪认为，没有科技创新，就没有消费者所青睐的创新产品，也没有过硬的产品质量，更没有产品的差异化，只能跟在别人后面，打价格战，搞恶性竞争。在品牌建设方面，朱江洪虽然也认可广告与销售的价值，但他从骨子里认为做好产品才是根本，认为产品的质量才是用户购买的最大动力。

为此，针对公司销售人员收入偏高、许多科技人员都想挤进销售部门的状况，从1994年起格力大幅调低销售人员提成比例，提高科技人员的待遇。这可炸开了锅，大量销售人员跳槽到竞争对手公司去了。面对巨大的压力，朱江洪仍坚持自己看准了的方向，他坚信好产品定会有人要，不信跳槽了的业务员能带走业务，仍坚持向科技领域倾斜。他在各级会议上，都强调以科技创新引领企业发展，要更加重视科技工作，要求更加关心、爱护科技人员。

从此，格力走上了日复一日、年复一年的创新之路，舍得把大量的资金持续投入到科研创新中去，建立健全科研组织体系，成立各类技术部与研究院，建设较为完善的实验基地，购置一整套科研实验设备，有些是国内独一无二的。例如，花巨资建设环境实验室，不出家门就可以模拟春夏秋冬、电闪雷鸣、刮风下雨、结霜下雪等多种气候环境。

在创新方法与路径上，强调实践导向、市场导向，注重从解决市场需求与用户问题的过程中实现创新，并总结形成了观察、灵感、实验的创新"三步曲"。比如针对经销商反映"格力空调制冷还可以，就是冬天制热有问题，有些用户反映好，有些反映不好，好像不太稳定"，格力经过大量观察、研究，初步分析这与空调的"化霜"有关。空调室外机在冬天吹的是冷风，加上室外温度本来就低，室外机的散热片上很容易结成一层层的霜，必须及时清除，否则容易堵塞通道，降低制热效果。为了解决这个问题，全世界的空调在设计时就考虑采用定时化霜模式，即空调工作一段时间后，就自动化霜一段时间，再进入制热工作，如此循环往复。但由于室外机的工作环境差异巨大，有的湿度大、结霜多，设定的时间内不一定能化完，有的地方结霜少甚至不结霜，但也设定时间化霜，白白浪费了宝贵的时间。在这个仔细的观察与分析之后，于是产生了灵感：能否根据当地的气候环境来自动设定化霜时间呢？根据这一灵感，拟定了"有霜即化，无霜不化，多霜多化，少霜少化"的自动化模式，经过多次试验，获得成功，成为全球首个采用自动化霜模式的空调企业，并获得国际大奖。格力的许多重要创新都是根据这个"三步曲"进行的，如"一拖多"联机空调、灯箱式柜机空调、U形空调，等等。

随着互联网时代来临，对传统产业的发展带来很大的影响与改变，甚至是颠覆。在此背景下，朱江洪主张张开双臂去拥抱互联网，用互联网的思维去改造传统企业，加快转型升级，以跟上时代的步伐，但强调不能本末倒置，互联网最终还是靠产品支撑，产品是品牌之源。没有产品，就没有消费，也就不存在品牌，互联网也就是空中楼阁。因此，尽管在高度不确定的环境下，格力仍处变不惊，保持定力，始终强调科技创新、做好产品、精益求精、长期积累，反对焦虑急躁、重广告轻技术、重销售轻质量。

八、抵制诱惑与专注专一

在格力发展壮大的过程中，曾有过不少的诱惑，但一直坚守自己的主业不为所动。曾有人劝朱江洪搞汽车，这是一个刚要进入高成长的行业；也有人建议做太阳能，这是一个朝阳产业；还有人建议做笔记本电脑，这是一个高科技产业。但朱江洪认为，这些领域自己不熟悉，况且在空调领域还有很多技术问题尚待解决，还有很多做不完的事情，没有精力和资金开发别的产品。

虽然空调市场不好做，竞争异常激烈，不少企业以"市场难做"为由关门或转行，但他坚定地认为：这与市场无关，完全是企业自身的问题；说到底是没有专心致志地把企业、产品做好，在各种诱惑面前，不够专一，想法太多，总认为别人的饭好吃，把筷子伸到别人的碗里，没有集中有限力量，使自己产品在技术上提高、质量上改进、品种上增多，因而缺乏竞争力，最终大浪淘沙，退出舞台；企业应该提倡执着专一的工匠精神，着力把自己熟悉的产品做好，精益求精、精雕细琢，人家就会对你刮目相看，就离不开你。

因此，他坚信，只要把空调做好，就一定能"出人头地"；只要对待空调专心专注专一，就一定能从不断试错中点滴积累，到逐步掌握核心技术。由于格力的专注，它能发现并体会别人发现不了也体会不了的问题，并在不断解决用户烦恼中，做得更有特色，更有亮点，更有个性，也更有境界。

比如，在一次市场调查中，有消费者反映，格力空调在制冷时，个别产品会出现"咯咯"的声音，尤其在夜声人静的时候，会比较刺耳。很多技术人员都认为这是正常现象，但朱江洪认为这不是小事，无论如何要攻克这一技术问题。在多方努力下，把出风口的几个零件重新设计，改成一个整体零件，消除了它们之间因热胀冷缩不一致而产生的响声。正是这种专注专一、追求极致，不仅解决了用户的问题，而且在这个过程中逐步积累起自己的独门技术甚至绝技。

由于专注，格力不断将关键核心配套件掌握在自己手中，从压缩机到控制器，再到电容器等；也不断围绕空调扩充产品的规格，形成了规模化、系列化，除家用、商用外，还包括冷柜冷藏、空气能热水器、地源水源热泵空调等。

随着环境的变化，企业的战略要适时做出调整，当环境变化较大时，战略还要做出较大的调整，也就是战略转型。在多变的时代，企业挑战虽大，但机遇也多，故很多企业将转行或向新的领域进军视作转型。格力在发展过程中也经历过多次战略转型，但朱江洪的转型从不涉及行业的改变，他认为的转型是要在既有领域内提升竞争力，而不是转行。他认为只要空调还没有真正做好，还有提升空间的情况下，就不应考虑做其他产品。

参考文献

［1］冰山．春兰集团从兴盛到衰败之谜［J］．现代企业文化，2008（9）．

［2］陈传明．企业战略调整的路径依赖特征及其超越［J］．管理世界，2002（6）．

［3］陈锟，于建原．营销能力对企业创新影响的正负效应——兼对"chris-tenen 悖论"的实证与解释［J］．管理科学学报，2009（2）．

［4］陈威如，余卓轩．平台战略［M］．北京：中信出版社，2013．

［5］陈雪萍，陈悦，岑颖寅，陈玮．战略破局——思考与行动的四重奏［M］．北京：机械工业出版社，2020．

［6］丁煌．林德布洛姆的渐进决策理论［J］．国际技术经济研究，1999（3）．

［7］董琳．大规模定制下突破性创新和渐进性创新战略选择［J］．价值工程，2009（12）．

［8］高夫．春来兰更香——记陶建幸和春兰集团［J］．科技创业月刊，2003（3）．

［9］洪银兴．科技创新与创新型经济［J］．管理世界，2011（7）．

［10］胡仙丹．渐进决策理论：借鉴、反思与审视［J］．中国集体经济，2011（3）．

［11］姜宝军．战略思维［M］．北京：企业管理出版社，2017．

［12］金碚．中国工业的转型升级［J］．中国工业经济，2011（7）．

［13］李海舰．互联网思维与传统企业再造［J］．中国工业经济，2014（10）．

［14］李海舰，孙凤娥．战略成本管理的思想突破与实践特征——基于比较分析的视角［J］．中国工业经济，2013（2）．

［15］李金龙．以自主创新推动企业战略转型——韩国三星的战略转型对中国的启示［J］．前沿，2006（9）．

［16］李克．转型升级中国企业怎么办？［M］．北京：新华出版社，2014.

［17］刘擎．西方现代思想讲义［M］．北京：新星出版社，2021.

［18］刘朔，蓝海林，柯南楠．转型期后发企业核心能力构建研究——格力电器朱江洪的管理之道［J］．管理学报，2019（9）．

［19］明道．乔布斯传：神一样的男人［M］．北京：中国华侨出版社，2013.

［20］强国令，孙亚奇．乐视的生态体系缘何会土崩瓦解——基于掏空理论的分析［J］．财会月刊，2019（13）．

［21］孙黎．蓝军战略［M］．北京：机械工业出版社，2018.

［22］沈帅波．瑞幸闪电战［M］．北京：中信出版集团，2020.

［23］孙永风，李垣，廖貅武．基于不同战略导向的创新选择与控制方式研究［J］．管理工程学报，2007（4）．

［24］苏芳，毛基业，谢卫红．资源贫乏企业应对环境剧变的拼凑过程研究［J］．管理世界，2016（8）．

［25］田涛，吴春波．下一个倒下的会不会是华为［M］．北京：中信出版集团，2017.

［26］王昶．战略推演——获取竞争优势的思维与方法［M］．北京：机械工业出版社，2019.

［27］王成．战略罗盘［M］．北京：中信出版集团，2018.

［28］王贵国，张雷．黄海战略——创造不平等竞争力的策略［M］．北京：东方出版社，2018.

［29］王开明，万君康．企业战略理论的新发展：资源基础理论［J］．科技进步与对策，2001（1）．

［30］王钺．战略三环［M］．北京：机械工业出版社，2020.

［31］吴晓波．大败局［M］．杭州：浙江人民出版社，2001.

［32］吴晓波．大败局Ⅱ［M］．杭州：浙江人民出版社，2007.

［33］吴晓波．激荡十年，水大鱼大［M］．北京：中信出版集团，2017.

［34］吴义爽，盛亚，蔡宁．基于互联网＋的大规模智能定制研究——青岛红鸟服饰与佛山维尚家具案例［J］．中国工业经济，2016（4）．

［35］徐二明，王智慧．企业战略管理理论的发展与流派［J］．首都经济贸

易大学学报，1999（1）．

[36] 徐礼伯，施建军．联盟动态稳定：基于互依平衡的理论研究［J］．中国工业经济，2010（3）．

[37] 徐礼伯，施建军，张雪平．企业战略转型的思维突破与路径依赖超越［J］．江海学刊，2014（2）．

[38] 徐礼伯，沈坤荣．双重战略导向、创新模式组合与企业战略转型［J］．江海学刊，2015（1）．

[39] 徐礼伯，沈坤荣．知识经济时代企业边界的决定：内外社会资本匹配的视角［J］．中国工业经济，2014（10）．

[40] 薛红志，张玉利．互补性资产与既有企业突破性创新关系的研究［J］．科学学研究，2007（11）．

[41] 薛红志．突破性创新、既有企业组织障碍与二次创业机制研究［J］．外国经济与管理，2006（7）．

[42] 杨德明，刘泳文．"互联网＋"为什么加出了业绩［J］．中国工业经济，2018（5）．

[43] 张雪平，吴应宇．企业战略柔性转型：基于渐进决策理论视角的研究［J］．学海，2013（5）．

[44] 张雪平，吴应宇．波特战略管理思想的演进及启示［J］．江苏社会科学，2014（2）．

[45] 赵大伟．互联网思维独孤九剑［M］．北京：机械工业出版社，2014．

[46] 赵杰，丁云龙，许鑫．制造业中小企业内生优势生成路径分析——一个典型案例透视［J］．管理世界，2013（4）．

[47] 郑方．从纵向一体化到纵向分离——基于对立统一关系的分析［J］．中国工业经济，2010（11）．

[48] 周鸿祎．周鸿祎自述：我的互联网方法论［M］．北京：中信出版社，2014．

[49] 周琳．仅靠讲故事炫理想终将一地鸡毛［N］．湘声报，2020－06－05（A03）．

[50] 朱恒源，杨斌．战略节奏——在动荡的商业世界超越竞争［M］．北京：机械工业出版社，2018．

[51] 朱江洪．朱江洪自传——我执掌格力的 24 年［M］．北京：企业管理

出版社，2017.

　　［52］杰伊·B. 巴尼，德文·N. 克拉克. 资源基础理论——创建并保持竞争优势［M］. 张书军，苏晓华译. 上海：格致出版社，2011.

　　［53］本·霍洛维茨. 创业维艰［M］. 杨晓红，钟莉婷译. 北京：中信出版社，2015.

　　［54］克莱·舍基. 认知盈余［M］. 胡泳，哈丽译. 北京：中国人民大学出版社，2012.

　　［55］克莱顿·克里斯坦森. 创新者的窘境［M］. 胡建桥译. 北京：中信出版社，2014.

　　［56］弗里德里克·皮耶鲁齐，马修·阿伦. 美国陷阱——如何通过非经济手段瓦解他国商业巨头［M］. 法意译. 北京：中信出版集团，2019.

　　［57］亨利·明茨伯格，布鲁斯·阿尔斯特兰德，约瑟夫·兰佩尔. 战略历程——穿越战略管理旷野的指南［M］. 魏江译. 北京：机械工业出版社，2012.

　　［58］杰克·韦尔奇. 赢［M］. 余江，玉书译. 北京：中信出版社，2005.

　　［59］乔纳森·休斯，路易斯·凯恩. 美国经济史［M］. 杨宇光等译. 上海：格致出版社，2013.

　　［60］凯文·凯利. 失控［M］. 张行舟，陈新武，王钦等译. 北京：电子工业出版社，2016.

　　［61］马丁·里维斯，纳特汉·拿斯，詹美贾亚·辛哈. 战略的本质——复杂商业环境中的最优竞争战略［M］. 王喆，韩阳译. 北京：中信出版社，2016.

　　［62］迈克尔·波特. 竞争战略［M］. 陈小悦译. 华夏出版社，1997.

　　［63］迈克尔·希特，杜安·爱尔兰，罗伯特·霍斯基森. 战略管理——竞争与全球化［M］. 吕巍等译. 北京：机械工业出版社，2012.

　　［64］纳西姆·尼古拉斯·塔勒布. 反脆弱——从不确定性中获益［M］. 雨珂译. 北京：中信出版社，2014.

　　［65］权五铉. 战略定力［M］. 李民译. 南京：江苏凤凰文艺出版社，2020.

　　［66］理查德·鲁梅尔特. 好战略，坏战略［M］. 蒋宗强译. 北京：中信出版集团，2017.

　　［67］赫伯特·A. 西蒙. 管理行为［M］. 詹正茂译. 北京：机械工业出版社，2013.

［68］W. 钱·金，勒妮·莫博涅. 蓝海战略［M］. 吉宓译. 北京：商务印书馆，2012.

［69］亚当·斯密. 国富论［M］. 高格译. 北京：中国华侨出版社，2018.

［70］伊戈尔·安索夫. 战略管理［M］. 邵冲译. 北京：机械工业出版社，2013.

［71］Agarwal, R. and C. E. Helfat. Strategic Renewal of Organizations［J］. Organization Science, 2009（20）：281 –293.

［72］Almeida, C. L., Karel, C. and D. Ingemar. The Competitive Implications of the Deployment of Unique Resources［J］. Strategic Management Journal, 2013（34）：445 –463.

［73］Baker, T. and R. E. Nelson. Creating Something from Nothing：Resource Construction through Entrepreneurial Bricolage［J］. Administrative Science Quarterly, 2005（50）：329 –366.

［74］Barney, J. B. Firm Resources and Sustained Competitive Advantage［J］. Journal of Management, 1991（17）：99 –120.

［75］Barney, J. B. Strategic Factor Markets：Expections, Luck and Business Strategy［J］. Management Science, 1986, 32（10）：1231 –1241.

［76］Bromiley, P. and D. Rau. Towards A Practice – Based View of Strategy［J］. Strategic Management Journal, 2014（35）：1249 –1256.

［77］Clulow, V., Gerstman, J. and C. Barry. The Resource – based View and Sustainable Competitive Advantage：The Case of a Financial Services Firm［J］. Journal of European Industrial Training, 2003, 27（5）：220 –232.

［78］David, J. B. and S. G. Winter. A General Interindustry Relatedness Index［J］. Management Science, 2009（55）：1570 –1585.

［79］Duschek, S. Inter – Firm Resources and Sustained Competitive Advantage［J］. Management Revue, 2004（15）：53 –73.

［80］Grant, R. M. The Resource – Based Theory of Competitive Advantage：Impactions for Strategy Formulation［J］. California Management Review, 1991, 33（3）：114 –135.

［81］Hurmelinna – Laukkanen P., Sainio L. M. and Jauhiainen T. Appropriability Regime for Radical and Incremental Innovations［J］. R&D Management,

2008, 38 (3): 278 – 289.

[82] Ireland, R. D., M. A. Hitt and D. Vaidyanath. Alliance Management as a Source of Competitive Advantage [J]. Journal of Management, 2002, 28 (3): 413 – 446.

[83] Isabelle, L. B. and D. Miller. The Paradox of Resource Vulnerability: Considerations for Organizational Curatorship [J]. Strategic Management Journal, 2015 (36): 397 – 415.

[84] Kunc, M. H. and D. W. John. Managerial Decision Making and Firm Performance under a Resource – based Paradigm [J]. Strategic Management Journal, 2010 (31): 1164 – 1182.

[85] Lavie, D. The Competitive Advantage of Interconnected Firms: An Extension of the Resource – Based View [J]. Academy of Management Review, 2006 (31): 638 – 658.

[86] Levy, O. The Influence of Top Management Team Attention Patterns on Global Strategic Posture of Firms [J]. Journal of Organization Behavior, 2005, 26 (7): 797 – 819.

[87] Mahoney, J. T. and J. R. Pandian. The Resource – Based View within the Conversation of Strategic Management [J]. Strategic Management Journal, 1992, 13 (5): 363 – 380.

[88] Mintzberg, H. The Strategy Concept I: Five Ps for Strategy [J]. California Management Review, 1987, 30 (1): 11 – 21.

[89] Nahapiet, J. and S. Ghoshal. Social Capital, Intellectual Capital, and the Organizational Advantage [J]. Academy of Management Review, 1998 (23): 242 – 266.

[90] Newbert, S. L. Value, Rareness, Competitive Advantage and Performance: A Conceptual – level Empirical Investigation of the Resource – based View of the Firm [J]. Strategic Management Journal, 2008 (29): 745 – 768.

[91] Ocasio, W. Towards an Attention – Based View of the Firm [J]. Strategic Management Journal, 1997 (18): 187 – 206.

[92] Prahalad, C. K. and G. Hamel. The Core Competence of the Corporation [J]. Harvard Business Review, 1990, 69 (May – June): 2 – 15.

[93] Penrose, E. T. The Theory of the Growth of the Firm [M]. Oxford: Oxford University Press, 1959.

[94] Peterson, R. T. Small Business Adoption of the Marketing Concept vs Other Business Strategies [J]. Journal of Small Business Management, 1989, 27 (1): 38 – 46.

[95] Rahmandad, H. and R. Nelson. Capability Erosion Dynamics [J]. Strategic Management Journal, 2016, 37 (4): 649 – 672.

[96] Rumelt, R. P. Strategy, Structure and Economic Performance [J]. Journal Behavioral of Economics, 1975 (1): 187 – 189.

[97] Rumelt, R. P. How Much Does Industry Matter [J]. Strategic Management Journal, 1991, 12 (3): 167 – 185.

[98] Sakhartov, A. V, and T. B. Folta. Resource Relatedness, Redeployability, and Firm Value [J]. Strategic Management Journal, 2014, 35 (12): 1781 – 1797.

[99] Sydow, J., Schreyögg, G. and J. Koch. Organizational Path Dependence: Opening the Black Box [J]. Academy of Management Review, 2009, 34 (4): 689 – 709.

[100] Teece D. J. Promoting from Technological Innovation Implications for Integration, Collaboration Licensing and Public Policy [J]. Research Policy, 1986, 15 (6): 285 – 305.

[101] Tritos, L., Daniel, I. P. and A. Dotun. The Relationships Between Firms Strategy, Resources and Innovation Performance: Resources – Based View Perspective [J]. Production Planning & Control, 2014, 25 (15): 1231 – 1246.

[102] Vanevenhoven, J., Winkel, D., and D. Malewicki. Varieties of Bricolage and the Process of Entrepreneurship [J]. New England Journal of Entrepreneurship, 2014 (14): 1 – 14.